本书系山东省教育科学"十三五"规划重点资助课题
"基于核心素养的十二年一贯制课程建设与实施行动研究"
（课题批准号：222019075）的研究成果之一

U0745486

基于学习科学的有效教学

1

知识分类学习论与教学论

主编：赵 勇 庞维国

本册编写人员：王庆刚

◀◀◀◀

山东教育出版社
·济南·

图书在版编目（CIP）数据

基于学习科学的有效教学 / 赵勇，庞维国主编 . —济南：山东教育出版社，2023.3（2023.5重印）

ISBN 978-7-5701-2516-6

Ⅰ.①基⋯ Ⅱ.①赵⋯ ②庞⋯ Ⅲ.①教学研究 Ⅳ.①G420

中国国家版本馆CIP数据核字（2023）第047483号

责任编辑：乔正义
责任校对：舒　心
封面设计：王玉婷

JIYU XUEXI KEXUE DE YOUXIAO JIAOXUE

基于学习科学的有效教学　　　　　赵　勇　庞维国　主编

主管单位：山东出版传媒股份有限公司
出版发行：山东教育出版社
　　　　　地址：济南市市中区二环南路2066号4区1号　　邮编：250003
　　　　　电话：（0531）82092660　　网址：www.sjs.com.cn
印　　刷：济南精致印务有限公司
版　　次：2023年3月第1版
印　　次：2023年5月第2次印刷
开　　本：787毫米×1092毫米　1/32
印　　张：24
字　　数：314千
定　　价：126.00元（全八册）

（如印装质量有问题，请与印刷厂联系调换）印厂电话：0531-88783898

一 总 序 一

在现实的教学中，教师的专业素养遭到质疑的情况时有发生。之所以发生这样的情况，是因为有些教师的专业性没有很好地体现出来，换句话说，教师对于学习科学的内容缺少系统学习，缺乏将学习科学的理论应用在日常教学中的能力。学习科学是在研究学习方法、反思传统教育弊端的基础上兴起的一门科学，是融合了教育学、心理学、认知科学、脑科学、信息科学、社会学等多个学科领域的交叉学科。学习科学主要研究在复杂的教学情境中如何有效开展教学，如何有效学习等问题。

《基于学习科学的有效教学》结合丰富的教学案例，从知识分类学习论与教学论、教学目标的设置与陈述、任务分析、教学设计、问题教学策略、自我解释策略、练习设计、深度思维能力培养八个方面阐述相关学习科学的理论，希望对广大教师的日常教学有些许帮助。

在《知识分类学习论与教学论》这一册中，我们解释了不同类型知识的性质、习得过程与条件，这有利于教师按学习规律进行教学，也有利于学生学习的科学化、有效性。

有了知识分类的基础后，第二册介绍了如何根据不同的知识类型确定科学的教学目标。著名教学设计专家迪克和凯瑞指出，在教学设计过程中，最为关键的工作就是确定教学目标。如果教学目标不合适，再好的教学也无法满足学习者的真正需求。

在教学中，我们需要借助某些教学任务来达成教学目标，这就是第三册的主题：任务分析。所谓任务分析，就是完成某项学习任务应该具备哪些条件，通过什么样的路径，采用怎样的步骤，从确定的任务起点一步步达到教学目标的过程。任务分析是教学设计过程中很核心的部分，前面对接教学目标，后面对接学习方式。

有了任务分析的内容后，接下来的一册介绍了教学设计的相关内容，目的在于指导教师选择合适的教学方式，科学地进行教学设计，真正落实"以学定教"的教育思想。这一册重点介绍了学习过程模型的典范：加涅的信息加工模型以及库珀的经验学习理论下的体验式学习循环模型，让教育者们从科学理论的角度学习如何关注学生的学习过程，理解"以学定教"是教育本质的必然要求。

接下来的两册，我们重点介绍了问题教学和自我解释这两种具体策略在教学中的实践。基于问题的教学是汲取合作学习的积极因素，将先学后教与合作学习有机结合起来，从而形成的一种新的教学方式。教育教学的大量研究表明，问题教学对于提高学生的学科素养，提高教学效率等都有重要意义。自我解释策略是学习者在已有认知结构的基础上，为理解新的信息而为自己生成的解释，是一种尝试获取问题深层结构的学习活动。对于自我解释学习活动的研究，学界取得了很好的研究成果，这些成果值得教师学习和借鉴。

在介绍了教学的策略后，我们又介绍了如何科学地设计练习。练习是教学过程中的重要环节，是学生学习情况的有效反馈。但令人担忧的是，目前有部分一线教师不能很好地区分知识的类型，将各学科中大量的程序性知识当作陈述性知识让学生来练习，仅满足于让学生巩固知识，没有训练学生将知识转化为解决实际问题的能力，也就无法很好地达成教学目标。基于学习科学的练习设计是研究如何设计练习，设计多少练习，怎样设计变式练习效果更好，在一定程度上解决了一线教师的练习设计缺乏科学严谨的设计原则、设计题目的数量比较随意、难易程度不适合学情等问题。

从评价角度看，现如今的评价方式更加多元，更加注重基础性、综合性、应用性和创新性。基础性主要涉及学科的必备知识、关键能力，综合性主要指跨学科跨领域的问题解决，应用性是指学生要能够面向现实生活，解决真实问题，创新性则重在培养学生的创新精神和创新能力。一个人，如何才能够得到更好的发展？如何才能通过学校的教育，获得终身发展的能力，面对不确定的未来社会？显然，仅仅依靠知识的传授是无法满足学生需求的。只有让学生获得一种更高级的思维能力，才可以更好地达成这一目的。因此，最后一册介绍了教师在日常的教学中如何去培养学生的深度思维。

　　本书是"基于学习科学的有效教学"课题组的研究成果，课题在结构上共分为八册，聚焦教学中各方面的核心问题，层层递进。在课题组组长王道远的带领下，从课题的设计、实施到成果的呈现，都是集体智慧的结晶，是团队共同努力的结果。八册分工如下：总序，王道远；《知识分类学习论与教学论》，王庆刚；《教学目标的设置与陈述》，赵勇、庞维国；《任务分析》，刘文英；《基于学习过程的教学设计》，郭寅、刘斐、孙永丽；《基于问题的教学》，宋世君、郝媛、王道远；《基于自我解释的教学》，张艺佩、王道远、郝媛；《科学有效的练习设计》，孔瑞瑞、王道远、张艺佩；《学生深度思维能力的培养》，邹子韬。全书的统稿由赵勇、庞维国负责。

　　在本书出版之际，我们要特别感谢诸多为团队的研究做出贡献的机构和个人。感谢山东山大基础教育集团教研院的大力支持，特别是教研院院长王波的多次指导。感谢山东大学附属中学执行校长董会丽提供的强有力的行政支持，感谢教科室主任李林的鼎力支持，感谢教科室副主任潘慧明积极与出版社联系沟通出版事宜，感谢教科室郝媛老师深度参与课题成果提升工作。感谢集团内教师提供丰富的教学案例。感谢我们的研究团队，正是团队成员的精诚合作和共同努力，才有了如今的成果。

王道远

"基于学习科学的有效教学"课题组

2022年6月30日

前言

早期的心理学研究曾经希望运用科学心理学解释并指导普遍的教育现象，甚至深信即使从实验室动物的研究中得到的启示、规律也可以运用于教育实践。因此，20世纪上半叶的研究基本上侧重于心理学单向地指导教育教学，经过五十余年的发展、实践，心理学家意识到这种"单向道"陷入了"死胡同"。

20世纪60年代，心理学家认识到学习本身是一种非常复杂的现象，局部性的心理学理论是无法指导一切学习现象的。他们还意识到了心理学与教育学相互促进的重要性，并开展了相应的研究。20世纪90年代，他们将关注点转向对学习与认知的研究，对复杂的学习现象进行分类研究。在这些研究中，对知识的分类，不同类型知识的心理表征、习得条件及学习策略的研究，极大地促进了教育教学工作的科学化。

研究成果及教育实践证明：不同类型知识的表征形式、学习过程和习得条件等不尽相同。比如，学生在学习一套广播体操时，仅依靠教师的言语指导，恐怕难以对这套广播体操的动作有明确的认识。所以针对广播体操这种动作技能的学习，教师通常会采取动作示范、集中或分散练习等方式进行教学。因而，在现实教学中，明确不同类型知识的性质、习得过程与条件，有利于教师按学习规律进行教学和指导教学，也有利于学生科学、有效地学习。为此，本册针对知识分类学习论与教学论进行专门论述，希望能够对教师的教育教学有所帮助。

目录

第一章　知识有不同类型

第一节　知识的内涵及其演变

面对大千世界，人们总会在好奇心的驱使下对周边事物进行探索，并在探索的过程中积累相关经验或创造出新的理论，同时运用这些经验和理论来改善我们的生活。一些宝贵的经验、理论或是感受也在历史长河中得以传承，促进了人类文明的进步。通常我们会将这些宝贵的经验、理论或是感受视为知识。所以人们会把知识定义为"符合文明方向的，人类对物质世界以及精神世界探索的结果总和"。

实际上，对于知识的定义向来是哲学认识论层面乐于探讨的问题，但从认识论层面而言，至今没有一个统一明确的界定。鉴于本手册的使用目的，接下来我们将从教育心理学方面来审视知识的定义。

在我国教育类辞书中，知识被定义为"对事物属性与联系的认识"，表现为"对事物的知觉、表象、概念、法则等心理形式"[①]。具体地说，知识"就它反映的内容而言，是客观事物的属性与联系的反映，是客观世界在人脑中的主观映象。就它的反映活动形式而言，有时表现为主体对事物的感性知觉或表象，属于感性知识；有时表现为关于事物的概念或规律，属于理性知识"[②]。这是依据哲学认识论中的反映论给出的，强调的是知识是客观世界在人脑

---

① 教育大辞典编纂委员会编《教育大辞典》（第1卷），上海教育出版社，1990，第144页。

② 中国大百科全书出版社编辑部、中国大百科全书总编辑委员会《教育》编辑委员会编《中国大百科全书：教育》，中国大百科全书出版社，1992，第525页。

中的主观反映。

瑞士籍著名认知心理学家皮亚杰认为，知识是主体和环境或思维与客体相互交换而导致的知觉建构，知识不是客体的副本，也不是由主体决定的先验意识。根据皮亚杰的思想和当代信息加工心理学的观点，我国教育心理学领域普遍认为知识是"主体与其环境相互作用而获得的信息及其组织，贮存于个体内即为个体的知识，贮存于个体外即为人类的知识"[1]。

第二节　知识分类概述

图书馆图书类目的设置，有利于读者根据相应的分类迅速找到自己需要的书籍。同样，对知识进行科学、合理的分类也有利于教师在实际教学中更迅速地选择有效的教学方法开展合理的教学设计，它在很大程度上

---

[1] 皮连生主编《教育心理学》，上海教育出版社，2011，第82页。

影响着教师现实教学的课堂效率，甚至影响教育教学的成败。

传统教育心理学主要依据客体化知识本身的性质和特点对知识进行分类。从知识的获得途径来看，知识分为直接知识和间接知识；从学科角度来看，知识分为语文知识、数学知识、地理知识、美术知识等；从知识的性质来看，知识又可以分为广义的知识与狭义的知识。其中，知识性质分类法对我国教育界影响最大，现简要介绍如下。J.R. 安德森将广义的知识分为陈述性知识与程序性知识（见图1-1）。

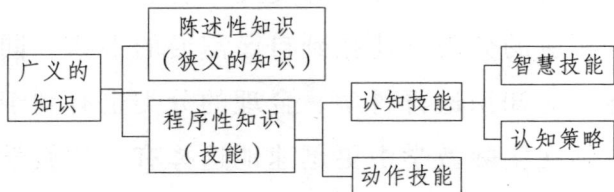

图1-1　广义的知识分类[①]

---

① 吴红耘、皮连生主编《学与教的心理学》，华东师范大学出版社，2020，第102页。

　　狭义的知识主要为加涅学习结果分类的言语信息或J.R.安德森知识分类的陈述性知识。通俗地讲，狭义的知识类同于我国教育界"知识、技能、态度"中所谈到的"知识"，广义的知识不仅包括"知识"还有"技能、态度"。

　　知识性质分类法明确了知识性质的分类，并分别阐述了知识的掌握过程、技能的形成过程以及知识技能的掌握与智力发展的关系，在教育界影响最大，对教师的实际教学最具指导意义。但总体而言，纯粹的知识分类并不能很好地指导实际教学，知识分类只有在关注到个体知识获得的心理过程和特点时才能有效地指导实际教学。

　　基于此，教育心理学家在知识分类过程中比较关注个体获得的心理过程和特点的研究。这方面除J.R.安德森的知识分类理论外，还有美国著名认知心理学家奥苏伯尔提出的有意义学习理论以及加涅的学习结果分类理论。奥苏伯尔将有意义学习由简到繁分为符号表征学习、概念学习、命题学习、概念与命题的运用、解决问题与创造五类；加涅学习结果分类理论则将学习结果分为言语信息、智慧技能、认知策略、动作技能与态度五种类型。奥苏伯尔和加涅的知识分类同样为教师教学中的课程教学设计提供了重要的心理学依据。

20世纪80年代以来，一些现代认知心理学家在加涅、J.R. 安德森等人关于知识分类研究成果的基础上，依据人的学习过程中信息加工的实验研究结果，按照知识获得的心理加工过程的性质与特点提出了关于知识分类的见解。他们认为，不同类型知识获得的心理过程及其在头脑中的表征、保持与激活等特点都有显著差异。因此，在教育教学中针对不同类型的知识需要设计不同的教学方法。

当前，知识分类学习论和教学论已在我国的许多学校教学中推行。实践证明，它在指导教师科学地设计教学、提高课堂教学质量、改善学生的学习成绩等方面都具有明显

的效果。接下来本手册将对知识分类理论的
发展与知识分类学习论和教学论进行简要介
绍，并借助教学实例进行分析，说明其在教
学实践中的应用。

第二章　知识分类理论

　　学习是一种极为复杂的现象。作为结果，学习是指由经验或练习引起的个体在能力与倾向方面相对稳定的变化；作为过程，学习是指个体与环境相互作用而导致能力与倾向相对稳定变化的过程。而一定条件下心理学家研究的只是指向学习现象的某个方面或某个局部，就像艾宾浩斯遗忘曲线不适用于"一朝被蛇咬十年怕井绳"一样。所以，如果想利用学习理论来改进教学就必须注意学习类型的研究。当然，对学习类型进行科学的分类有利于揭示不同类型的学习规律，也便于教师按学习规律进行教学和指导教学。

　　从学习分类的形成与提出时间来看，加涅在20世纪60年代明确认识到复杂的学习现象不可能用一种理论模型进行解释，必须对学习进行分类研究，并于1972年提出学习结果分类理论。1985年，加涅在其《学习的条件和教学论中》明确提出人类学习结果的五种类型。J.R.安德森的产生式理论在1976年提出，形成于20世纪80年代至90年代。修订的布卢姆认知教育目标分类理论于2001年正式确立。因为学习本身的复杂性和研究者分类依据、分类标准的差异，产生了不同的学习分类，所以教师自身有必要认真了解不同的学习分类知识并从中汲取营养。下面，本章节将依次介绍以上三个分类学理论的要点。

第一节　加涅的学习结果分类

　　加涅将学生的学习结果分为五类：言语信息、智慧技能、认知策略、动作技能和态度。

他对学习进行分类的目的是阐明每一类学习的特殊规律，从而为教学设计提供依据。本书只对认知领域的学习结果，即言语信息、智慧技能和认知策略的定义、学习条件和达到掌握水平的行为标准做一简介（动作技能和态度另当别论）。

言语信息是指可以用言语表达的信息。它又包含了三类：一是名称或符号，如汉字、英语单词、电话号码等；二是事实，如卢沟桥事变发生在1937年7月7日，氯气是一种有毒气体；三是在意义上已加以组织的整体知识，如牛顿第二定律。第三类常以连贯的课程材料呈现。其学习的内部条件是已有的有组织的知识和编码策略，外部条件是提供有意义的情境和增加线索的区别性与重复。学生掌握言语信息的行为表现是能回答"是什么"的问题。

智慧技能主要指人们运用概念与规则办事的能力。智慧技能主要解决"怎么做"的问题。它促进个体应用符号或概念与现实环境相互作用，从而解决实际问题。比如，怎样把分数转换成小数，怎样使谓语和句子的主语一致。

智慧技能的学习由低到高分为辨别、概念（具体概念和定义性概念）、规则、高级规则。它们的学习是依次增强、逐层递进的。也就是说，高级规则学习以规则学习为前提条件，规则学习以概念学习为前提条件，概念学习以知觉辨别学习为前提条件。

认知策略是支配个体自身学习、记忆和思维活动的特殊智慧技能，是学生用以选择和调整其注意、学习、记忆与思维方式的内部过程。从学习过程来看，认知策略就是控制过程，它能激活和改变其他的学习过程。比如我们在超市内买东西时，调动各种算法计算出所买物品的价格，并审视计算结果是否准确无误。认知策略支配着学习者在应对环境时的自身行为，其指向是学习者内在的调控，是"内在的"东西。

第二节 J.R. 安德森的学习分类

J.R. 安德森在研究人的认识时采用了计算

机模拟的方法。我们可以在其1973年与鲍尔合作出版的《人类联想记忆》一书中明确看到他人类认知理论的形成。其理论是运用计算机模拟建立复杂的行为模型。但联想记忆模型无法对程序性知识进行模拟，只能模拟陈述记忆，这使安德森深感困惑。经过长期思索，他又运用了纽厄尔提出的产生式系统模型，将人类联想记忆和产生式系统联系起来，并在其《语言、记忆与思维》一书中首次提出了思维的适应性控制说，简称ACT理论。1995年安德森在论文《ACT：复杂认知的简单理论》中提出，复杂认知源于陈述性知识与程序性知识的相互作用。程序性知识是以产生式规则进行单元表征的，陈述性知识是以所谓组块进行单元表征的。通过将环境中的客体简单地进行编码或将环境中的转换进行编码（即形成产生式规则），就可以创造个别的知识单元，这类知识单元支配人类的认知。人们可以针对特殊情境，通过激活过程从巨大的知识库中选择适

当的知识单元，来适应变化中的环境结构。据
ACT-R理论，人类认知的力量依赖于被编码和
被有效支配的总量。

概言之，J.R. 安德森将人类习得的知识分
为两类：一类是陈述性知识，回答"是什么"
或"为什么"的问题；另一类是程序性知识，
回答"怎么办"的问题。前者以命题与命题网
络的形式表征并储存在我们的长时记忆系统
中；后者以产生式和产生式系统的方式表征并
储存在我们的长时记忆中。这两类知识之间存
在复杂的相互作用。陈述性知识可以向程序性
知识转化和迁移，程序性知识也可以向陈述性
知识转化和迁移。

第三节　修订的布卢姆认知教育目标分类

1956年《布卢姆认知领域目标分类手册》
出版，在业界产生广泛影响，后被译成二十
多种语言文字，流行于世界各国。后来，以
L.W. 安德森与克拉斯沃尔为首的专家小组经

过五年的修订工作，布卢姆教育目标分类学修订版重新出版。修订版将认知领域的教育目标按知识与认知过程两个维度分类，形成知识类型与认知过程二维分类模型。

表2-1　认知教育目标二维分类表

知识维度	认知过程维度					
	1.记忆	2.理解	3.运用	4.分析	5.评价	6.创造
A.事实性知识	A1					A6
B.概念性知识		B2				B6
C.程序性知识			C3			
D.元认知知识						

修订版将学生需要学习的知识分成如下四种类型。

A.事实性知识：学生通晓一门学科或解决问题所必须知道的基本要素，它又可分为术语知识、具体细节和要素知识两种类型。

B.概念性知识：能使各成分共同作用的较大结构中基本成分之间的关系，包括分类或类目的知识，原理和通则的知识，理论、模型和结构的知识。

C．程序性知识：研究方法和运算技能、算法、技术和方法的标准，包括具体学科的技能和算法的知识、具体学科的技术和方法的知识、决定何时运用适当程序的标准的知识。

D．元认知知识：一般认知知识和有关自己的认知的意识和知识，包括策略性知识、自我知识，是包括情景性知识和条件性知识在内的关于认知任务的知识。

认知过程由低级到高级分成如下六级水平。

1．记忆：从长时记忆中提取有关信息，分为再认和回忆两类。

2．理解：从口头、书面和图画传播的教学信息中建构意义，有解释、举例、分类、概要、推论、比较、说明七类。

3．运用：在给定情境中执行或使用某种程序，分为执行和实施两类。

4．分析：把材料分解为它的组成部分并确定部分之间的联系以形成总体结构或达到目标，分为区分、组织、归属三类。

5．评价：依据标准做出判断，分为核查、评判两类。

6．创造：将要素加以组织以形成一致的或功能性的整体；将要素重新组成新的模式或结构，包括创新、计划、建构三类。

在修订版的布卢姆教育目标分类学中，知识与认知过程这两个维度相互交叉、相互匹配，在目标分类的基础上对教育活动与目标任务进行分析，使知识与认知过程的关系更加明确。

事实上，根据这一分类模型，我们不仅能够确定哪些知识属于加涅的言语信息、智慧技能、认知策略，或是安德森的陈述性知识与程序性知识，还能够明确此类知识的学习途径与方法。表2-1中知识维度为名词（内容，即学生要学习或建构的知识），认知过程为动词

（行为，即意欲实现的任何过程），两个维度相交构成的单元格代表具体教学目标。如A1是记忆事实性知识，B2为理解概念性知识，C3为运用程序性知识，A6是依据事实性知识进行创造，B6是依据概念性知识进行创造。由此可见，修订版布卢姆认知目标分类学可以更加实际地指导教师进行教学目标的设置，并为教师提供从学生观点出发测量与评价教学目标的支点依据，强调围绕教学目标的课程规划、教学与评估的一致性。因此，认知教育目标分类更有利于指导教师的实际教学生活。

第三章 现代知识分类学习论

第一节 知识的类型

修订版的布卢姆认知教学目标分类法将知识分为事实性知识、概念性知识、程序性知识、元认知知识四类。

事实性知识通常是一些与具体事物相联系的符号或"符号串",是学习者通晓一门学科或解决其中问题所必须知道的基本要素。事实性知识的抽象概括水平较低,与其他事实没有或较少有联系。

事实性知识又包含术语知识、具体细节和元素知识两个亚类。术语知识，指某一学科中具有特殊指称物的言语、言语标记或符号。如 CO_2 表示二氧化碳，美术中"中国画"这一术语。具体细节和元素知识，指事件、地点、人物、信息源等知识，反映特定事物与特定事物的关系。如山东大学附属中学位于山东省济南市，中华人民共和国成立于1949年10月1日，中华人民共和国的首都是北京。

概念性知识是一种较为抽象概括的、有组织的、可迁移应用于解决同类问题或相关问题的知识类型，在日常教学中通常指学科概念及一些以概念为单位的结构化知识。

概念性知识在知识形式上通常包括分类或类目的知识，原理和概括的知识，理论、模型和结构的知识三个亚类。如语文将文章体裁分为记叙文、说明文、议论文、应用文等；一些生物将身体分为头、胸、腹三部分，将头上有一对触角、胸上有三对足、一般有两对翅的虫列归为昆虫，这类知识为分类或类目知识。"过两点有且只有一条直线""三角形的内角和等于180°"这类知识属于原理和概括知识。全国人民代表大会及其常务委员会的组织结构及其功能的知识、学校组织运行机构的知识、地理学科的板块构造学理论知识等类型的知识则属于理论、模型和结构的知识。

需要注意的是，概念性知识虽相较事实性知识而言更具联系性，是一种关系丰富的知识，其知识的表征更为多样，但就知识表述层面而言依旧是静态的，是可以通过个体回忆有意识提取线索而直接陈述且不需要再加工的。这种静态的概念性知识与事实性知识实际上就是J.R.安德森所讲的陈述性知识（从加涅的认知结果分类来说更多的是言语信息）。

程序性知识、元认知知识与陈述性知识的这种静态性恰恰相反。程序性知识与元认知知识是动态的、产生式的。它由目标、情景、行为之间的关联组成，是个人在无法有意识提取线索，只能借助某种作业形式间接推论其存在的知识及在此过程中对学习者、有关任务以及有关学习策略与使用方法认知的知识。

程序性知识是一套办事的操作步骤，其本质上是运用概念与规则办事。它相当于我们通常所说的技能，主要用来解决"怎么办"的问题。例如，运用"去分母、去括号、移项、合并同类项、系数化为1"这五步解一元一次方程这类问题时，都需要程序性知识。程序性知识更多地指向具体的学科或课题，它又分为具体学科的技能与算法的知识、具体学科的技术和方法的知识、决定何时运用适当程序的标准的知识三个亚类。例如，我们用总数相加的算法计算"3+5"这道题，总数相加的算法就属于具体学科的技能与算法的知识。在现实生活中，我们买了2支钢笔、3本笔记本，钢笔15元一支，笔记本8元一本，总购买额超过50元有九折优惠，我们应付多少元？在处理这个生活问题时我们运用的数学知识和程序为具体学科的技术和方法的知识，而在处理这个问题时选择在何时运用适当的算法即为决定何时运用适当程序的标准的知识。

元认知知识是关于认知的知识。程序性知识是解决"如何做""怎么办"的问题，元认知知识则回答了"是否这样做"的问题。元认知知识主要解决监控、调节与评价的问题，就像前文例子中我们在计算应付金额步骤之外的自我审视，包括对计算结果是否准确的监控等指向内在的自省。也就是说，当我们运用概念和规则办事时所运用的智慧技能即为程序性知识，而在运用概念、规则对外在事物进行解答与办事的过程中，对个人学习者、有关任务及有关学习策略与使用方法的认知，即对内的监督、调控则是元认知知识。修订版的布卢姆教育目标分类中程序性知识与元认知知识虽分别指向对外与对内两个方向，但因其过程的一致性，安德森将其统称为程序性知识，也就是广义上的程序性知识。由于广义上的程序性知识在我国现代认知心理学中被广泛采用，所以本册后文中提到的程序性知识指的是J.R. 安德森的程序性知识。为了更加直观地理解上述文字，我们绘制了下表便于大家对照。

表3-1　三种分类方法比较

加涅认知结果分类	J.R. 安德森的学习分类	修订版布卢姆认知教育目标分类
言语信息	陈述性知识	事实性知识
智慧技能 认知策略 动作技能	程序性知识	概念性知识 程序性知识 元认知知识
态度		

现代认知心理学认为程序性知识的获得一般要经过两个阶段：一是陈述性阶段，即能够陈述出做事的程序或步骤，如能够说出"解一元一次方程的步骤为去分母、去括号、移项、合并同类项、系数化为1"；二是程序性阶段，即使用这些知识按照一定的步骤来解决问题，比如给出一个具体的一元一次方程，学生按照

以上五步求得方程的解。程序性知识的学习必须达到第二个阶段才是真正的习得。我们通常所说的"知识点都知道，就是不会做题"，主要原因就是程序性知识只达到了第一阶段。能够背出公式、定理，却不会使用公式、定理来解答题目，实际上就是没有达到程序性阶段。学生要想从陈述性阶段过渡到程序性阶段，需要把习得的程序或步骤在大量不同的情境中加以应用。

当教师无法分清以上知识类型时，教学效果可能就会大打折扣，甚至误人子弟。比如现实生活中当学生从书本上看到某一个具体的概念陈述时，如果教师在教学中缺乏对知识分类的理解，就会导致教学中存在只让学生简单地背诵概念，然后把大部分时间用在做练习上的问题。这种对概念性知识的错误理解与教学使学生的学习停留在陈述性阶段，学生背下来的"概念"对于"概念性知识"而言是孤立的、细小的、片段化的，学生无法理解概念的来源与形成过程，也很难用来解决问题。同样，如果教师不清楚其他类型知识的习得条件与学习策略，只能用一种方法或凭借经验开展教育教学，很可能会导致教学效果不理想。这一道理便如同我们去医院看病一般，如果医生在不明确病因的前提条件下就开始用药，难免会造成医疗事故。因此，正确区分知识的不同类型、明确不同类型知识的学习策略理应成为一名教师的基本功。

第二节　不同类型知识的学习策略

一、陈述性知识的学习策略

精加工策略、组织策略与复述策略有助于提高学生对陈述性知识的学习与掌握，下面略做介绍。

（一）精加工策略

"精加工"是指对学习材料补充相应信息、做出推理，甚至对其加以联想、演绎，以达到增强对学习材料记忆的学习策略。对简单的陈

述性知识的学习来说，精加工策略是非常有效
的。例如，学习化学元素钋时，我们查阅到钋
元素是由居里夫妇首先发现的，居里夫人建议
以她的祖国波兰的名字构造新元素的名称。如
此一来，我们就能很容易地记住钋的元素符号
"Po"。

在精加工策略中，还包含着一类被称为记
忆术的策略。记忆术是对无意义的材料赋予某
些人为意义，以促进知识保持的记忆方法。例
如历史学科中关于中国近代史上不平等条约内
容的记忆，可以通过口诀和谐音等方式来进行
"巧记"。例如《南京条约》的内容，可概括
为"香港岛，两千万，协定关税开口岸"（即割
让香港岛给英国；赔款银圆2100万；需同英国
协定关税；开五处通商口岸）。《马关条约》的
内容可概括为"辽台澎湖两亿两，苏杭沙重开
工厂"（割让辽东半岛、台湾岛、澎湖列岛及附
属岛屿；赔款2亿两白银；开放苏州、杭州、
沙市、重庆为通商口岸；允许列强在华设厂）。

《辛丑条约》的内容可谐音"前进宾馆":"前"同"钱",即赔款;"进"同"禁",禁止反帝爱国运动;"宾"同"兵",允许列强在铁路沿线驻兵;"馆"即划东交民巷为使馆界。诸如此类的例子还有很多,不胜枚举。

对于复杂的陈述性知识的学习,做笔记是非常值得推荐的学习策略。这里的"做笔记"不仅仅是课堂听讲的笔记,更主要的是对文本的摘抄、评注,对段落的概括和对结构提纲、主题的提炼等。一般认为,做笔记有两种最基本的功能——编码和外部贮存,这两种功能都能够促进学习。做笔记能够促进学习,是因为它符合两种心理效应——重复效应和生成性效应。一方面,做笔记是对学习信息进行二次加工,等于重复学习;另一方面,做笔记又是一个生成过程,即主动地建立学习材料的各个组成部分之间、新旧知识之间的联系,生成更高层级的认识。

所以在课堂教学中,要让笔记成为一种

真正促进学习的技术、策略，就必须要关注其知识的生成性。学习者可以按以下步骤进行：在笔记本上留出记笔记的空间—记录听课的内容—整理笔记（在笔记预留的空间写出感悟、评语、知识的迁移点与相关题型等）。其中，整理笔记是关键所在。因为写出感想评语、整理相关题型、进行知识迁移不仅是对知识的二次学习，更促进了学习者对知识的整体感知与理解，为日后的回忆提供了线索。

（二）组织策略

组织策略是把分散的、孤立的知识集合成一个整体并表示出它们之间关系的方法。组织策略与精加工策略都属于深加工策略，不同的是组织策略侧重于构建或突出新知识点之间的内在联系，以便更好地接受新知识。

组织策略可以表现为多种具体形式。

描述策略：把孤立的单词组织成一个描述性的句子。如有的老师在教sweater、trousers、socks、shoes、jacket这几个单词时，会用一个生活场景将这几个单词串联起来："Every morning, you put on your sweater, trousers, socks and shoes, finally put on your jacket to go to school."。

归类策略：把分离的项目按类别组织成一个序列，以减少记忆项目的数量。如记忆0086053188378741这串数字，因为它超过短时记忆容量一倍，在短时间内记下来比较困难，但是如果把它组织成0086-0531-883-78741，0086代表中国，0531代表济南，883代表单位，78741代表分机号，就更容易记忆。

表象策略：将言语形式的信息转化成视觉图画形式的信息。例如，小学老师讲解《竹石》这首诗时，可以通过让学生画水墨竹子的方法加深对这首诗的理解。

上述这些策略比较适合于简单的事实性知识的学习。对于复杂的事实性知识的学习，通常采用组织策略。组织策略往往表现为对前后学习内容进行纵向梳理、横向比较分析的方

法。比如，学生学完两次国共合作后，把两次
合作的时间、地点、历史背景、战线政策、结
果等方面进行对照分析，以加深对两次国共合
作的理解。

（三）复述策略

复述就是为了保持信息而对信息进行多次
重复的过程。比如学生为了背过某篇文章，一遍
遍地诵读、抄写等。在学科学习中，我们经常运
用到复述策略。比如，对于历史学科中重点事件
发生的年代、参与人物等简单的陈述性知识，我
们一般采用复述策略来记忆。对于英语单词的学
习，我们也经常用到复述策略，如抄写、反复背
诵等。但对于复杂的事实性知识，复述不等于
简单的重复感知，而是在感知学习材料时用做
笔记的方式（画线、圈号、加标符号等）把重
难点和知识要点凸显出来。比如，语文老师引
导学生分析一篇文章时，要求学生概括文章大
意，标出段落主题句、重点字词等，然后让学
生解释这些重点部分，并进行复习。

（四）理解策略

"理解是智力层面的建构，是人脑为了弄懂许多不同的知识片段而进行的抽象活动。"[①]理解是一种有意义的推断，具有可迁移性。理解与知道不同，理解相较于知道，是一种更为复杂的思考形式。这就像教师教小孩子背古诗一样。以《登鹳雀楼》为例，诗文为：白日依山尽，黄河入海流。欲穷千里目，更上一层楼。如果只是死记硬背，学生很快就会忘记。所以教师在给学生讲这首古诗时，可以先将每句诗文描绘的场景进行直观图像展示，然后让学生假设自己是王之涣，结合全诗进行场景的联想。学生描述出全诗的场景之后，再进行背诵。这里的直观图像展示与全诗场景联想和描述，就是帮助学生理解的策略。只有这样，学生才能推断出王之涣当时描绘的场景，也有利

---

① 格兰特·威金斯、杰伊·麦克泰格：《追求理解的教学设计》，闫寒冰、宋雪莲、赖平译，华东师范大学出版社，2017，第38页。

于对全诗的背诵，而且这种基于理解的背诵也会成为一种长时间的记忆。同样，理解策略的运用也启发我们在教学中为了达成理解要给学生提供更多的理解支架。

二、程序性知识的学习策略

从本质上讲，掌握程序性知识主要是掌握概念和由概念构成的规则，并使之支配人的行为。因此，我们把程序性知识的学习策略化解为概念的学习策略和规则的学习策略。

（一）概念的学习策略

概念由概念的名称、例证、属性、定义四个方面构成。概念的名称属于陈述性知识的范畴。概念的例证是指能够说明或代表概念属性的事或物，属于概念所代表的一类事物中的事物叫作正例，不属于概念所代表的一类事物的事物叫作反例。因而在学习概念性知识时，正例、反例是学习概念的重要手段，没有大量、典型的正例与反例，概念的学习过程就不能完成。学生通过概括大量准确、恰当的例子掌握概念的本质属性。概念的属性是指概念的一切正例的共同本质特征；概念的定义是指对同类事物的共同本质属性的概括。概念的学习意味着学生能掌握一类事物的共同本质属性，能辨别同类事物的本质属性与非本质属性。

在概念的学习中我们可以运用多重感知策略，充分调动多种感官协同参与以加深对知识的理解与记忆。比如生物学科中，学生可通过观察蚂蚁、蝴蝶、蚱蜢、瓢虫等昆虫来对其特征及特性进行描绘，从而形成对各类昆虫概念知识的认识。也可以采取组织策略，如学生将同一学科下的不同概念进行系统有序的整理，并根据其内在联系绘制出结构化、组织化的图表，这也能够帮助他们理清概念间的关系层次等。

此外，按照概念的抽象水平，概念分为具体概念和定义性概念。具体概念的共同本质特征可以通过直接观察获得。比如，鱼是终生生活在水里、用鳃呼吸、用鳍游泳的脊椎动物。

定义性概念的本质属性不能通过直接观察获得，必须通过人为下定义来揭示。比如生物中动物的学习行为就不易进行观察，只能通过定义的形式进行描述。

针对不同类型的概念进行有效学习的策略也不同。一般认为，具体概念的学习要经过知觉辨别、假设、检验假设和概括四个阶段，比较适合采用发现式的学习。例如学习"鱼"这个概念时，首先要观察各种鱼类，对比各种非鱼类；其次，根据观察假设"鱼是用鳃呼吸的、有鳞片的、终生生活在水里的、用鳍游泳的脊椎动物"；然后检验这个假设，将"有鳞片的"去掉，使假设进一步精确化；最后概括揭示鱼的共同本质属性。一般来说，概念越复杂，检验和假设之间的往复次数就越多。如同鱼的例子，在检验与假设的过程中，需要从外界寻找更多的正例和反例。正例确证概念的本质属性，反例则剔除概念的非本质共同属性。

定义性概念的学习一般采用先理解概念的含义及其本质特征，然后用典型例子进行分析说明的策略，多采用接受式的学习。例如，在学习生物的"学习行为"这一概念时，首先掌握"学习行为"这一本质特征，然后再用"小狗做算术""老马识途""鹦鹉学舌"等例证加以说明即可。

（二）规则的学习策略

规则是指几个概念之间的关系。它包括原理、法则、公式和定理等。规则学习本质上就是利用大量的例证来说明规则所反映的关系，或者说，运用规则在其适用的各种不同情境中办事。

同概念一样，规则的学习也需要例证。但规则的例证不是一类事物的例证，而是几类事物的关系的例证，更确切地说，是几个概念之间的关系的例证。从例证的角度讲，规则学习是用例证来阐释规则、理解规则并在具体的例证中运用规则。所以规则的学习一般有两种策略："例-规"法和"规-例"法。

1."例–规"法

"例–规"法是指首先学习、分析规则的若干例证，然后从例证中概括出一般结论的学习策略。它属于发现学习或研究性学习的范畴。如学生在七年级上学期的历史课上学习"商鞅变法"时，通过分析商鞅变法的过程可得出结论：商鞅变法之所以成功，主要因为彼时井田制已经瓦解，商鞅变法允许土地自由买卖，维护了地主阶级的利益，顺应了历史发展的潮流。在之后同一学期学习"北魏孝文帝改革"时，学生就会用所学知识分析：孝文帝改革之所以成功，也得益于顺应了当时民族交融的历史趋势。之后，学生学习类似的重大改革时，还会进一步认识到，成功的改革往往都顺应了历史发展的潮流。所以"顺应历史发展潮流是改革成功的根本原因"这一结论就通过大量的历史实例被学生所掌握。这种通过具体历史实例抽象出一般历史结论的做法，正是"例–规"法在历史学习中的合理运用。

2."规-例"法

"规-例"法是指首先学习、理解规则的含义，然后用例子进行论证以加深对规则的理解和应用的学习策略。它属于接受学习的范畴。如英语老师讲以"o"结尾的名词时先告诉学生有生命的东西复数需要加"es"，无生命的加"s"这个规则，然后用hero、tomato、potato、piano、radio这些名词的复数来举例，有生命的hero、tomato、potato加"es"变成复数名词，无生命的piano、radio加"s"变成复数名词，以加强学生对前面所讲规则的认知记忆。

第四章　知识分类教学论

我国著名教育心理学家皮连生教授一直致力于从学习论向教学论与教学技术转化的研究。皮教授无论是在教学过程、教学目标的陈述方面，还是在教学任务分析等方面，都提出了自己独到的见解，并确立了认知教学的一般模型和规范的教案规格，这对当下的教学实践具有重要的借鉴意义。本章节将基于此展开论述。

第一节　关于教学过程

知识分类教学论从广义上来理解教学过

程，它把教学过程分为六个主要环节：

1. 陈述目标：强调用可观察和可测量的行为术语说明学生要达到的预期学习结果。

2. 分析任务：分析从学生的起点能力到预期达成目标之间所需要的知识和技能，并确定教学任务的层次关系与教学的支撑条件，明确教学重点。

3. 分析学生的起点能力：主要指确定学生在进行新知识学习之前对即将学习知识相关联的知识的储备与理解。当然也包括学生对新知识的相关学习动机与态度。

4. 课堂教学活动设计：指教师的课前准备，包括教具准备、教材资源整合、教学过程的呈现方法、练习等教学手段及活动的准备。

5. 师生相互作用过程：指课堂上师生之间信息的传输与反馈过程。一般模式是"呈现教学内容—学生反应—强化与校正性反馈"。

6. 评价：对照预先陈述的教学目标，确定学生是否达成规定的教学目标。

第二节 关于教学目标

知识分类学习论认为，教学目标是预期的学生学习的结果或者是预期的学习活动要达到的标准，是一节教学活动的出发点和归宿点。在教学活动开始之前，教师必须清楚地知道学生学习结果的类型，并正确清晰地陈述出教学目标。同时，教学目标作为归宿点兼具教学资源的选择指导功能、教育教学方法的选择指导功能、教育教学结果的测量与评价指导功能，以及指引学生学习等功能，即教、学、评的一致性。

针对当前教学目标陈述中存在的问题，我们对教学目标的陈述提出了如下三点建议：第一，教学目标的陈述应体现学生的行为主体性及教学目标的达成时间；第二，教学目标应反映学习结果的类型，应反映依据学习结果类型采用的相应策略；第三，教学目标应力求准确、具体，是可观察、可测量的，尽量避免用含混不清和不切实际的语言陈述目标。

第三节　任务分析

任务分析是知识分类教学论中极为重要的一环。任务分析是指在教学活动之前，对预设目标所规定的、需要学生习得的能力、学生已有知识水平及相关附属能力间关系的详细分析。任务分析为学生的学习顺序及教师的教学安排提供必须依据。一般说来，教学目标主要陈述学生学习后应达成的终点能力及其类型。任务分析要完成如下任务。

1. 确定学生的起点能力。起点能力指学生在接受新的学习任务之前，原有的知识技能的准备。例如，一节课的教学目标是"学完本节教材后，学生能够说出原始陶器的实用功能，并能简要阐述原始陶器的实用美与纹饰美"。这一教学目标所规定的是教学终点时学生的能力。要达成这一终点能力，"学生对陶瓷器皿已有的初步感知、对厨房用具的已有认识，以及初一学生通过历史课的学习对新石器时代人类生活的已有了解"，就是一个起点能力。

起点能力是学生学习新知识的内部前提，它在很大程度上决定着预期目标的完成度。教师可以通过平时的作业批改、教学检测以及对学生的调查、访谈等方式来确定学生的起点能力。起点能力对新的学习有着巨大的决定作用，学生具有越多与新知识相关的知识储备，在学习新知识时越容易进行知识的迁移与架构，也就意味着越容易达成预期目标。

2. 分析使能目标及其类型。在实际教学中，由起点能力到达终点能力，往往需要分步推进。需要教师注意的是，"分步推进"的原因往往是学生在起点能力与终点能力之间存在尚未掌握的知识与技能，而这些未掌握的知识、技能又是达成终点能力的前提条件。起点能力到终点能力之间的"分步推进"实际上就是教学环节中的使能目标。例如，在学习陶甗的实用之美时，知悉我们现实生活中的蒸锅、算子可视为学生的起点能力，但要让学生明白甗这件器皿的实用之美，就必须要让学生明白陶甑以及原始陶器中袋足的作用。而讲解陶甑与袋足就是使能目标。所以，一旦对起点能力、使能目标、终点目标及其类型分析清楚，教学的方法步骤就有了科学的依据。

3. 分析学习任务的必要支撑。使能目标是达成终点目标的必要条件。但有效的学习除了使能目标外，还要有学习任务的必要支撑。如美术学习中学生必须具备图像识读能力，语文学习中基本的听、说、读、写能力，都属于学习任务的必要支撑条件。在任务分析时，教师要对这些支撑条件加以分析，选择合适、合理的支撑条件。

第四节　认知教学的一般模型

为了教师能够更好地利用知识分类教学论设计教学，研究者提出了如下的教学模型（见图4-1）。该模型表明，教学是为学习创造必要的条件，帮助学习者更有效地学习。教学过程服务并服从于学习过程。

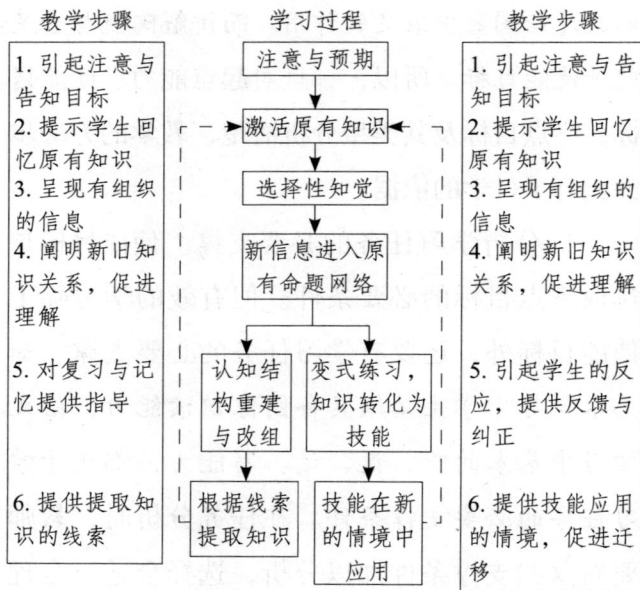

图4-1　广义知识教学过程一般模型[1]

认知学习由注意和预期开始，这是学习的动力过程，即由预期激活原有知识，进而调动与新知识有关的原有知识进入工作记忆状态，随时准备吸收新知识。在原有知识的指导下，

————

① 吴红耘、皮连生主编《学与教的心理学》，华东师范大学出版社，2020，第223页。

学习者有选择地知觉接触到的新信息，新信息暂时贮存于短时记忆中。新信息经过在工作记忆中加工，与原有知识建立各种联系（包括各种上下位联系和并列结合联系）或合成更大的组块，使新知识与原有知识形成命题网络。这是知识学习的第一阶段，也就是陈述性知识习得阶段。此后，命题知识一分为二。一部分依然以陈述性知识形式贮存，并通过各种学习策略得到巩固，以供日后提取之用。另一部分属于程序性知识，经过在变式条件下的练习、反馈和纠正，转化为以产生式系统表征和贮存的技能，一旦在新情境下条件满足，技能便自动激活。

　　不同的知识类型，在学习任务完成后的测量和评价标准也不同。测量问卷的目的是引出被测验者的适当反应。知识类型不同，测验问题不同，所引出的学习者的反应也不同。

　　图4-1所示的教学模型与传统的教学模型有显著不同：一是从学与教两方面来看，它能充分体现学是内因，教是外因，外因必须通过

内因起作用的思想；二是从师生两方面来看，它能体现学生是学习的主体，教师起主导作用的观点；三是从知识与技能来看，它既能解释知识的习得，也能解释技能的形成；四是从教学的阶段来看，它能指导新授课（第1至4步）、复习课（左侧第5和第6步）、练习课（右侧第5和第6步）等不同课型的教学设计。

第五节　规范的教案规格

教案是教师在教学中为了达成预设目标而对师生在课堂上教与学活动的预期描述。为了使师生在课堂上的活动更加科学化，我们建议采用以下格式进行书写：

教学课题名称（注明采用的教材版本、年级、学期、单元）

教学目标：尽量用可观察和可测量的行为陈述目标，包括课标、教材的分析。

教学任务分析：

1. 分析学生的起点能力（包括学生具备的

与新知识相关的原有知识、技能和策略，也就是我们日常所说的学情分析）。

2. 分析从起点能力到终点能力之间的各个使能目标与支撑条件。

3. 确定学习结果的类型和课的类型（即新授课、复习课、练习课、测验课）。

4. 课时安排。

教学过程：完整的教学过程分三阶段，即知识新授阶段（新授课）；知识的巩固与转化阶段（复习课、练习课）；知识的测量与评价阶段。

1. 知识新授阶段（新授课）

表4-1　知识新授阶段

步骤	主要方法或技术	预期达到的目标
1. 明目标	直观导入，情境导入，质疑导入，游戏、音乐导入等方法	引起学生的注意，激发学生的学习动机
2. 温旧知	提问、调查、小测验等	激活原有知识
3. 现新知	设计先行组织者，并用图、表等形式呈现给学生；教师讲授；指导学生自学教材；提供直观材料，并指导学生进行感知	选择性知觉新呈现的信息

续表

步骤	主要方法或技术	预期达到的目标
4. 增进新知识的理解	根据不同的知识类型，采用不同方法与技术；若要促进对概念和规则的理解，则应呈现正、反例并引导学生进行分析概括，促进陈述性知识的理解	使新习得的信息获得意义从而并入原有例题网络之中

注：以上四个方面只要有效搭配即可，比如教学目标的出示有时可以放在后边。

2. 知识的巩固与转化阶段（知识、技能与策略教学的后期阶段）

表4-2　知识的巩固与转化阶段

学习类型	主要方法与技术	达成目标
陈述性知识	布置思考题，让学生带着问题复习；明确要求，为学生记忆提供指导；上复习课，帮助学生梳理纲领脉络	进一步理解巩固编码系统，防止遗忘或混淆知识；学会记忆、复习方法
程序性知识	设计多种形式的变式练习，指导学生练习；及时提供反馈信息，纠正练习中的错误	形成技能并知道规则应用的条件（反省认知）

3. 针对不同类型的教学目标，采用不同行为指标测量与评价学习结果

表4-3 不同类型教学目标的测量与评价

目标类型	测验问题	学生的反应
陈述性知识	例如，商鞅变法成功的历史背景是什么	陈述有关事实和结论
智慧技能	例如，一个长方形的面积与一个正方形的面积相等，已知长方形的长为25米，正方形的边长为10米，求长方形的宽	应用公式，计算出正确的结果
认知策略	例如，将本篇文章中反映作者观点的主旨句找出来	以目标定向阅读，边读边思考，边做笔记

　　在这份教案格式的指导下，教师就可以把有关学习理论以及相关的技术应用于现实教学中。值得注意的是，分析陈述教学目标和分析教学任务是将学习论转化为教学论和教学技术最关键的两步，而教师传统教案书写的薄弱环节恰好就是这两个环节。因此，针对教学目标的制订与教学任务的分析，本书将进行专门陈述。

第五章　教学案例及案例分析

下面分别选择一节数学课、一节地理课与一节语文课来说明知识分类学习论和教学论在课堂教学中的应用。数学课代表程序性知识（技能）的学习和教学，地理课与语文课则代表陈述性知识的学习与教学。

【案例1】

北师大版初中数学七年级上册第二章第九节
有理数的乘方

授课教师：王道远

一、学生起点分析

（一）学生的知识基础

1. 学生在小学已经学习过非负有理数的乘方运算。

2. 学生已经能说出 $a \times a$ 记作 a^2，读作 a 的平方或 a 的二次方。

3. 学生已掌握了有理数的乘法法则。

（二）学生的能力基础

1. 在以往的学习过程中，学生经历了不同类型的数学活动，学生合作学习的能力和探究学习的意识都有了明显进步。

2. 在小组展示环节的稳步推进过程中，学生的语言表达能力得到了显著提升。

二、教学任务分析

（一）教学目标

1. 理解有理数乘方的意义。

2. 掌握有理数乘方的概念。

3. 学会有理数乘方的运算。

（二）使能目标

1. 在现实背景中，感受有理数乘方的必要性，理解有理数乘方的意义。

2. 掌握有理数乘法的概念，能进行有理数的乘方运算。

3. 感受有理数乘方的符号法则的探究过程，通过实际计算，发现和记忆底数为10的幂。

（三）授课类型：新授课（"概念和规则"的学习）

（四）课时安排：1课时

三、教学过程设计

本节课设计了六个环节。第一环节：现实情境，引入新课；第二环节：定义乘方，熟悉概念；第三环节：质疑提升，精讲释疑；第四环节：特例归纳，符号法则；第五环节：课堂小结；第六环节：个性超市。

（一）现实情境，引入新课

活动内容：观察教科书给出的图片，阅读

理解教科书提出
的问题，弄清题
意，计算每一次
分裂后细胞的个
数以及经过5小
时、10次分裂后
细胞的个数。

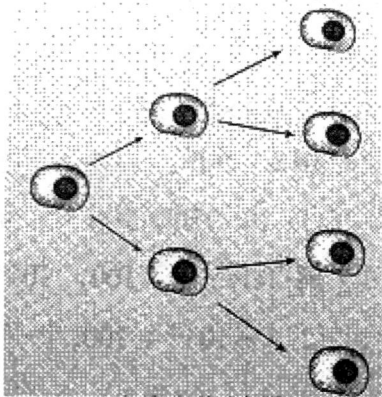

图5-1　细胞分裂示意图

活动目的：
感受现实生活中
蕴含着的大量数学信息。数学在现实世界中有着
广泛的应用，面对实际问题，学生应主动尝试从
数学的角度运用所学知识解决实际问题，并在解
决问题的过程中体会乘法运算的必要性和优越
性，要让学生体会细胞分裂的速度非常快，从
而引出本节课的学习课题——有理数的乘方。

活动的注意事项：在活动中需要运用乘
法运算计算5小时一个细胞能分裂成多少个细
胞，这个过程不要一次完成，要让学生认真分
析，逐步完成，并依次类推，如果第一次分裂

成2个，第二次分裂成2×2个，第三次分裂成2×2×2个。因为5小时要分裂10次，所以第十次分裂成2×2×2………×2×2个。得到这个结果时要指出两点：一是让学生感受细胞分裂速度之快；二是要指出这种表示方法很复杂，为了简便，可将它写成2^{10}，表示10个2相乘，以此来培养学生的符号感，同时指出这就是乘方运算，从而引出本节课的学习内容——有理数的乘方。

（二）定义乘方，熟悉概念

活动内容：归纳多个相同因数相乘的符号表示法，定义乘方运算的概念。

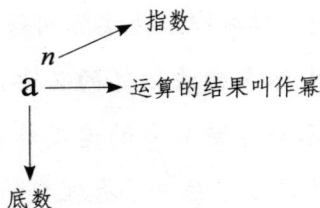

图5-2　幂

（三）质疑提升，精讲释疑

活动内容：质疑提升。

1. 在现实生活中还有哪些与乘方有关的

例子？

2. 谈谈你们对于乘方的理解？

3. 乘方运算过程需要注意什么？

活动目的：通过上述三个环环相扣的问题，将本节课的学习目标呈现给学生，让学生在思考中探究目标，质疑本节内容，让学生主动学习。

活动内容：精讲释疑。

生活实例：拉面、折纸、消息传递、正方形面积、正方体的体积。

活动目的：让学生明确乘方概念——乘方是一种特殊的乘法；理解底数、指数具体含义；明白幂与乘方的关系；学会幂的符号判定；知道如何处理负数、分数乘方运算的常见问题。

（四）特例归纳，符号法则

活动内容：针对训练。

1. $(-2)^{10}$ 的底数是＿＿＿＿＿，指数是＿＿＿＿＿，读作＿＿＿＿＿＿。

2. $(-3)^{12}$ 表示＿＿＿＿个＿＿＿＿相

乘，读作_____。

3.$(\frac{1}{3})^8$的指数是_____，底数是_____读作_____。

4.3.6^5的指数是_____，底数是_____，读作_____，x^m表示_____个_____相乘，指数是_____，底数是_____，读作_____。

活动目的：培养学生的归纳能力和抽象能力，建立符号感，理解符号所表示的数量关系和变化规律，学习新知识，认识乘方是一种运算，幂是乘方运算的结果。

活动内容：符号的判定。

10^2 $(-10)^2$

10^3 $(-10)^3$

10^4 $(-10)^4$

10^5 $(-10)^5$

活动目的：寻找规律，进一步验证幂的符号是正确的，为后面将要学习的科学记数法做好铺垫。

活动内容：符号法则应用。

1. $\left(\dfrac{1}{3}\right)^5$　　$(-1)^3$　　$(-3)^4$　　$-(10)^2$

$-\left(-\dfrac{7}{4}\right)^7$　　$(-1)^{2n}$　　$(-1)^{2n+1}$　$(-1)^n$

2. 分析 $(-3)^4$ 与 -3^4 的关系，$\left(\dfrac{2}{3}\right)^4$ 与 $\dfrac{2^4}{3}$ 的关系。

（五）课堂小结

活动内容：提问总结。

1. 学完本节课你们对于乘方有什么理解？

2. 乘方运算过程中有哪些需要注意的问题？

活动目的：通过使能目标的达成逐步实现本节课的学习目标。课堂小结旨在将本节课的知识系统化、条理化，促进学生知识网络的建构。

（六）个性超市

1. 基础过关

（1）在 4^6 中，底数是_____，指数是_____。

（2）$(-4)^7$ 读作_____。

（3）$(-2)^{15}$ 的结果是_____数（填"正"或"负"）。

（4）$(-12)^5$的结果是_____数（填"正"或"负"）。

（5）计算：

① $(-5)^2$=_____，$(2)^3$=_____；

② $(-0.1)^3$=_____，$(-10)^3$=_____。

（6）计算并写出过程。

① $\left(-1\frac{1}{2}\right)^2$ ② $(-0.25)^3$

③ $-(-3)^4$ ④ $-(-3)^5$

2．中档提高

（1）计算并写出过程。

① $\left(\frac{1}{2}\right)^3$ =_____。

② $\left(-\frac{2}{3}\right)^4$ =_____。

③ $-(1)^{100}+(-1)^{101}$=_____。

④ $(-1)^{2n}+(-1)^{2n+1}$=_____。

（2）默写10到20自然数的平方。

（3）默写3到6的立方。

（4）3的平方是多少？-3的平方是多少？平方是9的数有几个？有无平方是-9的有理数？

3. 拓展提升

设 n 为正整数，计算：

$(-1)^{2n}=$＿＿＿＿＿；

$(-1)^{2n+1}=$＿＿＿＿＿；

$(-1)^{n}=$＿＿＿＿＿。

4. 反思梳理

请将本节课的知识点总结，并归纳解决问题的方法。

【案例评析】

一、教学效果分析

本节课采用分层作业的形式（基础过关、中档提高、拓展提升）及时进行了学习结果评估。其中，"基础过关"题目指向了本节课学生学习目标的达成，基础过关前两题指向教学目标中"掌握有理数乘方的概念"，其他各题均指向教学目标中"学会有理数乘方的运算"，且题目难度与课堂例题难度相当。"中档提高"题目同样指向教学目标2与目标3，不过在数值运算方面难度略高于"基础过关"的题目，学生基本能够完成。"拓展提升"习题的难度略高于本节课的教学目标，给学生提供了展示自我学习水平的平台。整体来看，本节课的评估习题设置合理。从学生测试结果来看，本节课学生学习效果不错，证明了教师的教学安排合理有效。

二、教学设计

本节课的教学目标清晰、明确、可测量，在每个教学环节之后都设置了针对性的练习，可清晰明确地了解学生对乘方概念、运算法则的掌握，"个性超市"的设置更是检测了学生对整堂课知识的掌握情况。

此外，本课基于课程标准与学生认知水平及已有知识储备，进行了精准的学生起点能力分析和终点能力分析。基于本节课的内容，采用了"概念与规则"的学习，结合数学组的质疑式教学，使得教学过程设计与教学目标相匹配，既培养了学生提出问题的能力，又培养了学生解决问题的能力。

美中不足的是，在有理数乘方意义方面，教师应考虑在"个性超市"习题的基础上加上情境化处理，以便增强学生感受有理数乘方的必要性，从而使学生更好地理解有理数乘方的意义。

三、教学方案的实施

通过对学生的课后调研和测试结果的分析，本课的设计合理有效，符合学生的认知规律，能在较大范围内推广本课的教学设计。同时，本课教师更加注重知识的生成过程，积极引导，课堂驾驭能力强，教师优秀的数学素养保证了本教学方案的有效实施。

【案例2】

人教版地理七年级上册第三章第三节
降水的变化与分布

授课教师：张骏菲

一、学生起点分析

（一）学生的知识基础

学生在本章已经学习了"天气与气候""气温的变化与分布"的相关内容，明确了气候和天气的不同之处，掌握了影响气温变化的因素，具备了一定的学习方法，也逐步开始意识到气候的两大要素是气温和降水。

（二）学生的能力基础

1. 初一学生对地理学习兴趣较浓，热情也高，思维活跃，对录像、动画、图片等资料信息很感兴趣。

2. 学生通过数学的学习对统计图有着较为完善的理解，具备一定的读图能力、思维分析能力，敢于表达自己对问题的不同看法。

3. 在我校的小组合作式学习的培养下，学生具有良好的交流协作学习的习惯和能力。这些都可视为本节课学生的起点能力。

二、教学任务分析

（一）教学目标

1. 学生能初步学会阅读世界年降水量分布图，并能够说出世界降水的空间分布差异。

2. 学生可以使用降水资料，绘制降水柱状图，并提取有效信息说出降水的变化规律。

3. 学生能举例说出降水与人类生活和生产的关系，关注生活中的地理现象，体验地理探究的乐趣。

（二）使能目标

1. 学生能通过确定"天堂雨伞的海外销售市场"明确降水的空间分布特征及影响因素。

2. 学生能通过确定"天堂雨伞的销售时间"明确降水的季节变化规律。

3. 学生能通过完善"天堂雨伞海外销售推广方案"体会降水与生产生活的相互影响。

（三）授课类型：新授课（项目式学习理念）

（四）课时安排：1课时

三、教学过程设计

（一）导入

教师：提起雨伞，大家知道哪些品牌？

学生：天堂雨伞。

教师：天堂雨伞家喻户晓。现在，天堂雨伞正努力走出国门，走向世界，因此天堂雨伞设计了一系列的全球推广策划方案。

推广方案主要包括销售目标、销售市场、推广时间三个要素。大家知道什么是销售市场和推广时间吗？

学生：销售市场是指产品的销售地，推广时间是一年中产品的销售旺季。

教师：这节课就用项目式教学的理念设计天堂雨伞海外推广方案中的目标市场和推广时间。这需要我们先发现生活中的现实问题，再学习核心知识，最后利用核心知识解决现实问题。大家觉得哪些地理因素

以项目式学习的理念为基础进行授课，让学生掌握分析方法，进一步提高学生的分析能力。

会影响雨伞的销售？

学　生：降水。

教　师：降水影响了雨伞的销售。选择目标市场和确定推广时间就要学习降水的分布以及降水的季节变化情况。

（二）知识新授阶段

1. 降水的基本概念

在此之前先通过一段微课（微课内容涉及降水的概念、形式、降水的测量方式等）让学生了解最基础的知识——降水。

视频结束后提问问题检验学生学习成果：

（1）降水的主要形式是什么？

（2）气象部门将降雨分为了哪些等级？

> 通过微课视频资料了解降水的基本概念，培养学生提取信息的能力。

2. 降水的空间分布

教　师：让我们再次回到天堂雨伞的海外推广方案当中。完成目标市场的选择需要学习降水的分布规律等相关知识。

教师给学生发送资料包，引导学生总结出世界年降水量的分布规律，学生通过小组合作，完成任务单的任务一（见附件一），并进行小组展示。

学生通过小组合作探究降水的空间分布规律，培养读图能力、小组合作能力和表达能力。

学生：在中纬度地区，沿海降水多，内陆降水少。

学生：回归线附近，大陆东岸降水多，西岸降水少。

学生：迎风坡降水多，背风坡降水少。

教师：有没有同学能解释为什么迎风坡降水多，背风坡降水少？

学生：山地迎风坡迎接暖湿气流，暖湿气流随山地地势抬升，而海拔升高气温下降，因此水汽凝结形成降水。

教师：运用相关知识，为天堂雨伞选择目标市场，完成任务二（见附件一）。

学生：选择目标市场雅加达、努纳武特、北京、乌鲁木齐。

3.降水的季节变化

教师：接下来我们用同样的流程设计推广时间，这需要我们学习降水季节变化的核心知识，而降水的季节变化我们通常用各月降水量柱状图表示。数学课上大家都已经学过绘制柱状图，我们地理上的降水柱状图不需要标注数字，大家可以根据之前学过的相关知识确定推广时间。推广时间关系着我们挑选出几个有代表性的目标市场。

学生：北京选择夏季销售。

教师：为什么你会选择在夏季销售？

学生：北京夏季降水多，冬季降水少。

学生通过明确降水的标准，能读图分析，能描述降水的季节变化规律。

教师：大家知道多雨和少雨的标准是什么吗？通常月降水量高于100毫米时称为多雨，月降水量在50毫米到100毫米之间时称为湿润，50毫米以下称为少雨。北京全年降水不均匀，夏季月降水量超过100毫米为多雨，而冬季少雨，所以选择在夏季推广。

接下来请同学们说出雅加达、利比亚、伦敦降水的季节变化规律，确定各目标市场的推广时间，完成任务三（见附件一），同桌讨论3分钟。

学生：从降水柱状图上读出雅加达全年多雨，因此推广时间全年皆可。伦敦全年湿润，也可在全年都进行推广。北京夏季多雨，推广时间为夏季。利比亚的推广时间应该设定在冬季，因为利比亚冬季多雨。

教师补充世界上降水季节变化类型中全年少雨的情况。

4.课堂总结

教师：这节课我们通过项目式学习方式学习了降水的分布规律以及降水的季节变化，确定了天堂雨伞全球推广方案目标市场和推广时间。在这个过程中，我们发现其实是降水影响了经济，那降水还会有什么其他影响呢？

学生总结降水的影响。

（三）知识的巩固与转化阶段

附件一：任务单

表5-1 天堂雨伞全球推广方案

任务一 **降水分布规律**	任务二 **选择目标市场**
赤道_____，两极_____。这是受_____因素影响。 中纬度地区，沿海_____，内陆_____。这是受_____因素的影响。 _____附近，大陆东岸降水_____，西岸降水_____。这是_____因素影响。 迎风坡_____，背风坡_____。这是受_____因素的影响。	按组别选择目标市场。 第一组：雅加达、努纳武特。 第二组：北京、乌鲁木齐、利比亚、伦敦（可多选）。 第三组：厦门、拉巴特。 第四组：乞拉朋齐、加德满都。

推广目标：走出国门，走向世界

目标市场：

推广时间：任务三

表5-2 天堂雨伞推广时间预判表

目标市场	图示	降水的季节变化	推广时间
雅加达	雅加达		
北京	北京	夏季多雨	夏季
利比亚	利比亚		

续表

目标市场	图示	降水的季节变化	推广时间
伦敦	降水(毫米) 300 250 200 150 100 50 0 1 2 3 4 5 6 7 8 9 10 11 12 (月) 伦敦		

【案例评析】

一、教学效果分析

本课采用项目式学习的理念，以任务单的形式利用课上时间引导学生运用所学知识完成了相关的练习和知识巩固，将教与学有效融合。任务单从内容上与教学目标一致，通过任务分析使学生明确了世界降水的分布规律，并在完成任务的过程中使学生有效认识到降水与人类生产和生活的关系。任务单的完成能够很好地反馈学生的知识掌握程度和能力提升的效果。

二、教学设计

本课教学目标明确、具体，能够以学生为中心，目标的完成可以通过任务单的完成情况进行清晰观测。任务分析关注到了学生的能力基础，明确了学生在读图能力和分析能力上的基础水平，并依据学生的基础水平规范了本节课的能力培养目标，对于学生读图提取信息的能力以及综合思维、分析能力的培养具有导向作用。

本节课在实施中通过项目式学习的形式，主要利用任务驱动法进行教学组织。本节课通过导入环节明确了现实世界中关于"天堂伞"销售的情境，让学生在情境中发现驱动性问题，即"天堂伞在世界范围内推广的销售市场在哪"，以及"天堂伞在世界范围内推广的时间和季节安排"，而这两个问题直指本节课的核心——降水。在授课部分，教师通过视频微课的形式展示了关于降水的基本知识，并通过让学生分析资料包中的地图资料和相关问题，引导学生讨论、归纳并展示世界降水的时间和空间分布规律，最后引导学生利用规律解决本节课的驱动性问题。

在教学评价环节中，任务和题目的设置也紧扣本节课的项目任务，利用现实情境资料来组织内容，引导学生从生活的角度观察和思考"降水对于生产生活的影响"。从内容上看，与教学目标和学习过程一致，能够起到梳理和巩固的作用；从形式上看，以方案编写的形式来组织，对于学生的能力培养也有一定的促进作用。

三、教学方案的实施

通过教学效果不难看出本课的实施较为顺利、有效。在教学过程中能够做到以学生为中心，关注学生在课堂中的疑惑、表现和生成性问题，以项目式学习的形式，通过现实问题进行学习驱动，在解决核心知识的同时促进了学生能力的提升。

在听课中也能感受到张老师亲切自然的

教学风格，课堂娓娓道来，细细引导。氛围平等、和谐，师生进行了有效的双向交流。

【案例3】

人教版语文七年级下册第五单元第十九课
一棵小桃树

授课教师：张梦琪

一、学生起点分析

七年级下学期的学生在上个学期时接触了《春》《济南的冬天》等写景散文，对散文"形散而神不散"的特点有所体会，对散文优美的语言特色有所体悟。但是，学生对散文特点的体悟还停留在表面的层次，没有深入其中，理解精髓。

二、教学任务分析

（一）教学目标

1. 学生能够用普通话正确、流利、有感情地朗读全文。

2. 学生能够通过"这是一棵怎样的小桃树"这一问题的启发，梳理出小桃树的生长过程。

3. 学生在通读课文的基础上，理清思路，理解主要内容，体味和推敲重要词句在语言环境中的意义和作用。

4. 学生能够通过对重要事件的提取，梳理出明暗线交织的写作手法，理解托物言志的手法，体会作者写"小桃树"的意义。

（二）使能目标

《一棵小桃树》这篇文章是一篇托物言志类散文，学生对于托物言志类的散文是初次接触，但是七年级下学期的学生应该可以在教师的引导下，深入文本，知人论世，体会到托物言志手法的应用。学生通过结合老师补充的背景资料，能够用快速浏览的阅读方法找到文章线索，找到作者成长经历与小桃树生长经历两条交织的明暗线索。

（三）授课类型：新授课（陈述性知识的学习）

（四）课时安排： 1课时

三、教学过程

（一）导入

教师： 有句老话说"六月没钱，白活一年"，大家知道是什么意思吗？因为一进六月，大量的新鲜水果就进入了市场，比如说西瓜、甜瓜、桃子、杏，等等。老师格外喜欢吃桃子，尤其是甘甜多汁的水蜜桃，咬一口下去，那汁水四溢的感觉真让人期待六月的到来！老师想问问同学们，大家有没有计算过吃一个桃子最快需要多长时间？同学们有没有想过，一颗桃树种子种在地里之后，生根发芽，抽枝散叶，多长时间可以长成一棵可以开花结果的桃树呢？没错，答案是三年。想象一下，三年来桃树种子从扎根发芽到开花结果，这中间会经历什么呢？让我们学习《一棵小桃树》来一探究竟吧！

情境导入能够引起学生的注意，激发学习的兴趣。

（二）知识新授阶段

1.整体感知——初识"小桃树"

教师：我们今天一起来学习贾平凹的《一棵小桃树》。文章中有很多描写小桃树的语句，请同学们快速浏览全文，寻找依据，用课文中的原话回答一下在不同阶段这棵小桃树的特点是怎样的？

> 能够通过快速浏览全文，找到回答主问题"这是一棵怎样的小桃树"的原文词语。

学生：委屈、可怜、猥琐、坚强。

2.精读课文——品味"小桃树"

教师：哪一段讲了种下小桃树之后的故事？

学生：第四自然段。

教师：这一段告诉我们小桃树是怎样的？

学生：用奶奶的话来说"没出息"。

让学生分析"拱""委屈""紧抱""瘦瘦的""黄黄的"等词语的妙处。恰当而形象的词语，使得文章中的描写十分生动。学生通过观看视频，体会种子拱起土层、破土而出的艰难与不易，感受小桃树出生的委屈。

让学生通过肢体动作来模仿"拱"的形态，体会拟人修辞手法的妙处以及叠词的表达效果。

体味和推敲重要词句在语言环境中的意义和作用。

教师："没出息"的小桃树，长得太不是地方，受到的待遇是"无人理会"，无人理会小桃树，大家理会的是"那些盆景儿"。

让学生摘出文章中形容"那些盆景儿"所用的词语：那些、各种各样、惹人费神、喜欢、服侍、一盆一盆、端、赞赏。

让学生摘出形容小桃树的语言："长得太不是地方""谁也再不理会"。

教师：每天清晨，当阳光洒满院落，爷爷就焦急地催促着我把他的玫瑰、月季、牡丹一盆一盆地端出来，摆满屋里、院里、门道里，修枝剪叶，浇水施肥。闲暇时间，会有远近的左邻右舍参观爷爷的盆景，在大家赞赏之后，傍晚时分爷爷再让我们把这些盆景儿一盆盆地端回去。而这一切都被角落里那棵小桃树看在眼里，此时的小桃树是怎样的心情呢？

学生：失落、伤心。

教师：小桃树是怎样表现的呢？

学生：它默默地长上来了。

教师：小桃树默默地长上来了，长得怎么样呢？

学生：很慢，极猥琐。

教师：你不理"我"、不想起"我"、不服侍"我"、不赞赏"我"也就罢了，你竟然还说"我"长得猥琐。不仅如此，你还用了一个触目惊心的程度副词"极"。正常情况下，梦种儿长得很猥琐，作者会有怎样的反应呢？

学生：伤心、委屈、失落、难过，等等。

教师：但是回归原文我们发现，作者失落了吗？伤心了吗？难过了吗？没有。作者怎么样？

学生：他十分高兴。

教师：为什么高兴？

学生：因为这个是"我"的梦种儿，"我"的梦是绿色的。

教师："梦是绿色的"是什么意思？

学生：绿色象征着生命、希望、生机，作者说"我的梦是绿色的"，意味着作者的梦是生机勃勃、充满希望的。

教师：是啊，因为这是"我"的梦种儿，它生长就意味着"我"的梦在生长，是有希望的。这棵小桃树后来怎样了呢？

学生：长起来了，却很弱。

3. 知人论世——理解"小桃树"

通过查找文章信息，补充背景资料，学生能够找到作者个人成长经历与小桃树生长经历两条线索。

这么弱小的、可怜的、没出息的小桃树，作者还在文中多次称它为"我的小桃树"，这么执着到底是为什么？预设：作者不仅仅是在写小桃树，而是在写自己。

教师：小桃树和作者有什么相似之处？

学生思考，教师补充资料。

屏幕显示补充资料：贾平凹个人生平。

教师：贾平凹并没有在写作初期就这么文笔超群，他也是经历了很长时间的打磨，才有了如今这般让人仰望的写作水平。

那时，西北大学办着一份自己的报刊，有一本专门发表学生作品的副刊，他常常见到同学的文章在上面发表，他想在毕业之前一定也要在校报的副刊上发表一篇文章。大二时他开始疯狂地写文章，写完后就投给校报编辑部，然而，投给校报的稿件，大都杳无音讯。

他为此常年待在图书馆，看了许多的书，也浏览了不少的报刊，为了不让心血白费，他逐步将作品投向社会上的大小报刊。

这下退稿单从四面八方涌来，但他毫不气馁，将160多张退稿单贴在床头上激励自己。

终于，贾平凹通过不懈的努力，获得了茅盾文学奖和施耐庵文学奖。

正是因为在农村艰苦的生活中扛过了那么多挫折，才塑造了贾平凹勤奋、刻苦、倔强的性格。请同学们根据小桃树的信息，梳理"我"的成长过程。通过这一形式的学习与思考，理解托物言志的写作手法。

表5-3　托物言志信息对应表

小桃树	文中信息与关键词					
	长得不是地方	长得很委屈	被猪拱折	遭受风雨的摧残	一个欲绽的花苞	希望
我	偏远贫困	渺小	读不懂人世	奶奶去世	?	?

通过成长曲线图寻找"我"和小桃树的相似之处，理解托物言志手法的依据。

请同学们通过小组合作的形式，画出小桃树与"我"的成长曲线图。

"我"和小桃树的相似之处

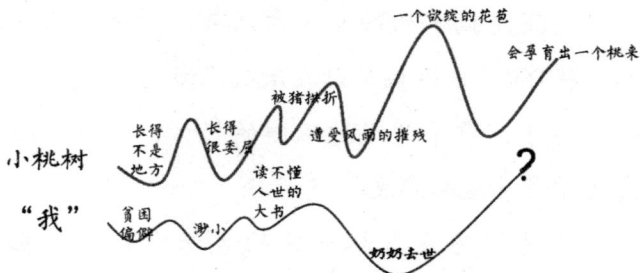

图5-3　"小桃树"与"我"的成长曲线图

4. 升华主题——人人皆是"小桃树"

作者没有在文中交代"我"的最后结果，只是用小桃树最后那个"欲绽的花苞"来结尾，但是通过教师补充资料可以知道，贾平凹先生在写作的道路上取得了不俗的成绩，而出现转折的地方就是文章的第十三自然段。找学生配乐朗读这一段，尤其是一些重点词语，提醒学生进行重读、缓读。

教师总结每个人都可以在小桃树的成长过程中找到自己的影子，也许"长得太不是地方"，又或许"长得很慢""长得很委屈"，也可能好不容易长上来了，身边却有太多的"那些盆景儿"。

通过对托物言志手法的提炼明确文章主旨。

贾平凹的母亲给他起的原名是"贾平娃"，"平娃"的意思是希望他一生平安、平顺，但是贾平凹知道，人生道路从来不是一马平川，而是充满了崎岖与坎坷，所以把自己的"平娃"改为"平凹"。他想告诫自己，也想告诫世人，在遇到挫折时，不要灰心丧气，而应该在心中长存小桃树的影子，相信有一朵花苞即将芬芳绽放。最后屏显两句话与学生共勉：在蹒跚中成长，在磨砺后绽放。

5. 课后练习——推荐阅读

贾平凹的《丑石》也使用了托物言志的写作手法，阅读《丑石》有助于学生更好地理解作者的写作风格与写作手法。

拓展阅读能让学生更好地理解托物言志写作手法。

6. 板书设计

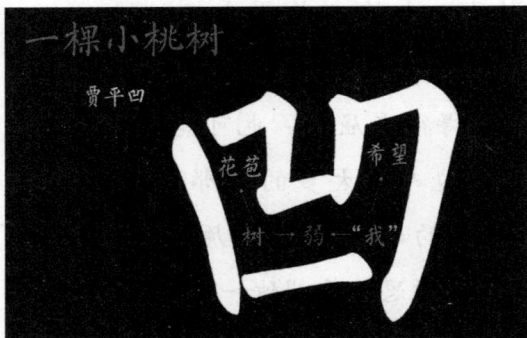

图5-4　课堂板书设计

（三）知识的巩固与转化阶段

1. 跬步之积——课前导学

（1）重点字词书写。

褪　　忏悔　　哆嗦　　矜持　　服侍

猥琐　　魂魄　　赤裸　　祸不单行

（2）重点字词注音。

忏悔（　　　）　　　哆嗦（　　　）

一摞书（　　　）　　　马嵬坡（　　　）

单薄（　　　）　　　　屏头（　　　）

颤抖（　　　）　　　　刹那（　　　）

赤裸（　　　）　　　　花开灼灼（　　　）

（3）根据拼音写汉字。

tuì（　　　）色　　　　jīn（　　　）持

jià（　　　）接　　　　苦sè（　　　）

服shì（　　　）　　　　hún（　　　）魄

miǎo（　　　）小　　　　wěi suǒ（　　　）

xī xī lì lì（　　　　　）

（4）根据意思写词语。

① _____：形容渐渐衰老的状态。

② _____：形容（年轻人）精力正旺

盛，冲劲儿大。

③ _____：表示不幸的事接连发生。

④ _____：形容气魄雄伟，声势浩大。

2. 江海之汇——课上诊断

（1）整体感知。

① 在文章当中，作者多次使用"我的小桃

树"这一称呼，作者为什么如此执着地用这个称呼？

_____

_____

　　② 作者对人生有着怎样的深切感悟？请结合文意简要回答。

_____

_____

　　（2）局部探究。

　　① 文章中多处写到"奶奶"，其作用是什么？

_____

_____

　　② 文中哪些地方表现了"我"对小桃树的深情？

_____

_____

_____

【案例评析】

一、教学效果评析

本课紧紧围绕"这是一棵怎样的小桃树"展开教学，通过整体感知、精读课文、知人论世、升华主题四个教学环节一步步明确托物言志的写作手法，体会"小桃树"的意义，达成教学目标4。教学过程中，通过"踅步之积——课前导学"与课堂上老师引导下的通读课文、重点段落精读达成教学目标1，并借助课文中重点字词的讲解与模仿达成教学目标2与教学目标3，"江海之汇——课上诊断"也恰如其分地出现在教师的教学过程中，这些有效支架进一步促进了教学目标的达成。

二、教学设计

本课预设的四个教学目标层次划分合理，层层递进，符合教学环节的设置。人物分析方面从学生的已有知识层面明确学生对散文的理解，并将本课的任务落到托物言志的手法上，进而围绕"这是一棵怎样的小桃树"进行教学设计，教学环节层层递进，达到了情感的升华。

　　本节课除文本解读外，还补充了作家本身的生活经历，引导同学绘制作家与"小桃树"的成长曲线图，明晰文章中的隐线，也就明确了作者托物言志的写作手法。此教学方法的设计无疑是成功的。

　　三、教学方案的实施

　　本节课教师在教学设计方面下了很大功夫，课堂教学中，教师仪态大方得体，课堂氛围融洽。教师善于在与学生交流中引导学生思考问题，学生思维始终围绕着教学目标而展开，并在师生交流过程中一步步达成教学目标。

本书系山东省教育科学"十三五"规划重点资助课题
"基于核心素养的十二年一贯制课程建设与实施行动研究"
（课题批准号：222019075）的研究成果之一

基于学习科学的有效教学

2

教学目标的设置与陈述

主编：赵　勇　庞维国

本册编写人员：赵　勇　庞维国

◀◀◀

山东教育出版社

·济南·

一 前言 一

教师的专业素养，在很大程度上反映在教学目标的设置和陈述方面。近年来，随着我国中小学二期课改的深化，广大教师对课程目标的认识有了很大进步。但是对于教学目标，无论在理解上还是在设置上，依然存在一些问题。这不仅在一定程度上制约了教师教学技能的发展，而且会对实际教学造成一定影响。

让我们看一看下列三个教学目标：

能说出千克与克之间的换算。

通过分析《藏羚羊跪拜》一文中关于老猎人的细节描写来梳理他的心理变化。

培养学生根据弹力产生的条件分析弹力方

向的能力。

在第一个目标中，教师的实际意图是学完本节内容后，学生"能以千克、克为单位进行相应的换算"，这是一项技能目标，但陈述目标时，教师使用了"说出"一词，原本的技能目标就变成了知识目标。第二个目标，实际上不是真正意义上的教学目标，因为它所陈述的是学生的学习活动，而不是学习结果。第三个目标，也不是真正意义上的教学目标，因为它描述的是教师的行为。

教学目标是预期的学生的学习结果。它的行为主体是学生，所描述的是经由某些学习活动达成什么成长或发展目标。显然，教师设置上述不当目标，与其对教学目标的不准确、不完整的理解密切相关。

我国教师在师范教育阶段，大多没有接受过教学目标设置方面的专门训练。从事实际教学工作后，由于有教学参考书作参照，在设计教学时也很少把教学目标设置作为考虑的重点。这两个原因导致很多教师在独立地设置和陈述教学目标方面存在一定问题。

　　著名教学设计专家迪克和凯瑞指出，在教学设计过程中，最为关键的工作就是确定教学目标。如果教学目标不合适，再好的教学也无法满足学习者的真正需求。有鉴于此，我们专门编写了这本关于教学目标设置与陈述的小册子，以期能够对广大教师的教学设计有所帮助。

目录

第一章　何为教学目标

第一节　教育中的目标

在学校教育语境下，人们谈到的教育目标实际上包含三类：教育目的、教育目标、教学目标。

一、教育目的

教育目的是指需要大量时间与教学才能实现的、复杂的、多面的目标，它反映的是一个国家或国际组织的整体教育目标，通常用最概括的语言来陈述。例如，我国的教育目的是培

养"德智体美劳全面发展的社会主义建设者和
接班人"。联合国教科文组织1996年发表的《教
育：财富蕴藏其中》报告，提出教育的目的是
让学生"学会求知、学会做事、学会相处、学
会生存"。

二、教育目标

教育目标是指用抽象的概括性术语描述
的课程目标，相当于我国各类课程标准中所
列的"总体目标"。例如，"能主动进行探究性
学习，在实践中学习、运用语文"，"体会数学
与自然及人类社会的密切联系，了解数学的价
值，增进对数学的理解，增强学好数学的信
心"，"解释各种社会数据的能力"。教育目标通
常由学科课程专家来制订。

三、教学目标

教学目标是指在一节或几节课上要完成的
具体、明确的目标。例如，"学生能区分常用的
四种标点符号"，"能够列举美国内战的三个原
因"。教学目标通常由教师在准备课时计划时

制订。

在教学设计领域，研究者习惯于按概括程度，把教学目标进一步区分为概括性目标和具体目标。概括性目标相当于课程标准中所列的学段目标，通常需要几节课乃至几个单元才能达成。具体目标相当于课时目标，通常利用一两节课来实现。本质上，具体教学目标是概括性教学目标的子目标，只有具体教学目标得以实现后，概括性教学目标才能达成。

从下面的例子中，我们可以直观地发现概括性教学目标与具体教学目标之间的区别。

概括性目标：了解英语国家的某些文化。

具体目标：知道英语中最简单的称谓语、问候语和告别语；知道英语国家中最常见的饮料和食品的名称；懂得英语国家中家庭成员之间的称呼习俗。

上述目标之间，实际上是越来越具体的关系：教育目的需要若干教育目标来实现，教育目标需要若干概括性教学目标来实现，概括性

教学目标又需要若干具体教学目标来实现。当
然，具体教学目标需要学生通过学习活动来实
现。这些目标之间的关系，如图1-1所示：

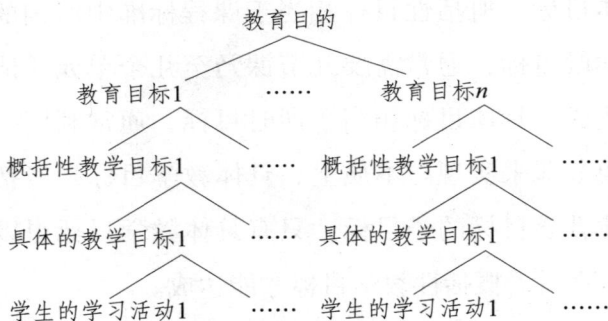

图1-1　不同层次目标之间的关系

第二节　教学目标的含义

无论教学目标的具体程度如何，本质上，
它所反映的都是预期的学生的学习结果，也就
是通过教学后，学生的能力和倾向所发生的变
化。教学目标都是根据学生的学习或发展需求
而确定的。为此，我们可以把教学目标界定为
基于学生的学习或发展需求而确定的预期的学
生的学习结果。

这一定义反映了教学目标的三个特征。

第一，教学目标是预期的学生的学习结果。它所规定的是教学后学生将获得什么发展，而不是如何获得发展。教学目标本身不规定教师做什么，因为目标中的行为主体是学生。

第二，教学目标是为了满足学生的学习或发展需求。如果教学目标不能针对学生的需求，达成以后也不能促进学生的发展，就失去了其自身存在的意义。

第三，教学目标指向的是未来。它所陈述的不是学生现有的发展水平，而是在教学后要达到的发展水平。

反思

在我国当前的中小学教学中，教师通常要根据课程标准的要求设置"过程性目标"。过程性目标的典型陈述方式是"经历……过程""通过实验……""探索……""体验……"，等等。采用这种陈述方式，固然有利于教师和学生明确教学过程中的学习活动内容，克服"要结果不要过程"的学习弊端，但这种"过程性目标"本身是否也存在弊端？

教学目标是预期的学生的学习结果，达成这一结果的途径是多元的，哲学上这叫作殊途同归性。类似地，学习活动中还存在另一种现象，叫作同途殊归性：经历相同的学习过程，达成不同的学习结果。事实上，由于学生的知识背景不同、看问题的视角不同，经历同样的学习过程，可能产生不同的理解。这就是所谓的"有一千个读者，就有一千个哈姆雷特"。学习中的殊途同归和同途殊归现象，要求教师要关注学生的个性化学习过程。

那么，在学生的个性化学习和过程性目标之间，教师如何选择呢？还有，如果教师认同"（教学）目标是（预期的学生的学习）结果"，那么过程性目标是否就成了"过程性结果"？

需要特别指出的是，作为教学目标的学习结果不等于活动结果。有时候，教师会把活动本身作为教学目标。例如，组织学生参加植树活动，开展辩论活动，打扫教室卫生，进行头脑风暴。开展这些活动的目的在于让学生了解、体验活动过程，获得与之相关的知识、技能、策略或情感体验。至于活动的结果——植树多少，辩论输赢，整洁与否，办法多少，都不是教师关注的重心。

第三节　教学目标与学习目标

在教学情境中，教师经常问到这样一个问题：如果教学目标是预期的学生的学习结果，那么它与学习目标有什么区别呢？

事实上，教学目标与学习目标在含义上有很大的重叠。如果教师确定的教学目标被学生接受，并成为指引其学习的目标，那么此时的教学目标就等同于学习目标。需要注意的是，教学目标是由教师确定的，学生不一定清楚，因此有时不会把它作为自己的学习目标；类似地，学习目标是由学生确定的，教师也不见得清楚，因此有时候在课堂上会出现学生学习与教师教学不同步的现象。

教师的教学目标是针对大多数学生的情况来设置的。其中的某些目标，可能已被那些能力强、成绩好的学生所掌握。在这种情形下，学生可能会独立地确定自己的学习目标，自行选择学习内容，而不再关注教师的教学目标。这种目标的不一致，在学生的自习课及课外学习活动上表现最为明显。

第四节 教学目标的功能

罗伯特·L. 林和诺曼·E. 格伦兰指出，教学目标具有三方面功能：为教学过程提供方向，向他人传达教学意图，为评价学生的学习提供基础。这三个方面，可以简称为教学目标的导教、导学、导评功能。

一、导教功能

教学目标一旦确定，就对教学设计和实际教学产生引导作用。在教学设计过程中，教学方法的选择、教学内容的确定、教学环境的设计，都要围绕能否实现既定的教学目标这一核心问题来考虑。教学设计专家迪克与凯瑞指出，教学设计一开始就要关注在教学结束时，学习者要知道什么、能做什么。如果没有这方面的精确陈述，后面的计划和实施步骤也就变得模糊又缺乏成效了。

同样地，在教学实施过程中，无论是教师的教学活动，还是学生的学习活动，都需要围绕教学目标展开。偏离了教学目标的教学，尽管偶尔会出现"失之东隅，收之桑榆"的情形，但在绝大多数情况下是低效乃至无效的。

二、导学功能

在开始教学时，教师清楚地交代本节课的教学和学习目标，学生就能明确自己的学习任务和学习重点，并在学习过程中较好地维持注意

力。在学生自主学习的过程中，教学和学习目标
更具有不可或缺的导向作用。罗伯特·F.马杰指
出，如果给予学生明确的学习目标，他们通常能
够很好地进行自学。

安妮塔·伍尔福克指出，在听讲座、看电
影、项目研究等组织松散的活动中，为学生提
供目标能够促进他们的学习；如果教学目标事
先得以呈现，尤其是学生在设计教学目标中扮
演了一定的角色，他们将更加明确行为表现的
标准，学习的效果往往会更好。

三、导评功能

教学评价的标准有多种，但是最为重要、
最为客观的标准是教学目标是否达成。为此，
在一节课或一个单元的教学结束后，教师通常
会结合教学目标编制一些测验，以此来评价自
己的教学效果。规范的学习测验都是围绕教学
目标编制的，其中的题目是反映教学目标的行
为样例。如果测验项目没有针对既定的教学目
标进行，这种测验就缺乏效度，就难以为教学

评价提供科学的依据。

在学生自主学习条件下，教学目标同样具有标准参照作用。学习者可以根据教学目标来监控自己的学习进展，评价自己的学习质量。

讨论

某位高中化学教师在教授"乙醇"一节时确定了如下教学目标：

1. 让学生认识乙醇的主要性质及作用。

2. 引导学生了解与人类生命、营养、健康密切相关的知识。

3. 进一步激发学生学习有机化学的兴趣，提高他们的科学素养。

这些教学目标有哪些不妥之处？

第二章　教学目标的分类

　　为了满足课程开发、教学设计、学习评估等方面的需要，课程、教学、心理和测量学家协同工作，先后开发了多种教学目标分类系统。这些分类系统，是我们分析和设置教学目标的重要理论依据。本章将重点介绍三个最具有代表性的分类系统：布卢姆教育目标分类学、加涅的学习结果分类、我国的三维目标分类，供广大教师参考。

第一节 布卢姆教育目标分类学

布卢姆的教育目标分类学，最初是为了指导美国大学的考试，后来对中小学教学评价产生了更大的影响。该分类系统将教育目标分为认知、情感和动作技能三个领域，相应的分类学手册分别于1956年、1964年、1972年出版。

在认知领域，教学目标由低到高分为六级，分别为知识（如《春夜喜雨》的作者是杜甫）、理解（理解《春夜喜雨》的诗意）、运用（引用《春夜喜雨》中的诗句）、分析（解释为什么是"喜雨"）、综合（仿写《春夜喜雨》）、评价（能说明为什么《春夜喜雨》写得好），如图2-1所示。

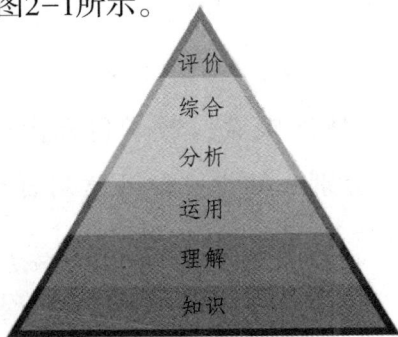

图2-1 布卢姆教育目标分类（1956年版）：认知领域

在情感领域，教学目标由低到高分为五级，分别为接受（如注意到他人讲卫生的行为）、反应（自己做出讲卫生行为）、价值评价（相信讲卫生有助于身体健康）、组织（把各种讲卫生行为的重要性形成一个观念系统）、性格化（让讲卫生成为自己的性格和生活方式），如图2-2所示。

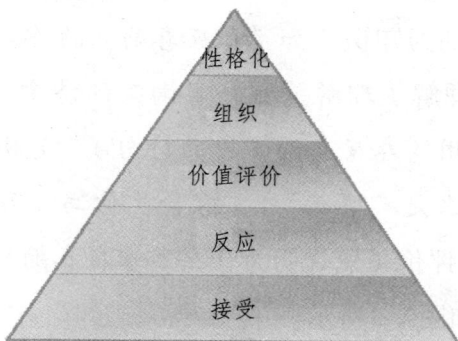

图2-2　布卢姆教育目标分类（1964年版）：情感领域

在动作技能领域，教学目标由低到高分为七级[①]，分别为知觉（如注意到自己投篮不

[①] 动作技能领域的分类有几个版本，比较受学界重视的有伊丽莎白·J. 辛普森的分类和安妮塔·J. 哈罗的分类，这里引用的是前者的分类。

准）、定向（做好学习投篮的心理准备）、指导
下的反应（在他人指导下学习投篮动作）、机
制（形成习惯化的投篮动作）、复杂的外显反
应（如在比赛中投篮）、适应（在新情境下能
够准确投篮）、创造（创造自己的投篮方式），
如图2-3所示。

图2-3　布卢姆教育目标分类（1972年版）：动作技能领域

　　布卢姆的教育目标分类最初是为了指导
测评，因而在具体水平上定位于中等。也就是
说，它既不能像教育目的那样因为过于概括而

难以为教师所用，又不能因为过于具体而让教师感到繁琐。也正是因为这样，它才难以发挥导学、导教功能。为了解决这一问题，布卢姆的学生洛林·W·安德森以及当年的合作者大卫·R·克拉斯沃尔等人，从1995年开始对认知领域的目标分类进行修订，并于2001年以《学习、教学和评估的分类学——布卢姆教育目标分类学修订版》为题出版。在该书中，采取了从知识和认知过程两个维度进行分类的方式，形成了如表2-1所示的认知目标分类框架。

表2-1　布卢姆认知目标分类学修订版

知识维度	认知过程维度					
	记忆	理解	运用	分析	评价	创造
事实性知识						
概念性知识						
程序性知识						
元认知知识						

特别值得指出的是，新的认知领域目标分类把原来描述目标层级的词汇，从名词改为动词；同时，把原来的"评价"降到第五个层

级，而把原来的"综合"修改为"创造"，并置
于最高层级，如图2-4所示。

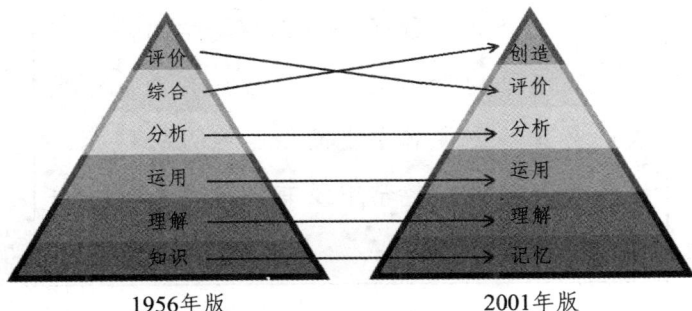

图2-4 布卢姆教育目标认知领域分类前后对比

新的认知目标分类系统吸纳了现代认知心
理学的最新研究成果，反映了认知目标领域分
类的最新成就，目前已在世界范围内得到普遍
应用。

反思
1. 苏霍姆林斯基曾指出，道德准则，只有当它们被学生自己去追求、获得和亲自体验过的时候，只有当它们变成学生独立的个人信念的时候，才能真正成为学生的精神财富。从

布卢姆情感领域的目标分类学中，我们能否看到苏霍姆林斯基这一论述的科学之处？

2. 布卢姆认知领域目标分类学的修订版中最高水平的目标层级是什么？有人批评我国的教育不重视对学生的创新能力的培养，这是否与教师在教学中没有设计这一层级的教学目标有关？

第二节　加涅的学习结果分类

20世纪50年代，美国著名教育心理学家加涅认识到，人类的学习现象极为复杂，不可能用一种理论解释所有的学习现象，因此必须对学习做分类研究，在澄清各类学习的条件的基础上设计相应的教学。为此，他出版了《学习的条件》一书，并把人类的学习结果分为以下五类。

言语信息：指以语言文字表达出来的知识，如人名、地名、年号以及各种事实性知识。

智力技能：主要指运用概念、原理、规则解决问题的能力。如把一般分数转化成百分数，围绕某一主题写作，设计研究方案等。智力技能又分为五个亚类，即辨别、具体概念、定义性概念、规则（原理）和高级规则（问题解决），它们之间是一种由简单到复杂、由低到高的层级关系，如图2-5所示。

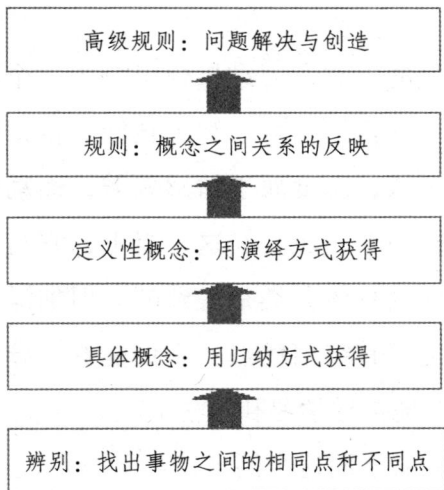

图2-5　智力技能的学习层级

认知策略：指学生控制和调节自己的认知活动的能力，包括用以支配自己的注意、学习、记忆和思维的技能与方法，相当于我们通常所说的解题方法和学习方法。例如，如何增强自己的注意力，怎样提升记忆效果等。

动作技能：指协调自身肌肉活动的能力。如体操技能、绘图技能、操作仪器设备技能等。

态度：指习得的影响对人、对物、对事的行为选择的内部状态，如热爱劳动、反对环境污染等。

加涅的五类学习结果也可分为三个领域，在这其中，言语信息、智力技能、认知策略属于认知领域，态度属于情感领域，而动作技能自身构成一个领域。在这一点上，它与布卢姆教育目标的总体分类是一致的。但加涅的学习结果分类有其突出优点：不仅能够指导评价，还能很好地指导学习和教学。

我们看下面这个例子：

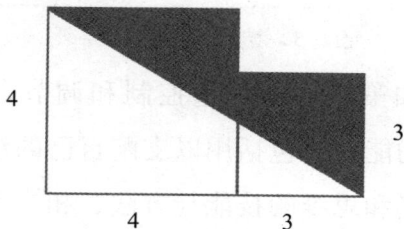

图2-6 例题图形

计算图中阴影部分的面积。

阴影部分面积的计算方式之一是 $S =$（4+3）×4÷2-3×（4-3），这涉及几个面积计算公式的综合运用，属于高级规则的学习。如果学生不能解答这一问题，按照加涅的智力技能层级分类（见图2-5），说明学生没有充分习得构成高级规则的简单规则。在这里，简单规则是三角形、矩形的面积计算方法。如果学生掌握了这两个面积计算公式，还不能解答，可能就存在概念问题，如搞不清图形中的矩形、三角形、长、宽、高等概念。如果这些概念没有问题，可能就出现了辨别问题，也就是没有发现阴影部分的面积是三角形减去矩形。所以，按照层级分析方式，我们很容易找到学生的问题所在，然后有针对性地教学。

与布卢姆的教育目标分类相比，加涅的学习结果分类还有一个明显的优势：比较具体，适合于指导各科教学。教师在备课过程中，如果首先从这五个方面考虑教学目标问题，一般不会出现目标的遗漏。例如，在语文教学过程中，如果教师考虑到教学目标可能也会涉及动作技能，就可能要去学生在写字、发音方面加强相应的练习。

第三节　我国的三维课程目标

我国的三维课程目标是为了有效地推进基础教育课程改革而提出的。2001年6月教育部颁布的《基础教育课程改革纲要（试行）》第七条指出："国家课程标准是教材编写、教学、评估和考试命题的依据，是国家管理和评价课程的基础。应体现国家对不同阶段的学生在知识与技能、过程与方法、情感态度与价值观等方面的基本要求，规定各门课程的性质、目标、内容框架，提出教学和评价建议。"此后的《为了中华民族的复兴　为了每位学生的发展　〈基础教育课程改革纲要（试行）〉解读》，明确指出各学科要"按照国家的教育方针以及素质教育要求，从知识与技能、过程与方法、情感态

度与价值观三方面阐述本门课程的总体目标与
学段目标（如果有学段的话）"[①]。

在三维目标的指导下，各学科都结合实
际制订了自己的课程目标分类框架。例如，语
文课程的分类框架为识字与写字、阅读、写
作（写话）、口头交际、综合性学习；数学课
程的分类框架为知识与技能、数学思考、问题
解决、情感与态度；英语课程的分类框架为语
言技能、语言知识、情感态度、学习策略和文
化意识；思想品德课程的分类框架为情感、态
度、价值观、能力、知识。

从教育实践来看，三维课程目标对于改变
以往课程"过于注重知识传授的倾向"，改变课
程实施"重结果轻过程"，改变"过于强调接受
学习、死记硬背、机械训练的现状"，都发挥了
较好的作用。但是其中的某些方面也有待完善。

---

① 钟启泉、崔允漷、张华主编《为了中华民族的复
兴 为了每位学生的发展 〈基础教育课程改革纲要（试
行）〉解读》，华东师范大学出版社，2001，第174页。

第一，正如我们在第一章所讲的，由于三维课程目标强调"过程性目标"，强调书写目标时采用"经历……过程"的方式，在一定程度上约束了学生的学习过程和方法。

第二，在目标分类上存在一定的交叉。例如，数学课程的"知识与技能""数学思考""问题解决"这三个目标，在教学过程中难以分类处理，"问题解决"难以独立于"数学思考"而存在。

第三，智力技能和动作技能没有区分。智力技能和动作技能的学习条件有很大的不同。在教学实践中，有些教师按照动作技能的学习规律教授智力技能；而有些非体育类学科的教师，则忘记了本学科中也有动作技能的教学目标。

知识拓展

在教学评价中，有两种基本的评价取向：一种是目标本位评价，另一种是目标游离评价。

目标本位评价以教学目标为基础，旨在测定教学目标在教学中实现多少。布卢姆的教育目标分类学，是服务于这一评价取向的典型代表。目标本位评价目标明确、重点突出、操作性强，可以清楚地判明学生的学业进步，因而在实践中最为常用。但目标本位评价过于关注既定目标，对非预设的教学目标关注不够。

目标游离评价是斯克里文针对目标本位评价的缺陷而提出的一种主观评价方式。采用目标游离评价方式的评价者，希望根据自己对教学的知觉来评判教学效果。目标游离评价的优点是可以关注到所有教学结果，包括非预期的结果，其缺点是受评价者的经验、喜好影响较大。

从教学评价的实践来看，目标本位和目标游离相结合的评价方式才能准确地反映教学效果。但是近年来，我国有些学者认为教学评价应"由目标本位模式转向目标游离模式",应淡化既定教学目标对教学的导引作用,这是对目标游离评价的误解。事实上,在日常教学活动中,由于教师知晓教学目标,他们不可能对自己的教学实施目标游离评价,只能采用目标本位的评价方式。史密斯和雷根指出,斯克里文目标游离评价的本意,不是评价没有目标的教学,而是在评价前不要把教学目标先告知评价者。

第四节　小结

教学目标的分类对于教师的实际教学具有极为重要的意义。一方面,明确的分类框架可以帮助教师明确在教学中需要落实哪几类目标;另一方面,教学目标的类型的不同,可以帮助教师有区别地设计教学活动,引导学生进行有效的学习。

从大的方面说,教学目标无非包含三类:认知、情感和动作技能,即传统意义上所讲的德、智、体三方面。但是具体到不同的学科、不同的学习内容领域，教学目标的分类更加具体，可有所侧重。一般说来，布卢姆的教育目标分类对于课程目标的设置有更好的指导意义，加涅的学习结果分类对于指导具体教学则更有参考价值。我国教师在落实三维课程目标时，应适当参考这两个分类系统。

第三章　教学目标的设置

　　教学目标有概括和具体之分。在日常教学活动中，教师以设置具体教学目标为主，但有时也要设置概括性目标。因此，对于这两类教学目标，教师都应该掌握其设置方法。

第一节　概括性教学目标的设置

　　概括性教学目标是关于预期的学习结果的宽泛的概括性陈述。它属于课程层面的目标，大多由学科课程专家制订。但是在校本课程开发中，许多教师需要扮演学科专家的角色，为本校的课程开发确定概括性教学目标。

概括性教学目标的设置，一般要经历需求评估和目标界定两个基本步骤。

一、需求评估

概括性教学目标的设置，通常需要考虑社会发展、学生发展和学科发展三方面的需求，因而相应的需求评估也围绕这三个方面进行。譬如，在我国近年来进行的数学课程改革中，相关专家在制订数学课程目标之前就做了如下几个方面的需求评估。

社会发展的需要。科学技术、人文社会科学、经济发展对公民的数学素养提出了更高要求。

生活变化的需要。生活中需要越来越多的数学语言，人们需要更多地在现实生活中学习数学和运用数学。

学生身心发展的需要。数学学习成为终身学习的需要，是学生自主、全面和可持续发展的需要。

数学发展的需要。数学的蓬勃发展、空前应用、研究方式的变化，要求数学学习的内容和方式必须适当进行调整。

解决当前数学课程问题的需要。学习目标狭窄、数学学习与社会实际相脱离、学习态度消极等问题需要解决。

与国际接轨的需要。应注重问题解决、数学应用、数学交流、数学思想方法，注重培养学生的情感、态度与自信心。

教师在校本课程开发中进行的需求评估，一般包含以下几方面工作：描述本校学生的实际需要；分析本校学生的特点；确定本校所具有的资源特点和优势；分析开发校本课程的现实基础和条件；分析课程开发与国家教育目标之间的一致关系。

例如，地处茶叶生产地区的学校，可以考虑开发与茶文化相关的校本课程。在确定这一课程的目标之前，课程开发者需要考虑：学生有了解和掌握与茶文化相关的知识技能的需要吗？学生的认知发展水平和个性特点适于这样的课程吗？这一课程的开设反映学校的特点了吗？本校具备开设这一课程的人力、时间和物质资源条件吗？这一课程的开设符合国家的教育目标吗？

如果上述问题的回答都是肯定的，教师就可以着手制订概括性教学目标。

二、目标界定

概括性教学目标的界定，一般要经历目标罗列、目标归类和目标合并三个具体步骤。

（一）目标罗列

经过需求评估后，参与校本课程开发的教师可能提出诸多课程或教学目标。譬如，就上述与茶文化相关的课程开发，大家提出的目标可能包括：

① 会品茶；

② 认识茶叶；

③ 知道茶叶的一些用途；

④ 能区分绿茶、红茶、乌龙茶；

⑤ 记住一些写茶的古诗；

⑥ 知道茶叶的生长规律；

⑦ 知道茶叶是怎么制作的；

⑧ 了解中国的茶文化；

⑨ 描述茶叶在中国的分布；

⑩ 喜欢茶叶，懂得饮茶有利于身体健康；

……

在这一阶段，课程开发者提出各种各样的教学目标。这些教学目标不仅概括水平不同，而且还可能存在重复、交叉，乃至偏离学生的能力水平和发展需求等问题。但是在此时，教师无须过于关注目标的恰当性、合理性和可行性，而应重点关注目标的周延性，因此原则上罗列的目标越多越好。

（二）目标归类

对教学目标进行归类可以按布卢姆的认知、情感、动作技能三维目标进行，也可以按我国的三维课程目标进行，因为这二者都属于课程层面的目标分类框架。这里我们主张综合运用上述两个目标分类系统，因为布卢姆的三维目标中对"方法和策略"的突出不够，而我国的三维目标没有突出动作技能。按照这一思想，我们可以把前述教学目标归类如下。

知识：⑤记住一些写茶的古诗；⑥知道茶叶的生长规律；⑦知道茶叶是怎么制作的；⑧了解中国的茶文化。

智力技能：①会品茶；②认识茶叶；④能区分绿茶、红茶、乌龙茶；⑨描述茶叶在中国的分布。

动作技能：无。

方法与策略：无。

情感、态度、价值观：③知道茶叶的一些用途；⑩喜欢茶叶，懂得饮茶有利于身体健康。

通过归类，我们可以发现，业已提出的教学目标主要落在"知识""智力技能"和"情感、态度、价值观"三个类属。此时，目标设

置者就要考虑，要不要在"方法与策略"和
"动作技能"两个领域添加目标，如果需要添
加，就要回到目标罗列阶段，重新列举这两方
面的目标。例如，在"方法与策略"领域添加
"掌握一些记忆写茶古诗的方法""学会用列表
法对茶叶进行归类"，在动作技能领域添加"掌
握沏茶的步骤""学会采茶"等。

在目标归类过程中，目标设置者还需考虑
业已列举的目标是否具有典型性、合理性和可
行性。例如，设置"会生产茶叶"这一目标，
就不如设置"了解茶叶的生产过程"，因为后者
更切合学生的学习实际。

（三）目标合并

目标合并的目的是把业已提出的各类教
学目标进行合并，从而形成几个简洁的概括性
目标。在这其中，要遵循三个基本的原则：第
一，每个教学目标只反映一类学习结果；第
二，教学目标中不能包含具体的学科学习内
容；第三，每个目标都应以概括性的动词开

头，以陈述的形式描述学生的行为表现。

例如，对于前述关于茶文化的课程，经由目标合并后就可以确定为如下教学目标：

① 了解与茶文化相关的历史知识；

② 知道茶叶的功能和用途，会鉴赏茶叶；

③ 描述茶叶的特征和生长条件；

④ 了解茶叶的生产过程；

⑤ 学会沏茶和品茶；

⑥ 掌握列表记忆法。

这六项教学目标，完整地涵盖了所有教学目标的类型，有利于学生的全面发展。同时，它们清晰、简洁、易懂，可以为具体教学目标的设置和教学内容的选择提供组织框架。

第二节 具体教学目标的设置

具体教学目标本质上是概括性教学目标的子目标，也是教师设计每一节课时都必须首先考虑的问题。长期以来，我国的广大教师习惯于参照教学参考书来设置具体教学目标。但合格的教师，应具备独立设置具体教学目标的能力。

具体教学目标的设置一般包含三个步骤：一是分层列出反映概括目标的具体目标样本，二是分析具体目标的学习类型，三是确定达成目标的主要步骤，并对其进行排序。

一、列出具体目标样本

具体教学目标样本，是指能够支撑概括性教学目标实现的若干主要具体教学目标。这里之所以称之为"样本"，是因为这些具体目标如果达成了，就代表相应的概括性目标基本实现了。

具体教学目标又可分为单元和课时两个层面的目标，单元层面的教学目标比课时层面的目标更为概括一些。因而列出具体目标样本时，通常需要根据课程目标先列出单元层面的目标，然后再根据单元层面的目标，列出课时层面的目标。

例如，对于"了解与茶文化相关的历史知识"这一概括性目标，我们可以选取如下几个单元层面的具体目标来指代：

① 能叙述茶叶在中国的发展史；

② 能熟记三首与茶有关的古诗词；

③ 能完整地讲述一个与茶有关的典故；

④ 能以某个与茶有关的传说为题，写一篇作文。

接下来，进一步分解单元层面的目标，确定课时层面的教学目标。譬如，对于目标"② 能熟记三首与茶有关的古诗词"，我们可以进一步分解为：

① 能解释刘禹锡《尝茶》、郑谷《峡中尝茶》、苏轼《汲江煎茶》的诗意；

② 能背诵三首写茶诗；

③ 能叙述三首写茶诗的写作背景。

二、分析学习类型

初步列出课时层面的教学目标，并不代表具体教学目标的设置任务已完成。为了使教学目标能够引导教学、学习和评价，我们还需对其进行学习结果分类，以澄清达成这些目标的过程和条件。譬如，对于与茶文化有关的某些

具体教学目标，我们可以参照加涅的学习结果
分类系统，归类如下（见表3-1）：

表3-1　具体目标样例与学习类型

目标样例	学习类型
① 能叙述刘禹锡《尝茶》、郑谷《峡中尝茶》、苏轼《汲江煎茶》的写作背景 ② 能背诵上述三首写茶诗	言语信息
③ 能解释上述三首写茶诗的意思	智力技能
④ 能根据关于碧螺春的传说，写一篇作文	
⑤ 会运用寻找关键词的方法概括诗词的中心思想	认知策略
⑥ 能演示洗茶、刮沫、烫杯三个沏茶环节	动作技能
⑦ 展示对绿茶的偏爱	态度（情感）

三、确定达成具体目标的步骤

对课时层面的具体教学目标进行学习类型
的归类后，接下来还需要对达成这些目标的具
体步骤进行分析，以确定是否还需要对目标进
一步分解，或者添加某些目标，以及实现这些

目标的顺序。

　　一般说来，智力技能、动作技能、认知策略的学习都有明显的层级顺序。因此对这三类目标的达成步骤，一般采用如图3-1所示的程序流程图进行直观展示。

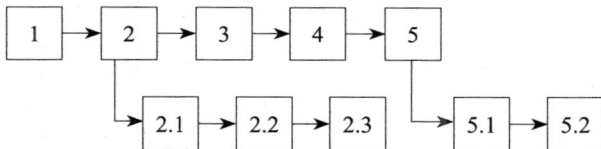

图3-1　达成具体教学目标的程序流程图

　　以"能熟记三首与茶有关的古诗词"这一目标为例。假定图3-1中的步骤2代表的是"解释三首写茶诗的意思"，那么它的先决条件是学生能找出诗中的生字词（2.1）、读准字音（2.2）、理解其含义（2.3）。对这一步骤进行分析时，教师可能发现，这三首写茶诗中有学生不认识的生字词。这样，就需要添加"能读准生词的字音、理解生词的意思"这一目标。

　　所有的教学目标都确定好以后，接下来要考虑实现这些目标的顺序了。现在，让我们再回过头来分析前面确定的"能熟记三首与茶有关的古诗词"的目标：

　　① 能解释刘禹锡《尝茶》、郑谷《峡中尝茶》、苏轼《汲江煎茶》的诗意；

　　② 能背诵三首写茶诗；

　　③ 能叙述三首写茶诗的写作背景；

　　④ 能读准生词的字音、理解生词的意思。

　　显然，从学习的顺序上看，目标④是其他三个目标实现的基础，因此应该排在第一位；目标③是目标①的学习基础（因为写作背景知识有利于对作品的理解），而目标①又是目标②的学习基础（因为在理解的基础上的记忆是有意义记忆，效果更好）。因此我们应该把原来所列的目标的顺序进行重排，结果如下：

　　① 能读准刘禹锡《尝茶》、郑谷《峡中尝茶》、苏轼《汲江煎茶》三首诗中的生词的字音、理解生词的意思；

　　② 能叙述三首写茶诗的写作背景；

　　③ 能解释三首写茶诗的大意；

④ 能背诵三首写茶诗。

经过重新排列的具体教学目标，既能反映学习或教学的顺序，又能反映一节课结束后学生需要达成的具体学习结果。至此，才可以说具体教学目标的设置任务已经完成。

反思
有人说，教师的基本功最能反映在他所设置的教学目标中。这种说法是否合理？为什么？

第四章　教学目标的陈述

教学目标确定之后，教师还需要把它准确、清晰地陈述出来，以便有效地引导教学和评估。教学目标的概括程度不同，其陈述方法也有差异。本节先简要介绍概括性目标的陈述，然后重点介绍具体目标的陈述方法。

第一节　概括性目标的陈述

与具体教学目标相比，概括性目标的陈述相对简单一些，因为它是某类知识、技能、态度、情感的综合反映，不涉及具体学习内容。例如，"学会汉语拼音""热心参加社区活动""知道中国的地理概貌""增强应用数学的意识""获得有效的英语学习策略"，等等。但概括性教学目标的陈述也有一定标准。如果概括性目标陈述不清，会给具体目标的设置和达成带来障碍。

一、概括性目标的陈述标准

一般说来，概括性教学目标的陈述应符合如下要求。

具有一定概括性，能够将一类学习结果包括进来。例如，"能够在新情境中运用所学电学原理""会欣赏诗歌""表现出科学态度"。

每项陈述只包含一个目标，避免目标的重叠。例如，我们可以陈述"理解概念"，而不宜陈述成"记忆并理解概念"，因为"记忆"和"理解"是两类学习目标，学习的水平不同。

每个陈述句都应以反映学习结果的概括性动词开始。例如，"认识生词""理解科学原理""形成自主学习能力"。

陈述要超越具体的课程内容。例如，"能区分几何图形"不要陈述成"能区分正方形和长方形"。

二、概括性目标的检核

从目前的教学实践看，教师在陈述概括性教学目标时，常犯四类错误：

陈述教师的行为。例如，"教学生基本概念""训练学生的普通话"。

陈述学生的学习过程。例如，"学习基本概念""继续练习复述课文"。

陈述课程内容。例如，"学习几何图形""学习全球海陆轮廓"。

同时陈述两个目标。例如，"能够理解并应用相关原理"。

为了避免上述错误的出现，教师初步陈述出概括性目标后，可以借助表4-1所示的概括性教学目标检核表，进一步完善自己的目标陈述。

表4-1　概括性教学目标检核表

序号	检核内容	是	否
1	它描述的是一种概括性的学习结果吗？		
2	它是一个陈述句吗？		
3	陈述句中暗含的行为主体是学生吗？		
4	它是否独立于具体学习内容？		
5	它是否简明、易于理解？		
6	它是否为具体目标提供了一个框架？		
7	它是否以正面术语进行描述？		

表4-2　常用的概括性动词

> 　　了解、认识、知道、理解、懂得、熟悉、运用、掌握、学会、分析、评价、形成、获得、养成、展示、参与、体会、欣赏、喜欢、表现，等等。

第二节　具体目标的陈述

在日常教学活动中，教师用到的主要是具体教学目标。而具体教学目标的陈述不当，也是当前我国教师在教学设计中存在的较为突出的问题之一。在这一节，我们将系统地介绍具体教学目标的陈述技术，以期能够为广大教师提供参照。

一、具体目标的结构

具体教学目标有其典型的陈述结构。目前常用的有三成分目标、四成分目标和五成分目标。

（一）三成分目标

三成分目标是20世纪60年代为克服课程目标含糊性而提出的。罗伯特·F. 马杰指出，写得好的目标应具有三个成分：一是描述预期的学生行为，即学生完成相应的学习后能够做什么；二是列出行为产生的条件；三是规定可以接受的行为标准。

按照三成分模式陈述教学目标，要求先写出行为条件或情境，然后阐明预期的行为，最后写出行为标准。

例如，学习一元二次方程时，教师可以把教学目标陈述为：不借助任何辅助（行为条件），学生能够解答$ax^2+bx+c=0$类型的方程

（预期的行为），正确解答率超过80%（行为标准）。

三成分目标的优点是清晰具体，便于检测。但是它只强调行为结果而不关注内在心理过程，这可能会导致教师只看重学生的外在行为表现，而忽视其内在的认知、情感、态度的变化。

（二）四成分目标

四成分目标是近年来由斯马尔迪诺和赫内奇等人提出的教学目标，也称ABCD教学目标。所谓的ABCD，是受众（audience）、行为（behavior）、条件（condition）、程度（degree）四个英语词汇的首字母组合。

典型的四成分目标如：给出一个用过去时或现在时书写的英文句子（条件），学生（受众）能够把它改写成将来时（行为），不出现语法上的错误（程度）。

本质上，四成分目标是在三成分目标基础上添加了受众这一成分。添加这一成分的目的，是希望教师能够注意教学目标中的行为主体是学生，要关注学生能够做什么而不是自己能够做什么。

四成分目标通俗易懂，便于记忆，目前已在世界范围内广泛使用。为了帮助教师更好地掌握四成分目标，斯马尔迪诺等人还设计了如表4-3所示的检核表供教师参照。

表4-3　具体教学目标的成分检核表

检核范围及内容	正确陈述	部分陈述	缺失
对象			
具体指明教学目标所指向的学习者			
行为（行为动词）			
描述预期的教学之后的学生能力			
◇ 陈述的是学生的行为表现			
◇ 陈述的是可以观察的行为			
◇ 描述的是在真实世界中的技能（而不是纯粹的测验成绩）			
条件（材料或环境）			
描述行为展示的条件			

续表

检核范围及内容	正确陈述	部分陈述	缺失
◇ 学生可能用到的设备、工具、辅助材料和参考文献			
◇ 学生展现行为的特定环境条件			
程度（标准）			
陈述在应用情境下的可以接受的行为表现标准			
◇ 时间要求			
◇ 准确程度			
◇ 所需正确反应的比率			
◇ 质量标准			

四成分目标本质上还是行为目标。由于学习者在学习之后表现出的行为与实际心理变化之间可能会出现不一致，因此，采用这种目标有时会给教师评判自己的教学效果带来某些偏差。

（三）五成分目标

为了使行为目标与内在的心理变化有可以观察的对应关系，加涅等人进一步发展了行为目标思想，提出了五成分目标陈述技术。

五成分目标的构成是情境、习得的能力动词、对象、行为动词、工具、限制或特定条件。情境：反映学习者做出行为时所处的情境。习得的能力动词：反映学习结果的类型。对象：反映学习者要学习的新内容。行为动词：描述行为将如何完成。工具、限制或特定条件：反映行为操作所需要的工具以及行为表现的标准。

典型的五成分目标如：给予10个整除法的表达式（情境），不借助任何特殊辅助（工具或限制），通过写出答案（行为动词），演示（能力动词）除法的步骤（对象），正确率为90%。

五成分目标通过运用行为动词和能力动词来陈述不同类型的教学目标，避免了学习者表现出的行为与能力不符的情况，这对于我们制订教学目标有重要的参考价值。但五成分目标陈述比较复杂，较难掌握。

在学校教育情境中，从教师备课的便利角度考虑，我们推荐教师使用BCD三成分目标，因为教师每天面对的学生（A）相对固定，可以在目标中省略不提。

二、具体目标陈述的SMART标准

具体教学目标与具体课程内容相关。与概括性教学目标相比，具体教学目标具有更强的导教、导学、导评功能，因而对它的陈述要求也更高。目前，对于具体教学目标的陈述，国际上有一个通用的标准，即SMART标准。

所谓SMART，是如下五条标准的英文单词首字母的组合：具体（specific），可以测量（measurable），能够达成（achievable），关联性（relevant），规定时间（time-bound）。接下来，我们将结合具体例子，对于这五个标准进行进一步描述。

1. 具体。指明确界定可以接受的学生的具体行为表现标准，避免使用陈述概括性教学目标时所用的行为动词。

较差的具体目标：能常识性地了解《辛丑条约》的内容。

较好的具体目标：能陈述《辛丑条约》的主要内容。

2. 可以测量。指目标中表现学生学习结果的行为指标可以观察、测量，尽量不用"知道""认识""欣赏""体会"等不可观察的行为动词。

较差的具体目标：能认识到合作学习的重要性。

较好的具体目标：能举例说明合作学习的好处。

为了避免具体教学目标陈述过程中出现过于概括或含糊等问题，教师在陈述具体教学目标时，可参照表4-4中所列出的行为动词。

表4-4　常用的行为动词

认知领域
1. 描述记忆的动词：识别、陈述、叙述、匹配、列出、说出、回忆、默写。 2. 描述理解的动词：归类、解释、总结、翻译、转换、区分、概括、抽象。 3. 描述应用的动词：演示、计算、解答、修改、操作、联系、运用、预测。

续表

4. 描述分析的动词：比较、对比、分解、图示、排序、划分、质疑、推测。

5. 描述评价的动词：评判、批评、评价、评估、鉴别、支持、选择、挑选。

6. 描述创造的动词：组织、组合、综合、设计、生成、构建、修订、创造。

情感领域

1. 描述接受的动词：承认、认同、注意、分享、接受。

2. 描述反应的动词：遵守、参与、访问、参观、经历。

3. 描述价值评价的动词：支持、拥护、采纳、赞许、追求、反对、拒绝。

4. 描述组织的动词：权衡、组织、明辨、排序、整理。

5. 描述性格化的动词：热爱、坚持、证明、献身、承诺。

动作技能领域

1. 描述模仿水平的动词：模拟、临摹、修改、模仿、重复、跟随、仿造。

2. 描述独立操作的动词：完成、表现、测量、演示、安装、绘制、尝试。

3. 描述熟练（自动化）的动词：达成、解决、制订、熟练操作、自动执行。

3. 能够达成。指所确定的教学目标具有现实性、可行性，教师和学生具备实现这一目标的能力、时间、财物等资源。

较差的具体目标：全面了解死海的特点，

并能进行复述。

较好的具体目标：列举死海的三个突出特点。

4. 关联性。指具体目标应与概括性目标关联，服务于概括性目标的实现。

例如，假定概括性目标为认识以千克为单位的小数。

较差的具体目标：能说出千克与克之间的换算；能写出三个小数；能体会用小数表示千克的意义。

较好的具体目标：能正确读出以千克为单位的小数；能说出它的实际含义；能以千克、克为单位进行相应的换算。

5. 规定时间。指明确界定目标达成的时间。具体教学目标通常需要在短期内完成，因而有时需要对它的达成时间进行明确规定，以引导教学和学习活动。

较差的具体目标：能流利地阅读课文，有感情地朗读描写武松打虎的片段。

较好的具体目标：经过课前预习后，能流利地阅读课文，有感情地朗读描写武松打虎的片段。

为了更好地完善具体教学目标，教师可以参照表4-5所示的检核内容，对自己所列的具体教学目标进行检查和修订。

表4-5 具体教学目标的检核表

序号	检核内容	是	否
1	它与概括性目标相关吗？		
2	它指出达成目标的时间了吗？		
3	它关注的是结果而不是达成这一结果的手段吗？		
4	它可以测量吗？		
5	它的书写清晰吗？		
6	它是否现实，是否可以达成？		
7	每个目标中是否只含有一个学习结果？		

第三节　具体教学目标陈述中常见的错误

近年来，在课程改革的推动下，我国教师在陈述具体教学目标方面已取得了很大的进步，但在教学实践中仍然存在一些问题。概括看来，教师在具体教学目标陈述中常见的错误主要有以下五个方面。

一、与概括性目标混淆

例如，某位小学数学教师在人教版小学四年级上册"角的度量"一节中，设置了如下两个教学目标：

① 在逐步精确的测量过程中，体会思考数学问题的严密性与逻辑性；

② 感受人类的聪明才智，激发学习数学的情感，感悟学习数学的快乐。

这两个目标都是概括性目标，看不出它们与"角的度量"这一主题之间的具体关联，因而在实际教学中难以有效发挥导教、导学、导评功能。

二、描述教师的行为

例如，某位高中化学教师为人教版高中化学必修二"乙醇与乙酸"一节设置了如下三个教学目标：

① 使学生认识乙醇的主要性质及主要应用；

② 引导学生常识性地了解与人类生命、营养、健康密切相关的知识；

③ 进一步激发学生学习有机化学的兴趣，提高他们的科学素养。

这三个教学目标的行为主体都是教师，描述的不是学生学完本节内容后能够达成的学习结果。

三、行为主体混乱

① 利用学生生活经验（教师），知道比较物体运动快慢的两种基本方法（学生）。

② 通过对德国物理学家欧姆的生平介绍（教师），激发探索精神，感悟锲而不舍的科学精神（学生）。

③ 体会罗斯福的个人品质（学生），让学

生认识到社会主义和资本主义在经济制度上具有互补性（教师）。

在上述三个目标中，行为主体一会儿是教师，一会儿是学生，两类行为主体交叉出现，让人感觉莫名其妙。

四、描述学生的学习活动

如某位教师为人教版高中历史必修二第十八课"罗斯福新政"一节确定了如下两个的教学目标：

① 结合图片、影像、文本等多种材料，分析罗斯福新政的背景和措施；

② 带着要点有目的地看书，归纳罗斯福新政的影响。

这两个目标描述的是学生的学习活动，而不是学习结果。学习活动不能作为教学目标，否则学生从事完这些活动，就可以视为目标达成了，这在逻辑上显然是不对的。

五、目标难以测量

采用含混或者不可以观察的行为动词来描

述预期的学生的行为表现，导致教学目标无法检测。

　①把握人物的形象，了解作者写作意图。

　②进一步理解溶解度曲线及应用。

　　这里的"把握""了解""进一步了解"都难以观察和测量，教师在教学结束后难以准确判断教学目标是否达成。

　第四节　规范的具体教学目标陈述格式

　　一般说来，规范的具体教学目标由两个构成部分。一是主干，它反映教学目标的达成时间和行为主体，通常以将来时形式表述。例如，"学完本课（章、单元）的内容后，学生能够……"。二是具体的目标要求，它规定学生的各项行为表现。具体目标的陈述要求是把条件置于句首，然后叙述行为动词，最后叙述行为标准。例如，"把一个用过去时或现在时书写的句子，改写成将来时的句子，不出现时态和语法错误"。

各项具体教学目标都列出后，按照预期的教学和学习顺序进行排列，最终就形成了如下规范的目标陈述格式：

学完本课的内容后，学生应该能够：

① 把一个用过去时或现在时书写的句子，改写成将来时的句子，不出现时态和语法错误。

……

教师在教学设计过程中，如果能够以这一目标陈述格式作为参照，就可以在很大程度上避免目标陈述中常见的错误。实践表明，按照这一格式陈述的单元或课时层面的教学目标，可以更好地引导教学、学习和评价。

第五章 基于教学目标的测验设计

在我国当前的中小学教研活动中，教师们常常受困于这样一个问题：究竟什么样的课算是一堂好课？其实，这个问题的答案很简单。如果教学目标设置得科学、合理，那么一堂课结束时，教学目标的达成情况，就是评价这堂课好坏的依据。

那么，教师如何确定自己制订的教学目标已经达成了呢？这当然需要借助测验来完成。本节将从认知、情感、动作技能三个领

域，分别简要介绍基于教学目标的测验题目
的设计技术。

第一节　评估认知领域目标达成情况的测验

　　对认知领域教学目标达成情况的评估，我
们需要参考布卢姆教育目标分类学2001年修订
版的基本思想：认知领域的学习，由低到高分
为记忆、理解、运用、分析、评价、创造六个
基本层级；每个基本层级，又由低到高包含若
干具体层级（详见表5-1）。

表5-1　布卢姆认知目标领域中的学习层级

层级	过程类型	实例
1.		记忆：从长时记忆中提取相关知识
1.1	再认	选出某一历史事件发生的时间
1.2	回忆	回忆某一历史事件发生的时间
2		理解：从书面、图形、口头的教学信息中建构意义
2.1	释义	阐释重要讲话的含义
2.2	举例	举出各种艺术风格的例子

续表

层级	过程类型	实例
2.3	归类	对学生的课堂不良行为进行归类
2.4	总结	对录像中记录的事件进行总结
2.5	推论	在外语学习中,从例子中推测语法规则
2.6	比较	对同一时期的几个历史事件进行对比
2.7	解释	解释环境污染的原因
3	运用:在既定的情境中执行或运用某个程序	
3.1	执行	进行多位数整数的除法运算
3.2	实施	确定牛顿第二定律适用的情境
4	分析:把材料分成若干部分,确定部分与部分、部分与整体之间的关系	
4.1	区分	区分数学应用题中的相关数字和无关数字
4.2	组织	为支持或反对某一观点而组织相关证据
4.3	归因	根据文章作者的政治立场来确定他的观点
5	评价:基于标准或规则做出评判	
5.1	检查	判定科学家的某一结论是否建立在观察到的数据基础上
5.2	评判	判定两个方法中哪一个方法更适合解决问题

续表

层级	过程类型	实例
6		创造：把成分组合在一起，形成功能性的新模式或结构
6.1	生成	对观察到的现象提出解释性的假设
6.2	规划	对某一历史课题提出研究规划
6.3	建构	为了某些目的养成习惯

　　基本的评估原则是在教学目标中规定了学习的哪个层级，相应的测验就要处于这一层级水平上。如果测验低于这个层级，就会出现高估教学质量的情况；反之，如果测验高于这个层级，又会出现低估教学质量的情况。

　　我们来看几个例子。

【案例1】

　　教学目标：能简述中日甲午战争的概况。

　　目标分析：这属于认知学习层级中的"记忆"，而"记忆"又包括"再认"和"回忆"两个级别。学生要做到"简述"，应达到"回忆"

而不是较低层级的"再认"。

测验设计：简要叙述中日甲午战争的起因、过程、结果及影响。

不当测验：采用反映"再认"水平的选择题或配对题。例如，中日甲午战争后签订的丧权辱国的不平等条约是《南京条约》《辛丑条约》《马关条约》。

【案例2】

教学目标：能区分压力和重力。

目标分析：这属于认知学习层级中的"理解"，而"理解"又包括"释义""举例""归类""总结""推论""比较""解释"七个由低到高的具体级别。显然，区分压力和重力属于"比较"这一层级，也就是能够准确辨别这两个概念的相同点、不同点。

测验设计：放在斜面上的砖块，压力方向在哪里？重力方向在哪里？在什么条件下压力等于重力？

不当测验：采用比"比较"层级更低的测试题目。例如，解释什么是压力和重力概念的含义（"释义"级别）；举例说明什么是压力，什么是重力（"举例"级别）。

【案例3】

教学目标：能正确地计算三角形的面积。

目标分析：这属于认知学习层级中的"运用"，而"运用"又包括在类似情境中的"执行"和真实情境中的"实施"两个级别。

测验设计：在课堂练习情境中，运用与例题相近的测验题目；在课外学习情境中，运用与真实问题相关的题目，例如计算三角形花园的面积。

不当测验：采用低于"运用"层级的测试题目。例如，写出三角形的面积计算公式（这属于"记忆"）；在下列三角形中，找出三角形的底和高（该题可用于检验学生对三角形面积计算公式的"理解"水平）。

【案例4】

教学目标：能论述明成祖迁都北京的原因。

目标分析：这属于认知学习层级中的"分析"，而"分析"又包括"区分""组织""归因"三个级别。这里迁都原因的"论述"，属于"归因"。

测验设计：根据给出的材料，阐述哪些原因让明成祖决定迁都北京。

不当测验：采用低于"分析"水平的测试题目。例如，明成祖迁都北京的主要目的：A.加强中央集权；B.加强对北方的控制；C.加强对人民的控制；D.解决藩王问题（这属于"记忆"）。再如，找出课文中反映明成祖迁都北京的原因的文字描述（这属于"分析"中的"区分"，低于"归因"的层级）。

第二节　评估情感领域目标达成情况的测验

与认知领域一样，情感领域的目标也存在一定的学习层级。克拉斯沃尔和布卢姆按照

价值内化的程度，把情感领域的目标分为五级
（见图2-2），每一层级目标的定义和行为样例
如表5-2所示。我们评估情感领域教学目标的达
成情况时，可参照这一层级分类系统设计相应
的测验。

表5-2　情感领域目标的学习层级

层级	定义	举例
接受	注意到环境中的事物或现象	关注他人的爱国主义行为
反应	展示出与某种情感相关的行为	有爱国主义行为
价值评价	确认事物、现象、行为的价值	支持或主动参加爱国主义活动
组织	把各种价值观组织成一个体系	把为国争光与爱国统一起来
性格化	把价值体系内化成个人的稳定性格	爱国成为一种性格、一种生命承诺

与设计认知领域的测验题一样，设计检测
情感领域目标达成情况的测验时，我们也应考虑
目标所处的层级水平，确保相应测验不能低于或
高于这一层级。我们来看一下如下两个例子。

【案例1】

教学目标：能做到按时到校学习。

目标分析：这属于情感目标层级中的"反应"。这一目标的重心在于要求学习者在行为上做到"按时到校"，而对于学习者能否认识到"按时到校"对于自己的重要性，本身并不强调。

测验设计："反应"层级的测验通常不采用纸笔问答的方式，而是采用行为观测的方式。如果学生接受了与"按时到校学习"方面的教育，然后基本做到了按时到校，就表明这一目标实现了。

不当测验：采用低于或高于"反应"的测试题目。例如，想想在过去一个学期，自己因为何种原因出现了上学迟到的情况（这是反映"接受"水平的测验）；再如，说一说不按时到校，是否可以视为一种不讲诚信的行为（这是"价值评价"层面的目标，高于"反应"的层级）。

【案例2】

教学目标：通过学习《周总理的睡衣》一文，能体会周总理生活简朴的高贵品质。

目标分析：这属于情感目标层级中的"价值评价"，目标的重心在于学习者能够认识到"周总理生活简朴"的"高贵"品质。而要达成这一教学目标，需要学生通过价值辨析的方式，澄清周总理生活简朴为何更显得高贵。

测验设计：用自己的话说说，为何周总理生活简朴，更能体现出他品质的高贵。

不当测验：采用低于或高于"价值评估"的测试题目。例如，找出课文中描写周总理生活简朴的句子（这是检测"接受"水平的测验）；根据自己听过的故事，说说周总理还有哪些高贵品质（这是"组织"曾经的目标，高于"价值评价"的层级，在教学结束时可能无法完成）。

第三节　评估动作技能目标达成情况的测验

　　动作技能的种类繁多。有些动作技能适用于学习情境（如书写），有些动作技能适用于生活情境（如使用筷子），而更多的动作技能则适用于工作情境（如进行外科手术、操作各类机器）。而且，不同类型动作技能的学习要求，也存在很大的差异。正是因为这个原因，教育和心理学家在对动作技能领域的目标进行分类时，出现了多种版本。例如，都是在1972年，安妮塔·J.哈罗提出了面向学前教育的动作技能教学目标分类，而伊丽莎白·J.辛普森则提出了面向职业技术教育的动作技能教学目标分类（详见图2-3）。此外，拉温德拉·H.戴夫的动作技能水平分类也有较大的影响。

　　但动作技能的学习，还是有其自身的某些共性规律。概括来说，多数动作技能的学习要经历五个层级（如表5-3所示），分别是识记动作要领和步骤，初步展示动作，形成连贯动作，动作的自动化，创造新动作。我们评估动作技能领域教学目标的完成情况时，可参照这个五级分类系统设计相应的评估项目。需要注意的是，在学校教育中，动作技能的学习主要集中在第二到第四个层级。仅仅学习到第一个层级，等于是认知领域的学习，失去了动作技能学习的含义；而要达到第五个层级，需要大量的专门研究和练习，这一般是专业人士的水平。

表5-3　动作技能领域目标的学习层级

层级	定义	举例
识记动作要领和步骤	通过观察或接受别人指导，记住动作的操作步骤和要求	记住字的笔顺；记住"三步上篮"的要领
初步展示动作	通过模仿或参照动作要领，做出基本动作	按笔顺尝试写字；遵照要领做出"三步上篮"动作
形成连贯动作	通过练习和反馈，系列动作能够连贯地执行，但需要有意识地控制	连贯地写出所学的字；连贯地做出"三步上篮"动作
动作的自动化	经过充分练习，动作熟练而精准，执行时不需要有意识地控制	需要时，自动地写出相关的字；连贯地做出"三步上篮"动作

续表

层级	定义	举例
创造新动作	在学习系列动作技能的基础上，根据需要创造新动作	创造一种新的写法乃至字体；独创的个性化"三步上篮"动作

我们举一个例子，专门谈谈基于动作技能目标层级的测验设计。

【案例】

教学目标：能熟练地做第三套中学生广播体操。

目标分析：这属于动作技能领域目标层级中的"动作自动化"。要求学生不需要多想，就能按照步骤自动、准确、流畅地做出相关体操套路。

测验设计："动作自动化"的测验，通常采用观察的方式进行评估。评估时可以采用两个指标，一是动作是否规范、流畅，二是是否达到了自动化。达到自动化的标志是可以分出部分精力注意其他的事情。例如，边做广播体操边观察是否有同学不守纪律。

不当测验：采用低于"动作自动化"水平的测试题目。例如，演示第二小节的动作（这是反映"初步展示动作"水平的测验）；再如，说一说扩胸运动的动作要领（这是"识记动作要领"层面的目标，属于动作技能学习的最低水平，已不能反映动作技能学习的本意）。

本书系山东省教育科学"十三五"规划重点资助课题
"基于核心素养的十二年一贯制课程建设与实施行动研究"
（课题批准号：222019075）的研究成果之一

基于学习科学的有效教学

3

任务分析

主编：赵 勇 庞维国

本册编写人员：刘文英

◀◀◀◀

山东教育出版社
·济南·

一前言一

什么是任务分析呢？教学中，教师需要借助某些教学任务达成教学目标。在完成教学任务的过程中，教师要考虑哪些是重点，哪些是次重点，在思考这个问题的时候，就是在开展任务分析。

任务分析解决什么问题呢？任务分析是教学设计过程中非常核心的部分，前面对接教学目标，后面对接学习方式。任务分析，实际上回答的是，一个人完成某项学习任务，或者掌握这个学习内容，应该具备哪些条件，走哪些路径，采用怎样的步骤，怎样从起点能力一步步达到教学目标。

　　教师在教学设计的过程中，如何定目标，如何进行教学分析，如何设计教学过程，不同学科不同内容如何教，任务分析技术都可以为其提供科学依据。

　　请看一个例子。

　　初一下学期的生物有这样一节课——"人体与外界的气体交换"。在这堂课上，教师提出了一个思考题：为什么肺扩张导致吸气？那是因为，压强是物体所受的压力与受力面积之比（$p=\dfrac{F}{S}$）。压强与受力面积成反比，压力与质量成正比。当肺扩张后，受力面积增大，压力不变，所以压强减小，气体总是从压强大的地方流动到压强小的地方，所以肺扩张导致吸气。

　　部分学生对这个知识点理解起来感觉吃力。为什么学生这个地方没学好？究竟是哪个环节出了问题？如果教师要解决这样的问题，就涉及教学任务的分析。初一的学生并没有学习物理，所以对于压强的概念和压强公式以及气体流向方向等并不理解，若是从这个角度去解释这个问题，因为学生没有压强的概念和压强公式等起点能力，所以理解起来会吃力。此时，可以换成学生好理解的途径进行教学。比如，让学生利用注射器做实验等方式探究气压与容积的关系。教师若是任务分析做得好，找出了教学的关键环节和内容，学生做这个题目就不容易出问题。

教学任务分析得好，教师的教学会更精准。该用力的地方，多下功夫；不该用力的地方，避免浪费精力。这样的话，教学效果会更好，会更容易达成教学目标。

有鉴于此，本书编写人员专门设计、编写了本章节内容，以期能够对广大教师的教学设计有所帮助。

一目录一

第一章　任务分析概述

第一节　任务分析的起源

任务分析的思想，起源于20世纪初，最早应用在建筑行业中。弗兰克·邦克·吉尔布雷斯和莉莲·莫勒·吉尔布雷斯夫妇，被认为是现代工业管理的奠基人，工业工程领域的先驱。弗兰克是一名建筑承建商，他总是想方设法让砌砖变得更快，更容易。在一次出门散步时，夫妇俩看到有一家人正在盖房子。他们发现，砌一块砖，好的泥瓦匠只用4个动作就可以完成，而新手手忙脚乱，动作没有条理，大约需要用18个动作才能完成。这个差别还是非常大的，效率完全不一样。这对夫妇就想：能不能把熟练泥瓦匠的动作总结出来，用来训练新手呢？他们不断改进工作流程，不仅提高了工人的生产力，也使他们的工作更加轻松。弗兰克夫妇研究了各个制造业工人和文职人员的工作习惯，试图寻找提高产量和使工作更容易的方法。他们成立了一家管理咨询公司，专注于此类事业。这就是最早的任务分析思想。这个思想后来继续发展，发展出一个新的学科，就是人类工效学。

在教育界，美国心理学家爱德华·李·桑代克的联结主义和美国心理学家伯尔赫斯·弗雷德里克·斯金纳的操作性条件反射理论获得了人们的认可和推崇。桑代克和斯金纳虽然没有使用"任务分析"这个概念，但在他们的理论和实际操作中，体现出了任务分析思想。举个例子，桑代克曾经编写了小学数学教材，他在加减法的计算这一节的教材编排中，把加减法的计算过程分解成了好几个条理清晰的小步骤，学生按照这个步骤去计算，就可以避免遗漏重要的步骤。

第二节　任务分析的发展

一、任务分析在国外的发展

任务分析作为教学设计中的一项技术，起源于第二次世界大战时期。当时许多新兵入伍，战争中又使用了许多新式武器，因此军事人员培训成为一件非常重要的事情。战争期间许多心理学工作者应征入伍，负责军事人员的培训工作。他们力图用当时发展起来的刺激、反应和强化等心理学原理指导人员培训，但除了个别训练计划比较成功之外，大多数训练并不理想。通过反思，部分心理学家意识到，人类的学习行为是十分复杂的，单一的行为主义学习原理不能解释人类的复杂学习。于是，任务分析技术应运而生。

"任务分析"这个专业词语由心理学家R.B.米勒最早提出。20世纪60年代起，美国教育心理学家罗伯特·米尔斯·加涅建立了自己的任务分析理论，他把任务分析视作教学设计中的一个重要的环节。加涅对学习进行分类研究，他按学习的结果将学习分为五类，即语言信息、智慧技能、认知策略、动作技能和态度。① 加涅说，教学是什么呢，教学是为学习的发生创造外部的条件。加涅还说，明确不同类型学习的内部条件是教学方法设计的有效依据。加涅教学论的精髓，就是依据不同类型学习结果的不同内部条件和外部条件，相应进行不同的教学设计。所以加涅的教学论也被称为"任务分析教学论"。

　　1967年，《任务分析和培训设计》这篇文章的发表，标志着任务分析技术真正开始应用。任务分析技术在成人培训教育中率先应用，主要涉及工匠和技术人员。

　　真正的任务分析在教育行业得到大范围推

_____

　　① 皮连生、刘杰主编《现代教学设计》，首都师范大学出版社，2010，第128页。

广应用，是在20世纪80年代。查尔斯·M.赖格卢特在1983年发表的《任务分析的当前趋势》一文中说道："在今天，任务分析的最为重要的发展趋势，是与教学设计整合在一起。"换句话讲，在教学设计中，已经离不开任务分析技术了。

在20世纪80年代中期到20世纪末，教学技术专家和心理学家等开始系统地描述什么是任务分析。戴维·H.乔纳森在任务分析领域研究卓著，他在1986年发表的《对任务分析步骤的分析》一文中提到，任务分析有五个功能：列出任务清单、描述任务、选择任务、排序任务、分析任务。第一，列出任务清单。一堂课，要完成几个教学任务，有时候一个目标的完成可能需要两个任务，相应的教学环节应该安排几步，这就叫作教学任务清单。第二，描述任务。这个任务本质上是什么类型的任务，教师一定要分清。第三，选择任务。如果列出了很多任务，一堂课完成不了怎么办？教师要知道先讲什么，后讲什么。第四，排序任务。这些任务中，具体的顺序排列是什么样的？第五，分析任务。即完成这个任务所具备的内在条件。这个思想，跟教师现在提倡的"备教材"非常相似，但是"备教材"和任务分析不是一码事。

20世纪末，任务分析思想有非常显著的发展，乔纳森、马丁·特斯默、华莱士·H.汉纳姆是当时在任务分析技术方面最权威的三个人，他们系统总结了任务分析方法，在1999年写了一本关于任务分析的书，书的名字是《教学设计中的任务分析方法》，书中阐述了20多种任务分析方法。

二、任务分析在国内的发展

从1953年教育行业首次使用任务分析到现在，只有大约70年的时间，历史不是很长，因此，我国很多教师并不了解这项技术。

20世纪80年代中期，我国开始从国外学习、借鉴任务分析技术。参加任务分析技术探索的人员主要有邵瑞珍教授、皮连生教授，主要进行中小学教学中的任务分析的实践与运用。皮连生教授主编的书籍有《教学设计》《学与教的心理学》《现代教学设计》等。

华东师范大学心理系教授皮连生在《华东师范大学学报（教育科学版）》1984年第3期上发表了《试论教学目的设计的心理学理论与技术》一文，在此文中第一次将"任务分析"的思想和技术引入我国。随后，皮教授在中小学教学中运用奥苏伯尔的同化理论以及加涅的学习和教学理论研究任务分析的技术，并于1990年将"任务分析教学论"写入《学与教的心理学》（1990年版），这是国内第一次把"任务分析"作为教学设计的一个环节写进教材。1996年在其专著《智育心理学》一书中，皮连生教授广泛吸取国内外学习和教学心理学的最新成果，紧密结合中小学课堂教学实际，根据多年的理论与实践研究，提出了"知识分类与目标导向"理论，该理论将任务分析作为教学设计的重要环节进行了系统、详细的阐述。

使用过任务分析技术的教师都说，有了任务分析，教学思路更加清晰，教学重难点也更容易把握了。

第三节 任务分析的科学内涵

举个例子，我们国家某些煤矿，铲车一铲子下去把煤挖上来，再放到汽车的拖斗里面，这一过程共分几个步骤，用时多久，都是经过精心设计的。把一个任务分解得清清楚楚，把主要的环节都列出来，工人照着规范来操作就可以。这里面就蕴含着任务分析思想。

再举个例子，学生投篮不准的原因是什么？动作要领没掌握。教师对这个任务进行分析，可以发现投篮有三个要点：第一，要有力量；第二，方向要对；第三，要有弧度。这里面也蕴含着任务分析的思想。

一、任务分析的定义

之前提到的任务分析技术研究方面最权威的三个人乔纳森、特斯默、汉纳姆，在著作中提出，教学设计中的任务分析，是指分析和详述学生的学习类型的过程。在这个说法中，有两个要点，即详细地分析、描述学生学习类型以及学生是怎样来完成这样一个学习过程的。也可以这样说，教学设计中的任务分析是指分析和详述学生的学习类型和过程。

另外，不同学者对教学任务分析的定义有不同的说法。

1973年J.R.安德森提出，教学设计中的任务分析是将教学目标分解成先行知识与技能的层次的过程。在进行任务分析时，通常首先描述为学生设定的教学目标，然后用逆推的方式将目标逐步分解，直到列出必需的先行条件。

1991年罗伯特·E.斯莱文提出，任务分析是将教学目标分解成一系列子目标或步骤，以指导学生达到终点目标的程序。进行任务分析时，教师应考虑下述三个问题：第一，需要什么样的先行知识和技能；第二，完成任务需要什么样的步骤；第三，完成步骤时应遵循什么样的顺序。

综上，任务分析的定义存在大家都认同的部分。首先，任务分析是对教学目标或者学习任务进行分解的过程，将整体目标分解为子目标。其次，任务分析是个分类的过程。最后，任务分析是对分解后的子成分进行排序的过程。笔者认为，教学任务分析可以定义为在开始教学活动之前，对教学目标所规定的、需要学生习得的能力或倾向的构成成分及其层次关系详加分析，为学习顺序的安排和教学条件的创设提供心理学依据的一种教学设计技术。

二、教学中的任务分析

皮连生教授结合自己多年的研究，把针对狭义教学设计的任务分析界定为如下几项工作：

1. 通过对教材与学生的分析，确定单元或单课的具体的教学目标。

2.对教学目标中的学习结果进行分类。

3.根据对不同类型学习条件的分析，揭示实现教学目标所需要的先行条件，即使能目标及其顺序关系以及其他支持性条件。

4.确定与教学目标有关的学生的起点状态。

在教学设计中，设置教学目标与分析教学任务（或学习任务）这两件事是难以分开的。因为一节课的目标达到以后，该目标便成了下一节课的起点，下一节课的目标则是更长远一些目标的子目标。所以也有人把任务分析称为目标分析。[①]

中学教学任务分析主要是目标分解，因为确定教学目标的同时必须对教学内容进行分析，找出学习者的现状与教学目标之间的差距，然后根据现有的教学条件，确定教学内容的教学顺序，选择恰当的教学策略和教学方法。教学任务

———————
① 皮连生、刘杰主编《现代教学设计》，首都师范大学出版社，2010，第130页。

分析为达到教学目标提供了有力保障。

三、任务分析的示意图

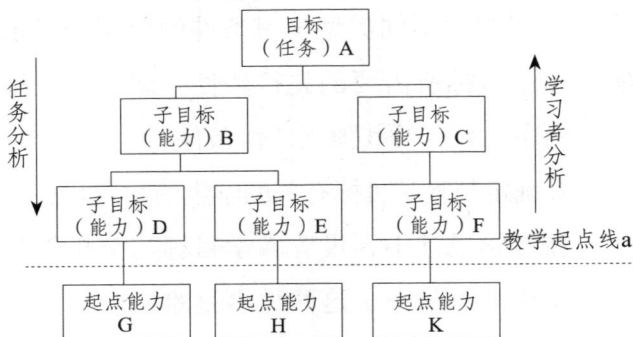

图1-1　任务分析示意图

　　如上图所示，学生上完一节课，教师希望学生达到的目标是A。要完成A目标，可能需要几个具体的目标（B和C）来支撑，每个具体的目标又需要几个学习活动（D、E、F）来完成，教师需要一直往下分解。什么时候不分解了呢？遇到学生的起点能力时不再分解。学生的起点能力（G、H、K）往上走与本节课的教学内容进行对接，中间的这条线a，就是教师讲课的教学起点线。任务分析完成后，教师怎么去讲这节课呢？在本节课的导入部分，D、E、

F这三个部分都是需要考虑的。那么，先讲哪一部分呢？可以先讲F部分，因为这部分分支较少，比较简单；也可以先讲D、E部分，因为这部分分支较多，是本节课的重点。教学中的任务分析就是，从上到下把学生要达成这个目标走过的路径找出来，教学的时候从下向上反过来走，这是一个逆推的过程。A是教学的终点，G、H、K是教学的起点，中间是教学走过的路径。教学任务分析就是告诉教师，必须走哪些路径、先教哪个方框里的内容和每个框里的内容及其性质。

任务分析可以帮助教师找准教学起点，找到教学的重点和难点。一般情况下，哪边走的路径复杂，哪里就是教学的重点。

举个例子，"平行四边形的面积"这节课，有几个目标需要完成。因为底乘以高，就是平行四边形的面积，所以，如图1-2所示，第一个子目标，要知道"高"这个概念；第二个子目标，要知道"底"这个概念；第三个子目标，要知道"乘法"。乘法这个概念，学生在之前已经学习过了，是学生的起点能力，不是本节课的重点，教学重点落在"高"和"底"这两个概念的学习上。其中，"底"的教学并不难，只要让学生知道平行四边形的哪个位置是底就可以。关键在于"高"的教学，这是教学的难点。从"高"的概念继续往下分析，核心的问题是理解"垂线"这个概念。通过任务分析，教师知道了"垂线—高"这条路径是本节课的重难点。若是垂线的概念不清晰，那说明起点能力垂直还需要进一步巩固。

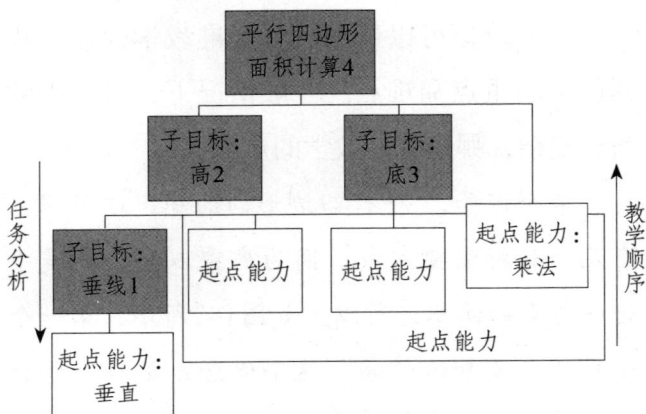

图1-2 "平行四边形面积"任务分析示意图

第四节　任务分析的好处

教学若想有效，需要进行三类分析：任务分析、学习者分析和情境分析，这三类分析缺一不可。

任务分析：澄清完成任务所需的条件。也就是说，完成这个学习任务，或者掌握这个学习内容，学生应该具备哪些条件，走哪些路径。

学习者分析：也叫学生分析，即分析学生的特征和学生的起点能力是什么。在进行翻转课堂或者慕课等方式的课堂教学时，这个分析尤为重要。

情境分析：分析有利和不利于学习与迁移的情境要素。简单来说，就是教师要考虑，今天所学的内容和将来所学内容的应用情境之间的一致关系。一般来讲，学的情境和用的情境越相似，学生学到的本领越有用。

任务分析是教学设计中最为重要的步骤。通过任务分析，教学设计者可以解决四个教学中非常关键的问题。

一、限定教学内容的范围

通过任务分析，教师可以找到学生的起点能力。学生已经掌握的起点能力的内容，不需要教师再进行教学，起点能力之上的，才是教师的教学内容。

之前提到的平行四边形面积计算的图例中，有阴影的方框，就是教师的教学范围。通过任务分析，这节课安排哪些教学活动，解决哪些问题，教学范围是什么，可以看得很清晰。

再比如，鲁教版初中化学九年级下册第七单元第三节"溶液的酸碱性"的起点能力，可以很容易地通过教学分析的图示找出来，从而找出教学内容的范围。学生通过前面的学习，已经知道酸类物质都有酸性、碱类物质都有碱性；在学习二氧化碳时也已经知道石蕊可以检测酸。那么，一份无色透明的溶液，如何知道它是呈酸性还是呈碱性？水果酸味的强弱程度跟什么因素有关？怎样判断溶液酸碱性的强弱？这些问题是学生头脑中真实存在的，是认知的起点和线索。

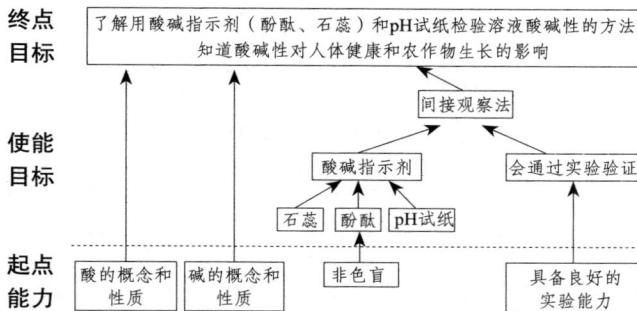

终点目标 了解用酸碱指示剂（酚酞、石蕊）和pH试纸检验溶液酸碱性的方法 知道酸碱性对人体健康和农作物生长的影响

使能目标 间接观察法 酸碱指示剂 会通过实验验证 石蕊 酚酞 pH试纸

起点能力 酸的概念和性质 碱的概念和性质 非色盲 具备良好的实验能力

图1-3 "溶液的酸碱性"任务分析示意图

二、安排教学的顺序

教学中的任务分析是从教学目标入手，在教学目标与学生的起点能力之间，把学生要达成这个目标所走的路径找出来。教学的顺序是一个逆推的过程，从起点能力向上，一步一步按照任务分析出来的路径反过来走，直到教学目标。

平行四边形面积计算的图例（图1-2）中，方框里标的数字就是一个教学顺序，按照学生习得的过程，本节课的教学顺序一般按照"垂线1—高2—底3—平行四边形面积计算4"的步骤进行，或者按照"底3—垂线1—高2—平行四边形面积计算4"也可以。

三、找出教学中容易被忽略的步骤

教师和学生的知识基础不一样，教师受过专业的大学教育，对某些教学内容很熟悉，会以为某些教学步骤不重要，但是对于学生来说这些步骤可能特别关键。不加某个环节，思维有一定跳跃性，学生就迈不过去，跟不上。这是教学中常出现的情况，几乎每个教师都会遇到。特别是新手教师，习惯从学科结构角度组织教学，而不是从学生的角度组织教学，看不到学生学习新知识时理解上的困难。由"专家盲点"导致的、让教师以为不需要展开的教学步骤，通过任务分析就可以找出来。

以"金属的化学性质"的教学为例，学生已经知道了镁带、铁丝能在氧气中燃烧，铜能与氧气反应，镁与盐酸、硫酸反应等事实，但这些知识是零碎的、不系统的。所以本节课的教学起点，从复习金属的化学性质入手，使学生对不同的金属化学活泼性不同产生一定的感性认识，在此基础上再来认识金属在水溶液中与酸或盐反应的情况。教师对于金属活动性顺序表非常熟悉，在学习了几个金属与酸、金属与盐的反应后，就容易直接给出金属活动性顺序表。此时，学生对"金属活动性"的概念的理解以及"金属活动性"规律的得出过程还很模糊。这是个容易被忽略的步骤，通过任务分析，教师可以找出这个步骤，使学生更容易理解金属活动性顺序表。

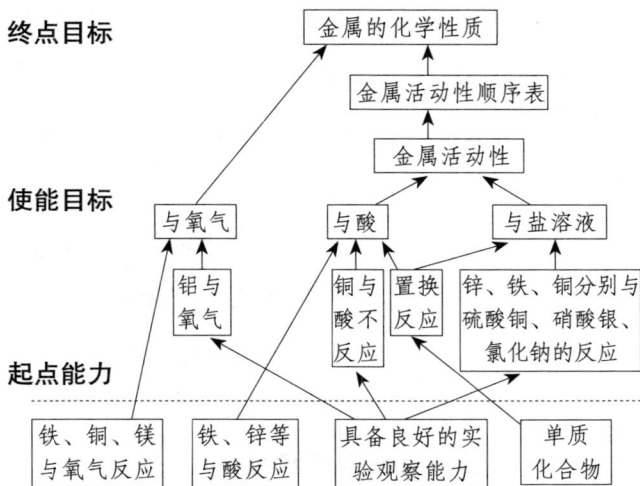

图1-4 "金属的化学性质"任务分析示意图

四、有机会站在学习者角度看待学习材料

通过任务分析，教师更有机会从学习者的角度看待学习材料。

举个例子，怎么训练三四岁的学生自己喝保温杯里的热水？这个过程看上去很简单，但是从任务分析的角度分析，实际上是很复杂的。因为如果水烫的话，随时都可能给学生带来麻烦。教师对"喝水有哪些环节"这个任务进行分析：首先，把杯子拿起来，注意要攥稳；再打开杯子盖，注意要轻轻打开，不要让水洒出来；然后，嘴巴凑上去尝试着喝一点儿，感觉可以入口再继续喝；最后，把水杯放回去，注意不要把水杯弄翻。若这是一个教学任务的话，这个教学任务的重点是什么？难点是什么？不难发现，重点是给学生示范怎样尝试喝一点儿水，不仅要示范，还要让学生们体验一下，并且需要练习。

五、更容易找出重点和难点

在任务分析的图示中，分支越多的地方，

一般需要花费的时间精力就越多，那就是教学的重点或难点。

以"一元二次方程"的教学为例，学生在七年级已经学习了一元一次方程，掌握了一元一次方程的基本特征及解法，对于整式的化简学生也已经轻车熟路，具备了学习一元二次方程的基本技能；在相关知识的学习过程中，学生已有了从实际问题中抽象出数学模型的经历，并且明确了"元"与"次"的意义，获得了根据方程的特点概括其概念的一些经验。了解了学生的起点能力后，对本节进行教学任务分析。如图1-5所示，我们不难发现，在"项"的下面分支最多，需要花费的时间精力多，这样就找到了本节课的教学重点："二次"和"项"的学习。

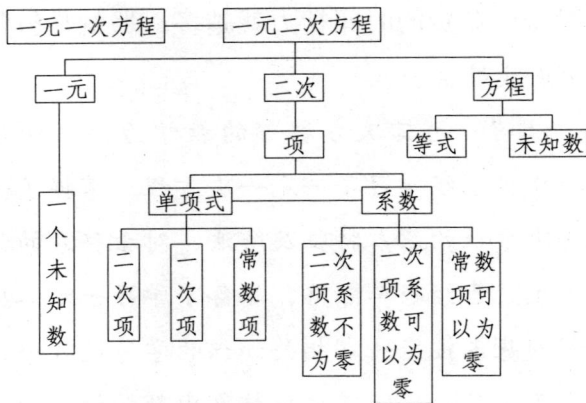

图1-5　"一元二次方程"任务分析示意图

第二章 任务分析的类型

请大家思考一个问题：为什么语文的课文，教师可以打乱了顺序来教？先教第十篇，再教第五篇，几乎不影响学生的学习。而数学教师不敢打乱章节顺序来教，若跳过第一章，先教第三章，可能教学就无法顺利进行。为什么会存在这种情况？这是因为学科的知识结构不一样。学科的知识结构不一样，教师做的任务分析也不同。教师可以用哪几种方式来进行任务分析呢？常见的具体类型如下所述。

第一节　加涅的分类

加涅认为，在教学情境中，分析教学任务，一般可以做两种类型的分析：

第一类是程序性任务分析，有时也称信息加工分析。

行为技能有非常规范的操作步骤。比如，换轮胎是一种行为技能，让我们去卸轮胎，可能半天卸不下来一个，因为我们技能不熟练，而技术工人按部就班地规范操作，可以很快完成，这属于程序性任务分析。再比如，智慧技能范畴，如何用压强公式进行压强分析及计算，也属于程序性任务分析。

第二类是学习任务分析（识别达成终点目标与使能目标的先决条件）。

教师确定了一节课的教学目标之后，将教学目标置于最上端，然后自上而下进行分析。为了达成这个目标，学生在此之前应该具备哪些知识或技能，这些知识和技能掌握的前提是什么……就这样，教师分解教学任务，使得各个任务之间呈现出一种层级关系。当然，任务的分解也是有终点的，终点是学生的起点能力，也就是学生现有的水平。任务分析最上端是学生的学习目标，最下端是学生的起点能力，中间各个环节的目标称之为使能目标。

第二节　迪克和凯瑞的分类

2005年，加涅的学生迪克和凯瑞对任务分析技术进行了进一步的研究，他们把任务分析分为三大类。

第一类是层级分析，上下结构，主要是分析各种下位技能。

数学学科、物理学科、化学学科的多数内容是有层级结构的。也就是说，前面的内容是学习后面内容的基础。数理化上课过程中，哪个环节卡住了，学生理解得不好，没跟上，很大可能是教师在层级分析的过程中，某一个环节没处理好，以至于在教学过程中，学生没有得到充分的练习。

下图是层级分析的例子。

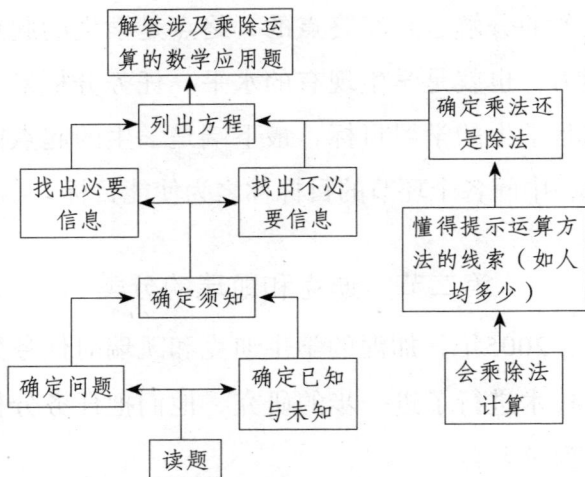

图2-1　乘除运算的数学应用题任务分析示意图

第二类是程序分析，先后结构，主要是分析先后步骤。

体育、美术等学科多数内容属于程序分析范畴。程序分析可以有效指导教学，第一步做什么，第二步做什么，第一步是第二步的前提，第二步是第三步的前提。如果漏掉了其中一个环节的分析，操作不规范，就会影响后面的操作质量。在程序分析中，步骤列得越细致，越容易找出学生真正的问题所在。

程序分析举例："有效引导讨论"，如图2-2所示。

第一，做好讨论的准备工作，比如确定谈论的方式和地点等。

第二，确定讨论议程、讨论的时间安排等。

第三，召集人员。确定参加讨论的人员安排。

第四，介绍任务。让参与讨论的人，了解本次讨论的目标。

第五，引导思路。

第六，引导合作性的互动。

第七，概括总结讨论的内容。

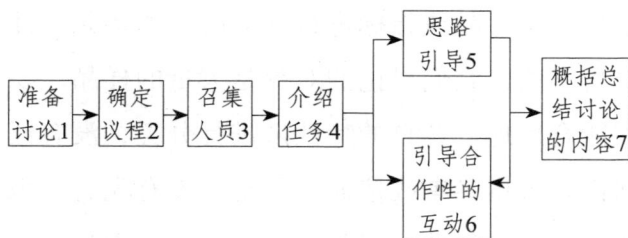

图2-2　"有效引导讨论"任务分析示意图

再举个例子，比如学生写作文，也存在一定的先后顺序。首先构思，然后写作，之后教师批改反馈，学生再进行修改。当然，步骤可以更加细化，比如，若是在教师批改之前，学生互换作文读一读，效果会更好。

第三类是聚类分析，无先后或上下之分。

语文等学科，更多会应用到聚类分析。为什么语文可以打乱课本顺序教学？因为语文的课文与课文之间，必要的关联不大。先学现代文还是文言文，先学李白还是苏东坡，每个老师有每个老师的见解和标准。再比如说历史，先学近代史，再学古代史，也影响不大。

聚类分析又称群分析，是根据物以类聚的道理，对样品或指标进行分类的一种多元统计分析方法，它们讨论的对象是大量的样品，要求能合理地按各自的特性来进行分类，没有任何模式可供参考或依循，即是在没有先验知识的情况下进行的。聚类分析起源于分类学，在古老的分类学中，人们主要依靠经验和专业知识来实现分类，很少利用数学工具进行定量的分类。随着人类科学技术的发展，对分类的要求越来越高，以致有时仅凭经验和专业知识难以确切地进行分类，于是人们逐渐地把数学工具引用到分类学中，形成了数值分类学，之后又将多元分析的技术引入数值分类学形成了聚类分析，用于在没有分类标准的情况下对所学知识进行分类。

聚类分析举例。李白的几首诗，《赠汪伦》《夜宿山寺》《静夜思》《送孟浩然之广陵》《望庐山瀑布》，先学哪一首？这些诗之间没有明显的逻辑顺序，教师就可以用聚类分析，按照不同的标准进行教学。比如，可以按照历史的顺序，可以按照作者情绪的变化，可以按照难度的层级或者按照学生的思维习惯等。

第三章　如何进行任务分析

第一节　任务分析的基本思路

首先，分清终点目标的学习类型，选择任务分析方法。

不同的学习类型需要采用不同的教学方法，这样才能得到较好的教学效果。心理学家们提出的学习类型划分，存在一定差异。我国教师普遍使用加涅的学习结果分类。

加涅把学习按照学习结果分为五类：言语信息的学习、智力技能的学习、认知策略的学习、动作技能的学习、态度的学习。不同类型的学习，任务分析的方法是不一样的。比如动作技能，比较适合用程序分析；再比如智力技能，使用层级分析比较多。

教师在进行任务分析时，首先，要按照加涅的五种分类将教学目标中陈述的学生的学习结果进行分类，然后根据这个分类，分析不同类型知识学习的内部条件（学生自身的条件）和外部条件（学生自身以外的条件）。加涅认为，教学过程，就是根据学生期待的不同学习结果来安排合适的学习条件，创设一些人或物的环境，有效地协助学生进行学习，从而实现学生期待的学习结果。

其次，澄清终点（终点目标）和起点（起点能力）之间的差距，以便明确"教什么"（使能目标及教学活动）。

起点能力是指学生学习新技能之前原有的知识和技能的准备水平。根据布卢姆的掌握学习理论，学生只有达到学习目标的百分之八十五以上，才可以进入下一阶段的学习，因为学生接受新学习之前需要储备足够的知识和技能。因此，终点目标确定后，教师需要分析学生的起点能力。起点能力是学生习得新能力的先决条件，决定着教学的成效。研究表明，与智力相比，起点能力对新的学习的作用更大。为了确定学生的起点能力，教师可以利用学生的作业、小测验或课堂提问等方法，了解学生的原有基础，也可以在一个教学单元结束以后，对照单元教学目标进行单元测验。

然后，确定使能目标、支持条件的学习类型，确定教学方法。

在起点能力和终点目标之间，学生还有许多知识和技能尚未掌握，而掌握这些知识、技能又是达到终点目标的前提条件。介于起点能力和终点目标之间的教学目标被称为使能目标。在起点能力与终点目标之间，通常存在着很多的关系。有从下位知识到上位知识的关系，也有从上位知识到下位知识的关系，还有并列结合的关系。任务分析就是将这些关系厘清，阐明如何由学生起点能力到达终点目标。任务分析的过程则是从终点目标出发，一步步找到其使能目标，直至起点能力。

最后，根据学习起点、认知逻辑和任务难度，确定教学顺序。

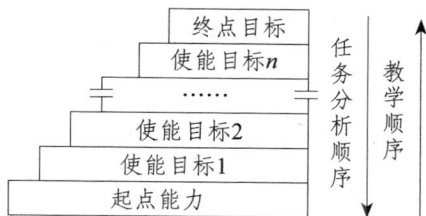

图3-1　教学任务分析示意图

如图所示，教学顺序是任务分析顺序的逆推，即从学生的起点能力，一步步到达终点目标。

第二节　任务分析的基本步骤

任务分析的基本步骤分为七步。这七个步骤，是这本小册子中最重要的部分。

第一步，确定终点目标。

第二步，分析终点目标的学习类型（加涅的五类学习结果）。

第三步，确定任务分析的具体方法（不同类型的学习，任务分析方法不同）。

第四步，确定学生的起点能力。

第五步，用选定的任务分析方法分析起点能力和终点目标之间的必要学习步骤（使能目标或先决条件、支持条件）。

第六步，明确使能目标的学习类型及学习条件。

第七步，排列各使能目标的完成顺序。

利用任务分析技术层层解剖教学目标，教师就掌握了一个清晰完整的认知图像，就有了选择合适的教学方式的依据和合理的教学顺序的依据，同时，也可以找出教学过程中容易忽视的步骤，避免所谓的"专家盲点"的影响。

举个例子，在"用体温计量体温"的教学

中，教学的终点目标是学生学会用体温计量体温。终点目标的学习类型是动作技能，因此确定任务分析的基本方法为程序分析。起点能力和终点目标之间的必要学习步骤为：第一步，找出体温计；第二步，看体温计上的温度是否在36℃以下，不是的话需要甩动体温计到36℃以下；第三步，分析决策放置体温计的位置；第四步，放置体温计到合适的位置；第五步，按照预定时间等待；第六步，到时间后取出；第七步，读数；第八步，判断是否发烧，这也是容易被忽略的很重要的一步。

第三节　任务分析的具体方法

一、层级分析

层级分析也叫先行条件分析，适用于智力技能类的学习任务。在层级分析中，教师或教学设计者需要从上到下地分解学习任务，分析到学生的起点能力为止，使学习的各个任务之间呈现出一种层级关系。

　　教学时，按照任务分析出的层级关系，从下到上地逐步推进教学。教学起点位于层级中与学生已学知识的相邻之处，层级越高的环节，越是教学的重点或难点。

【案例1】

层级任务分析在中学化学教学中的应用
——以"化学反应的表示"为例

授课教师：刘文英

　　"化学反应的表示"是鲁教版初中化学九年级上册第五单元第二节的内容。化学方程式不仅是本节的核心内容，也是本单元的核心内容。

教学目标：

　　1. 通过分析氢气在氧气中燃烧生成水这一反应的不同表示方法，了解用化学方程式表示化学变化的优点，理解为什么要用化学方程式表示化学变化，并能说出具体化学方程式所表示的意义。

　　2. 通过尝试性地书写过氧化氢分解反应的

化学方程式，掌握书写化学方程式应遵循的原则、书写步骤和配平方法。能够正确用化学方程式表示（读和写）代表性的、常见的、简单的化学反应。

3. 能从定量的角度进一步认识化学反应的实质，了解化学方程式中反应物和生成物之间的质量关系。

本节课的终点目标，属于加涅学习结果分类中的智力技能的学习，因此选择任务分析具体方法中的层级分析方法。

将终点目标进行层级任务分析，如图3-2所示：

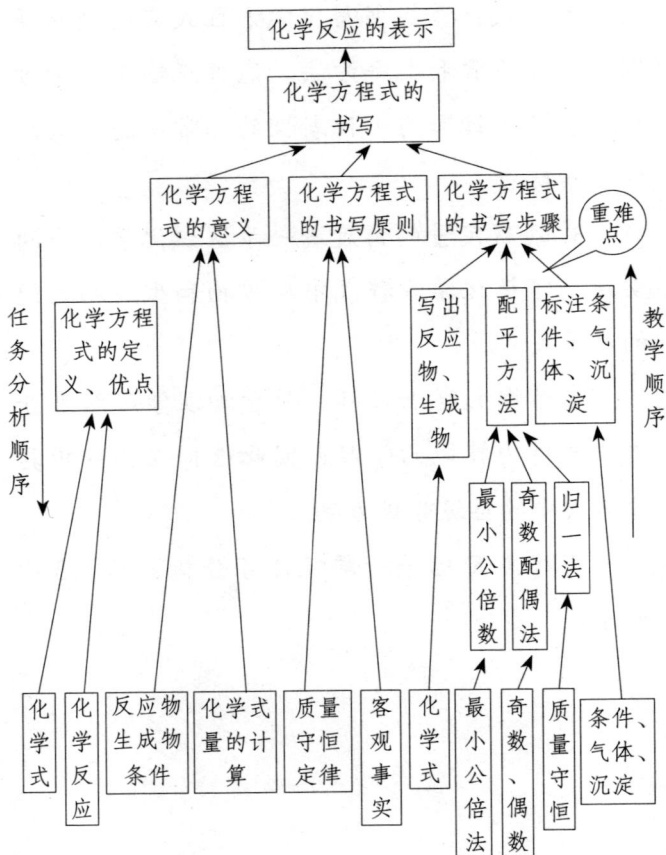

图3-2 "化学反应的表示"任务分析示意图

　　根据层级任务分析图示，可以找到学生的

起点能力，有"化学式""化学反应""化学式量的计算""质量守恒定律"等。并且能找到起点能力和终点目标之间的必要学习步骤，即使能目标，有"化学方程式的定义、优点"等。

　　教学内容的范围在图示中一目了然，从起点能力往上，一直到终点目标。教学的顺序和任务分析的顺序正好相反，教学的顺序，从学生的起点能力，到使能目标，最后到终点目标。本节课的教学顺序是："化学方程式的定义、优点"——"化学方程式的意义"——"化学方程式的书写原则"和"化学方程式的书写步骤"。在任务分析的图示中，分支越多的地方，一般需要花费的时间精力就越多，就是教学的重点或难点。本节课的教学重难点是"配平方法"。

　　"化学方程式的书写原则"是教学中容易忽略的步骤，若是上课中忽略了这个步骤，学生不能注意到化学方程式的书写要以客观事实为依据，就会自己"造"出很多不存在的化学反应来。通过任务分析，教师可以找出教学中这个容易被忽略的步骤，并在教学中加以注意。

【案例2】

层级任务分析在中学数学教学中的应用
——以"整式的加减——合并同类项"为例

授课教师：王道远

"整式的加减"是北师大版初中数学七年级上册第三章第四节，分合并同类项、去括号、整式的加减运算三个课时，下面是针对合并同类项这一课时的任务分析。

教学目标：

1. 学生理解多项式中同类项的概念，会识别同类项。

2. 学生掌握同类项的法则，能进行同类项的合并。

3. 熟练运用法则，进行同类项的合并。

本节课的终点目标，属于加涅学习结果分类中的智力技能的学习，因此选择任务分析具体方法中的层级分析方法。

将终点目标进行层级任务分析，如图3-3

所示：

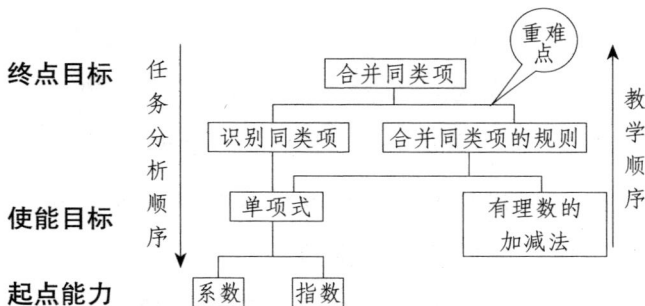

图3-3 "合并同类项"任务分析示意图

根据任务分析图示，可以清晰地看出，这节课学生的起点能力是"系数"和"指数"的概念，教学重难点是"合并同类项的规则"。

【案例3】

层级任务分析在中学道法教学中的应用
——以"模拟全国人大——我为学校的发展
出谋划策"为例

授课教师：刘斐

"模拟全国人大"是整合了人教版道德与

法治八年级下册第三单元"人民当家作主"的内容后的项目式教学。教师设计出"模拟全国人大——我为学校的发展出谋划策"项目，引导学生在完成一系列任务的过程中，走进人大、模拟人大，认识我国现阶段根本政治制度，体验公民参与民主活动的方式，提升民主参与的意识和能力，自觉认同我国的根本政治制度。

教学目标：

1. 通过创设"模拟全国人大项目"这一真实情境，让学生在"选代表""写提案""开大会""共评议"四个任务中，体验我国的根本政治制度，认同人民代表大会制度，增强宪法意识，学会依法办事。

2. 通过合作探究的学习方式，引导学生了解人民代表大会制度的基本内容，认识民主集中制的组织活动形式；通过撰写提案，提交提案、共同评议等活动，提高学生民主参与的意识与能力，不断增强学生的主人翁意识。

3. 项目的设计不能脱离基础知识。本项目需要教师引导学生了解我国的根本政治制度、民主集中制等相关知识点，在此基础之上，引导学生体验、认同我国的人民代表大会制度。

4. 通过选代表、写提案、共评议，引导学生提升民主参与的意识和能力，认同我国的根本政治制度，坚定制度自信；通过召开学生代表大会，解决学校发展过程中面临的实际问题，为学校的发展贡献一份力量。

本节课的终点目标，属于加涅学习结果分类中的认知策略的学习，因此选择任务分析具体方法中的层级分析方法。

将终点目标进行层级任务分析，如图3-4所示：

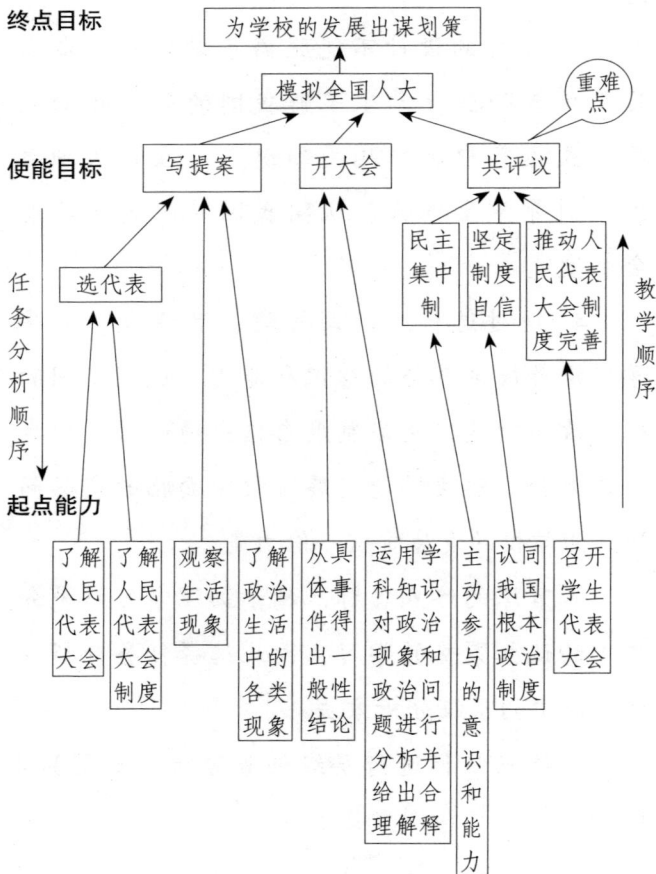

图3-4 "模拟全国人大——我为学校的发展出谋划策"
任务分析示意图

根据层级任务分析图示，可以找到学生的起点能力，有"了解人民代表大会""了解人民代表大会制度""观察生活现象""了解政治生活中的各类现象"等。

教学内容的范围在图示中一目了然，从起点能力往上，一直到终点目标。教学的顺序和任务分析的顺序正好相反，教学的顺序，从学生的起点能力，到使能目标，最后到终点目标。本项目实施的顺序是："选代表"——"写提案"——"开大会"——"共评议"。

在任务分析的图示中，分支越多的地方，一般需要花费的时间精力就越多，就是教学的重点或难点。本项目的教学重难点是"共评议"。

二、程序性任务分析

程序性任务分析就是把学生必须经历的心理或行为步骤分解开来，以便任务能够顺利完成。程序性任务分析适用于具有先后顺序的程序性技能。通常可以使用一个流程图来表示。

【案例1】

程序性任务分析在美术教学中的应用
——以"静物画有声"为例

授课教师：王庆刚

"静物画有声"为湘美版初中美术八年级上学期第五课。本课的终点目标为"绘制出一幅具有主题立意的色彩静物画作品"，学生的起点能力为"能够在一幅静物画作品中，观察出画面中的物像及其比例关系，分析出画家的立意构思点"。

从学生的起点能力到终点目标的达成，初学者必须遵循一定的程序性步骤，现分析如下：

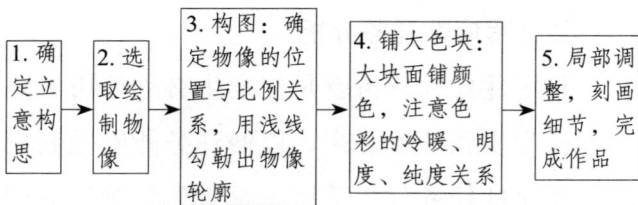

图3-5　"静物画有声"任务分析示意图

以上五个程序性步骤有着明确的前后关系，每一步都是在前面一步的基础之上进行的，如果倒置或是缺失很有可能导致终点目标"绘制出一幅具有主题立意的色彩静物画作品"不能完成。如缺失了第三步"构图"，第四步"铺大色块"就无从谈起。

【案例2】

程序性任务分析在中学化学教学中的应用
——以"pH试纸测pH的方法"为例
授课教师：刘文英

鲁教版初中化学九年级下册第七单元第三节中的一个内容为"pH试纸测pH的方法"。

检测溶液的pH，常用pH试纸。pH试纸的使用方法为：在干燥洁净的玻璃片上放一片pH试纸，用干燥洁净的玻璃棒蘸取待测溶液滴到pH试纸上，立即将试纸显示的颜色与pH标准比色卡对照，读出对应的pH。

1. 分析终点目标是学会用pH试纸测pH的方法。

2. 终点目标的学习类型是动作技能学习。

3. 根据动作技能学习类型，所以选用程序分析方法进行任务分析。

4. 学生的起点能力是学生已知pH的定义以及掌握了基本实验操作技能。

5. 起点能力和终点目标之间的必要学习步骤：

① 准备好实验仪器。pH试纸、干燥洁净的玻璃棒、干燥洁净的玻璃片等。

② 在干燥洁净的玻璃片上放一片pH试纸。

③ 用干燥洁净的玻璃棒蘸取待测溶液，滴到pH试纸上。

④ 立即将试纸显示的颜色与pH标准比色卡对照。

⑤ 读出对应的pH。

三、聚类分析

聚类分析适用于分析那些没有逻辑顺序的

言语技能。在实施聚类分析之前，教学设计者必须考虑达成终点目标是否需要按照某种逻辑顺序来进行。聚类分析比较适用于人文社会科学的学习任务。态度目标的学习也可以使用聚类分析。

聚类分析的一般步骤是，首先找出主要概念；其次，确定知识是如何组织的（如部分、种类、等级）；然后，依次找出一级标题、二级标题等。总之，尽量找出与所教授的内容相关的知识。

【案例1】

聚类分析在初中化学教学中的应用
——以"酸的化学性质"教学为例

授课教师：刘文英

鲁教版初中化学九年级下册第七单元第一节是"酸及其性质"，其中，酸的化学性质有五条：

1. 能使紫色石蕊试液变红；

2. 能与某些金属氧化物反应，生成盐和水；

3. 能与某些金属反应，生成盐和氢气；

4. 能与部分盐反应，生成新的酸和新的盐；

5. 能与碱反应，生成盐和水。

这五条酸的化学性质，没有明显的逻辑顺序，此时用到的就是聚类分析。教师可以按照教材上的顺序进行教学，也可以按照学生在课堂生成的问题或者按照学生感兴趣的性质顺序进行教学等。

四、各学科补充案例

【案例1】

层级任务分析在中学英语教学中的应用
——以人教版初中英语七年级上册第二单元
*This is my sister.*为例

授课教师：周国清

一、学习类型分析

教学目标：

1. 学生能够正确朗读和拼写家庭成员的称谓。

2. 学生能运用特殊疑问句来询问家人的称谓。

3. 学生能翻译有关介绍家庭成员的对话，并运用对话中的句子介绍家人。

根据加涅的学习结果分类理论，该课教学目标相应的学习结果类型如下：

1. 言语信息：用语言询问家人的称谓，介绍家人。

2. 智慧技能：运用概念和规则，即根据对话规则，介绍家人。

3. 动作技能：运用概念和规则协调口腔、气管、手指、手腕等身体器官的肌肉活动。

将教学目标归入一定类型的学习结果之后，教师还必须进一步明确哪一类学习结果居于课文学习的核心地位。加涅认为，在五类学习结果中，智慧技能在学校学习中占核心地位。这里所说的技能即听、说、读、写的智慧技能。英语学习以智慧技能为主，教师在设计教学内容时，要紧紧围绕和有效突出这个核心。

二、起点能力分析

对于该课时，要把学习内容确定为分析有关家庭成员的对话规则、语法规则等高级规则。

三、学习条件分析

1. 言语信息：教师示范介绍自己和家人的语言，学生模仿。

2. 智慧技能：教师组织听力训练、对话示范、对话编排等活动，引导学生学习对话规则。

3. 动作技能：教师在学生已有知识的基础上，引领学生认识各个国家的人们初次见面时的肢体语言，引导学生熟练、自然、得体地运用肢体语言。

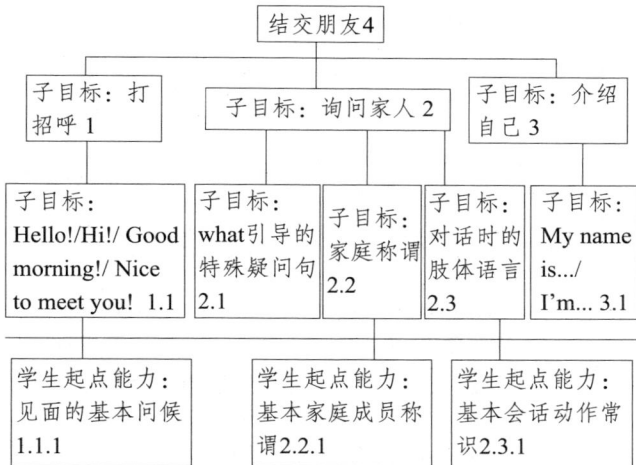

图3-6 "结交朋友"任务分析示意图

【案例2】

I'd like some noodles. Section B

授课教师：周国清

本课为人教版初中英语七年级下册Unit10 *I'd like some noodles*. Section B。鉴于听力部分与阅读部分的内容息息相关，且文章难点较少，本课时尝试将Section B的听说课型与阅读课型结合成一个课时。本课时的教学紧紧围绕课标对听力和阅读的要求设计了两项任务：学会点餐和了解英语国家的生日饮食习惯。

由图3-7可以看出，本课时的教学重点和难点为理解文本内容。

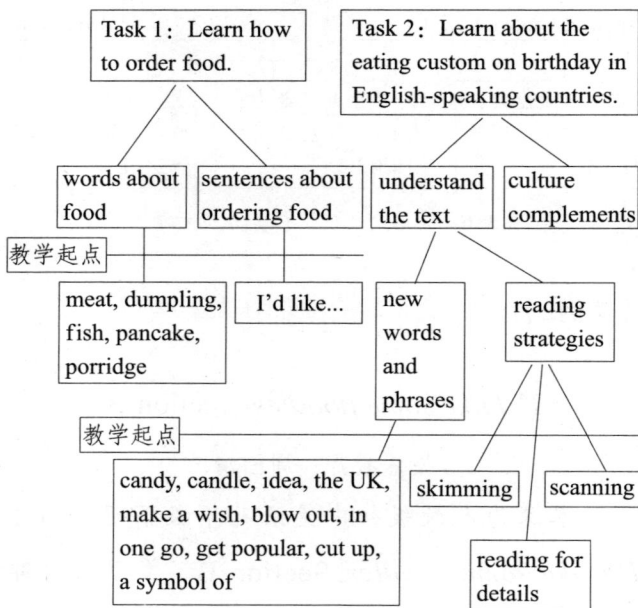

图3-7 *I'd like some noodles*. Section B
任务分析示意图

【案例3】

层级任务分析在中学物理教学中的应用

授课教师：梁坤

沪科版初中物理九年级第十五章第三节 "'伏安法'测电阻"是一节基于欧姆定律的应用的实验探究课。这节课的终点目标从加涅的学习结果分类来看，属于动作技能目标，适合采用层级任务分析的方法对其进行分析。

教学目标：

1. 会用"伏安法"测出某段导体的电阻。

2. 会分析和处理测量的数据。

3. 任务分析如图3-8所示。

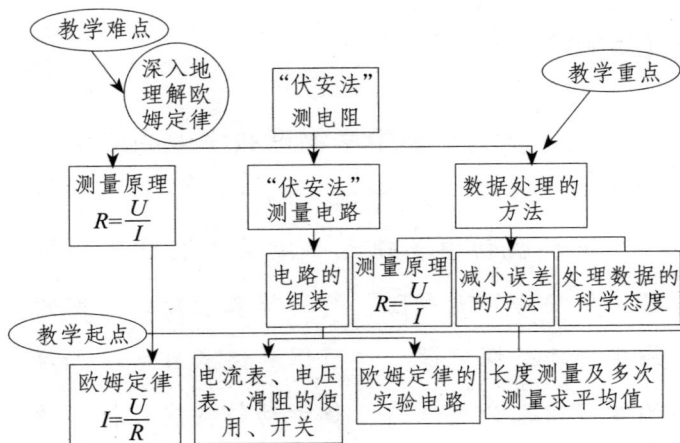

图3-8 "'伏安法'测电阻"任务分析示意图

由任务分析可知，必要性条件：达成终
点目标的使能目标有三个，分别是"测量原理
$R=\dfrac{U}{I}$""'伏安法'测量电路""数据处理的
方法"。起点能力有"欧姆定律$I=\dfrac{U}{R}$""欧姆定
律的实验电路"等。支持性条件：达成终点目
标所需要的支持性条件有两个，第一，言语的
理解与表达能力，主要表现为对欧姆定律"某
段导体的电流和电压成正比，电流和电阻成反
比"中"某段导体"的理解。言语理解与表达
能力越强，越容易理解定律所涉及的物理量的对

应性。第二，实验操作技能和规范，在测量过程中对实验的顺利进行起着重要的作用。虽然电路元件未必会因此损坏，但是对学生实验能力的培养至关重要，应该引起教师重视。

从任务分析的层级中不难看出，学生要达成使能目标"数据处理的方法"，需要的起点能力较多，综合性较高，这里被确定为教学重点。而使能目标"测量原理$R=\dfrac{U}{I}$"是欧姆定律的变形，学生不容易建立起前后知识的联系，这里被确定为教学的难点。

【案例4】

层级任务分析在中学数学教学中的应用 ——以"绝对值"为例

授课教师：刘璇

"绝对值"是北师大版初中数学七年级上册课本内容。

教学目标：

1. 学生了解绝对值的表示法，会计算有理数的绝对值。

2. 能利用数形结合思想来理解绝对值的几何定义，理解绝对值非负的意义。

3. 能利用分类讨论思想来理解绝对值的代数定义。

本节课的终点目标，属于加涅学习结果分类中的认知策略的学习，因此选择任务分析具体方法中的层级分析方法。

将终点目标进行层级任务分析，如图3-9所示。

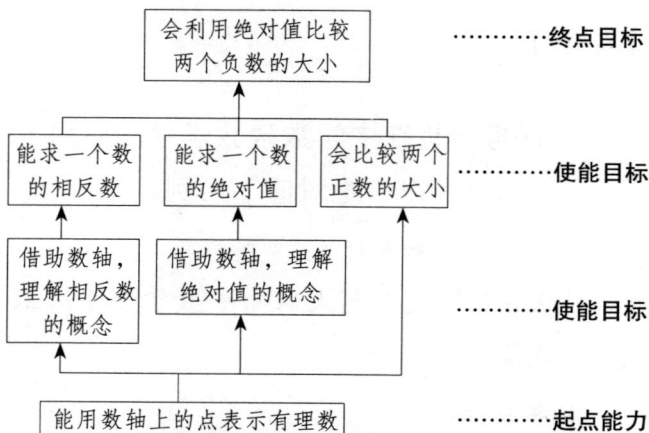

图3-9 "绝对值"任务分析示意图

根据层级任务分析图示，可以找到学生的起点能力，是"能用数轴上的点表示有理数"，并且能找到起点能力和终点目标之间的必要学习步骤，即使能目标，有"能求一个数的相反数""能求一个数的绝对值""会比较两个正数的大小"，等等。教学内容的范围在图示中一目了然，从起点能力往上，到终点目标。教学的顺序和任务分析的顺序正好相反，教学的顺序是从学生的起点能力，到使能目标，最后到终点目标。

【案例5】

层级任务分析在中学历史教学中的应用
——以"秦统一中国"为例

授课教师：乔凯

教学目标：

知道秦始皇和秦统一中国，了解秦代的中央集权制度和统一措施对中国历史发展的影响。

任务分析如图3-10所示。

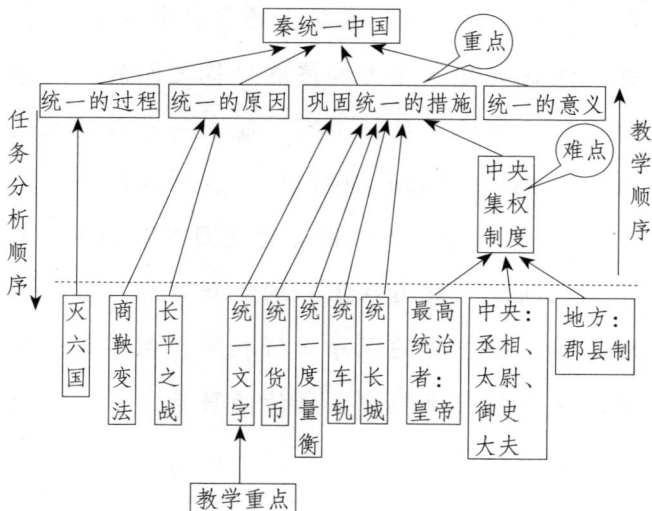

图3-10　"秦统一中国"任务分析示意图

由任务分析可知，必要性条件为实现终点目标的使能目标，分别是"统一的过程""统一的原因""巩固统一的措施""统一的意义"。达成终点目标所需要的支持性条件有两个：第一个是概念理解能力，主要表现为对"中央集权制度"具体内涵的理解。概念理解力越强，越容易理解秦统一中国的意义和秦朝制度的开创性。第二个是史料分析能力，在对巩固统一的措施的分析过程中会利用大量典型史料，这对学生史料实证素养的培养至关重要，应该引起教师重视。

从任务分析的层级中不难看出，学生要达成使能目标"巩固统一的措施"，需要的起点能力较多，涵盖措施较多，是本课的核心，这里被确定为教学重点。而使能目标"中央集权制度"，由于是新出现的概念，学生不容易理解，这里被确定为教学的难点。

教学方法的选择：

基于任务分析，达成本课教学目标可通过阅读史料和识读《秦朝形势图》《秦朝政治建制示意图》《统一汉字》《统一货币》等图片材料，分析秦巩固统一的措施，在此过程中逐步掌握搜集与利用历史信息的方法。

本课用丰富的图片和符合学生认知水平的史料呈现鲜活的历史，符合学生认知的学习方式，有助于他们积极参与探究学习。

　　任务分析是教学设计的重要环节，是一门比较复杂的教学设计技术，需要有坚实的理论基础。任务分析可以促进教学设计科学化，提升教师的专业化水平。

本书系山东省教育科学"十三五"规划重点资助课题
"基于核心素养的十二年一贯制课程建设与实施行动研究"
（课题批准号：222019075）的研究成果之一

基于学习科学的有效教学

4

基于学习过程的教学设计

主编：赵 勇 庞维国

本册编写人员：郭 寅 刘 斐 孙永丽

◀◀◀◀

山东教育出版社

·济 南·

前言

所有的教育者都要学习处理好"教"与"学"的关系。这一点很多教育家都有着振聋发聩的教育观点。我国教育家陶行知先生对于"教"与"学"的关系进行了三十余年的研究和实践，他提出"教学做合一"的方法论，指出"教""学""做"是一件事，并凸显了"做"的中心地位。正如他所言："事怎样做就怎样学，怎样学就怎样教；教的法子要根据学的法子，学的法子要根据做的法子。"这句话直到今天仍然符合当下的教育需求，能够解决教师在实践中产生的问题和困惑——如何克服重"教"太过。"我以为好的先生不是教书，不是教学生，乃是教学生学。"

例如人教版初中地理七年级上册第一章第一节"地球和地球仪"里有令学生感到不好理解的内容。很多学生直到毕业，也搞不明白经线纬线的划分和经纬网的定位问题。这是因为大多数教师是通过各种方法努力教学生认识经纬线的特征、划分以及判读等，很多学生因为内容的抽象及枯燥而失去了学习的兴趣。山东大学附属中学的地理组老师让孩子们选择自己喜欢的校园主题，借助手机和其他定位工具，进行数据的收集和整理。在收集和整理数据的过程中，孩子们自然而然地发现经线和纬线变化的规律，从而进行思考，自主学习经线和纬线的内容，并形成地球表面最精确的定位方式是经纬网定位这一观念，从而攻克这个难点。

所以说教育目标决定了学习内容，学习内容决定了学习方式，而学习方式则决定了教师选择哪种教学方式，从而展开相关的教学设计。这就是"以学定教"的教育思想。我们希望能提供相关的认知科学理论和信息加工模型，提高教师对教育科学的理解和运用能力。比如了解和区分主要的学习方式；正确认识不同学习方式的可变性；明确学习方式有"质的优劣""量的多少""形式是否适当"之分。

作为教育技术学的两大研究对象之一，关于人的学习过程的研究一直以来都是一个充满争议且值得探讨的问题。信息加工理论认为学习本质上是一个信息加工的过程，这就为人们认识自身的学习活动提供了一种解释。目前该理论与认知心理学几乎已成同义语，并成为研究人类学习机制的一种重要方法。本册重点介绍了学习过程模型的典范——加涅的信息加工模型以及库珀的经验学习理论下的体验式学习循环模型。目的是让教育者们从科学理论的角度学习如何关注学生的学习过程，理解"以学定教"是教育本质的必然要求。

与传统教学"强调知识传授"的取向相比，"以学定教"是对"以教定学"的一次教育观念的革命，对教师提出了更大的挑战。在我国教学领域和德育领域要想真正形成"以学定教"的教育风气，教育者还有相当长的路要走。鉴于此，我们编写了本册的内容，以期能够对广大教师的教学设计有所帮助。

目录

第一章　学习有多种方式

　　这是一节由山东山大实验学校提供的跨学科案例"联动的世界之丝银贸易"。

　　首先由历史老师提供一段有关马尼拉大帆船贸易的文字材料，用生动而有感染力的语言激发学生的学习兴趣，让学生思考是什么力量促使马尼拉帆船贸易航线的形成以及航线的形成对世界和中国产生了哪些影响。学生的学习积极性被调动起来，从而根据教师提供的大量史料进行主动的学习和思考。学生分析环太平洋地区在16世纪的变化以及当时的中国贸易政策的变化，得出结论：这一航线的出现是有其特殊历史背景的。紧接着，地理老师又提供了这样的一幅动图：马尼拉与墨西哥的阿卡普尔科港距离2万多千米，在科学技术极不发达的16世纪，这条航线只用40至60天就可以实现从马尼拉到阿卡普尔科港，从而再一次启发学生思考使这一航线出现的推动力量。于是学生的思维打开了，开始从地理的角度去认识这个问题，有效地激发了学生探究的热情。学生通过翻阅课本与调用以前学过的知识和相关材料，进行自主学习和探究，完成太平洋洋流路线图，并通过小组合作进行大胆构想，模拟这条航线的具体位置，实现对洋流流动的原因和结果的认知。在这些学习的基础上，学生很自然地联想到马尼拉帆船贸易对世界以及中国的影响，从而深刻理解了"一带一路"的历史意义和现实价值。

让我们来看看这个教学过程。在这样一节历史、地理、道德与法治的融合课里，学生们通过看视频、读史料，分析文字、图表、数字等资料，结合所学的知识进行主动学习、探究学习。同时通过小组合作学习来发现规律、提升认知。当然，教师的启发和点拨也是学生进行有意义学习的触动力量之一。学生运用不同学科的知识达成对一个社会问题的深入理解，培养了家国情怀以及科学精神。

从这个教学案例里我们能发现哪几种学习方式？如何区别和定义学习方式呢？不同的学习方式有优劣之分吗？

学习方式泛指学习者在各种学习情境中所采取的具有不同动机取向、心智加工水平和学习效果的学习方法和形式。它包含三层含义：第一，学习方法有"质的优劣"和"量的多少"之分。例如，单纯记忆某道数学题的解法，就不如理解并练习这道题的解法效果好。学习形式有"是否适当"之分。发现学习与接受学习本身没有"优劣"之分，但是就概念学习来说，具体概念更适合采取发现的方式来学习，定义性概念更适合采取接受的方式来学习。第二，学习方式具有情境依赖性。学习方式不属于相对稳定的个性特征的范畴，它可以根据情境要求而改变。无论在课堂学习情境中，还是在课外学习条件下，教师和学生都可以根据学习的目标和要求、学习材料的属性、可用的学习媒体，灵活地调整、变换学习方式，以取得最佳的学习效果。第三，评判学习方式的主要依据是学习者的动机取向、心智加工水平和学习效果。例如，如果学生的学习漫无目的，或者单纯以应付考试为目的、以机械背诵作为主要学习方式，这种学习方式就"不当"或"不佳"，就要考虑改变。

第一节　接受学习与发现（探究）学习

学习方式按照学习者获得知识的途径可分为接受学习与发现（探究）学习。

一、接受学习

接受学习是一种传统的学校教育所采用的学习方式，它指的是教师通过语言和示范操作使学生接受和掌握系统的知识与技能的教学。

接受学习的特点：学习的主要内容由教材或教师以定论的方式呈现，学习者不需要发现，只需要接受或理解；教学活动上，主要依靠教师来组织进行，学生在教师系统的、有计划的启发引导下积极地学习；教学方法上，以教师系统讲授、演示和学生练习为主，其他方法都被选用来配合讲授与练习；教学过程上，从学习教材上的书本知识出发，理解是教学的中心一环，然后教师引导学生将所学的知识进行巩固和运用，从而使书本知识转化为学生的智能和精神财富。

让我们来看看山东大学附属中学物理教师设计的关于"伏安法"测电阻的教学片段。

老师依次提问一组问题：影响电阻大小的因素有哪些？利用这些影响因素能否计算出电

阻的大小？测量电阻的物理原理是什么？测量需要哪些物理量及测量仪器？整节课就在教师的提问组织下一步一步有计划地进行着。学生在教师的引导和启发下，积极思考和练习，学习教材的相关内容。然后教师带领学生设计并绘制电路图，将所学知识进行运用和巩固，从而达到本节课的教学目标。

从以上案例片段中我们不难看出，运用接受学习进行教学设计需要找准学生的学习起点，激活学生的相关背景知识，还要精讲、细讲、讲到"点子"上，这样才能有效地开展教学。

二、发现（探究）学习

发现学习这一概念由杰罗姆·西摩·布鲁纳于20世纪50年代末提出，指要学习的内容不以定论的形式存在，而只存在有关线索或例证，学习者必须经历一个发现过程，自己得出结论或找到答案。

发现学习的特征是，学习的主要内容不是由教材或教师以定论的方式呈现给学习者，而是必须由学习者自己发现，并且使发现的内容成为学习者原有认知结构的一部分。具体地说，发现学习是先由教材或教师创设情境，使学生在这种情境中产生矛盾，从而主动、积极地思考并提出要解决的问题和设想，然后通过分析、运算和操作等过程对学习对象进行加工、改组，最后自行发现原理、原则，达到提高能力、培养创造精神以及掌握知识的目的。

让我们来看看教师在讲授济南版初中生物八年级上册第四章第二节"性状的遗传"时的教学片段。

教师提出问题：父母亲都是双眼皮，子女中会出现单眼皮吗？如果出现了单眼皮属于什么性状呢？学生会根据之前学过的遗传图解进行拆解观察和分析。

用A表示双眼皮基因，a表示单眼皮基因。

亲代的性状表现： 双眼皮×双眼皮

亲代的基因组成： Aa × Aa

生殖细胞的基因组成：A a A a

受精卵的基因组成： AA Aa Aa aa

子代的性状表现：双眼皮 单眼皮—— 无中生有

子代的性状比例： 3 ： 1

有

学生观察之后会得出结论，进而会深入思考当父母双亲的基因组成都是一显一隐时，他们子代的基因组成会怎样，从而发现子代的基因组成会有三种：双显或双隐各一个，一显一隐两个。性状表现有两种：显性性状和隐性性状。显性性状：隐性性状=3：1。

此规律也可以递推。

第二节 机械学习与有意义学习

学习方式按照学习者是否理解所学材料的意义可分为机械学习与有意义学习。戴维·保罗·奥苏贝尔于20世纪60年代提出此分类。

一、机械学习

如果学习者无法把新学习的内容与认知结构中的已有知识建立实质性的联系，其学习就是机械的。学生并未理解由符号所代表的知识，仅仅记住某些符号的词句或组合。例如，儿童能熟练地背出一首首古诗，但未必能知道每句诗的意思，这就是机械学习。再比如，我们机械地记忆和背诵英语单词。

我们来看看下面这个案例片段。

关于圆周率的记忆，学生们无法将圆周率的那些数字跟认知结构中的已有知识建立实质性的联系。因此教师就开动脑筋想了很多办法，其中之一就是利用谐音加以标注，人为地赋予其一定的含义，以帮助学生理解和背诵。

"山巅一寺一壶酒（3.14159），尔乐苦煞吾（26535），把酒吃（897），酒杀尔（932），杀不死（384），乐尔乐（626）。"

由此来看，机械学习有两种情况：一是所

学材料有意义，但学习者无法理解，比如让幼
儿学习哲学；二是所学材料本身没有意义，比
如记电话号码、历史年代等。但有时学习者也
可以赋予这些无意义的材料以一定的含义，以
方便理解和学习。

二、有意义学习

有意义学习是指通过理解所学材料的意义
来进行学习，理解是这种学习的前提条件。学
习时如果能够理解所学材料的意义，学习效果
最好，其次是在学习过程中逐渐理解。实验证
明，理解所学材料的意义是取得最佳学习效果
的最主要的因素。

有意义学习的实质在于把符号（语言文字
及其符号）所代表的新知识与学习者认识结构
中已有的适当观念，建立起非人为性的和实质
性的联系。这种联系既受学习者原有知识背景
的影响，也受学习材料性质的制约。适当观念
可以是已有表象、有意义的符号、概念或命题
等。其中非人为性和实质性是两个关键词，是

区别有意义学习和机械学习的标志。非人为性指新观念与学习者认知结构中的适当观念要建立合乎逻辑的联系，而不是任意的联系。实质性指新观念与学习者认知结构中的适当观念建立的联系，是用不同形式的等值语言表述同一概念，其心理意义（理解）不变。

让我们一起来看看这个教学片段。

在初中英语教学中，为了激发学生的学习兴趣，山东大学附属中学的英语教师设计了英语美食节的活动来激发学生的成就动机。学生自己动手制作美食并在校园里进行售卖，全程需要用英语介绍原料、做法或食物的特色，学生要运用该单元有关食物的众多词汇准确地表达自己的意思，才能顺利达成交易。在这样的活动设计中，学生有了任务驱动，从而积极主动地在解决问题的过程中掌握了相关的语言表达，实现了既定的教学目标。

有意义学习是一种以思维为核心的理解性学习，其特点是学生全身心地投入，包括身与心、认知与情感、逻辑思维与直觉等，都和谐统一起来。

第三节　被动学习与主动（自主）学习

学习方式按照学习者的自主性可分为被动学习与主动（自主）学习。

一、被动学习

学习根据学习者的自主性有被动和主动之分，有"要我学"和"我要学"之别。被动学习是指在外界的各种压力和要求下被动地从事学习活动，或需要外界来管理的学习活动。被动学习表面上也在"积极"学习，但这种"积极"不是自愿的，而是外在压力促成的。这一类学习存在的问题是缺乏内在学习动机，没有熟练应用学习方法，最糟糕的情况是使学习者失去学习兴趣。

辅导过孩子的家长都知道，刚刚步入小学的孩子都觉得拼音不好学。原因是什么呢？主要是拼音数量多，拼读规则复杂，而且拼音本身没有任何意义，不好识记。尤其是有的声母或韵母过于相似，孩子一时分不清楚。小学一年级拼音的学习对孩子来说就是被动学习，拼读规律对一年级学生来说是有难度的，拼音书写对孩子来说是缺乏内在学习动机的，这样的被动学习一定要多鼓励孩子，别让孩子失去兴趣。

二、主动（自主）学习

我们主张从学习的维度和过程两个角度来定义自主学习。从学习的维度来看，学生本人对学习的各个方面都能自觉地做出选择和控制，其学习就是充分自主的。具体来说，学生有自我驱动的学习动机，有自己选择的学习内容，有自主调节的学习策略，有自我计划和管理的学习时间，能主动营造有利于学习的条件，并且能对学习结果有自我评价。从学习过程来看，如果学生在学习活动之前自己能够确定学习目标、制订学习计划、做好具体的学习准备，在学习活动中能够对学习进展、学习方法做出自我监控、自我反馈和自我调节，在学习活动后能够对学习结果进行自我检查、自我总结、自我评价和自我补救，那么他的学习就是自主的。[①]基于以上理解，我们认为主动学习一般是指个体自觉确定学习目标、制订学习计划、选择学习方法、监控学习过程、评价学习结果的过程或能力。

在疫情期间，山东大学附属中学八年级的道德与法治教学尝试了线上教学方式，也转变了学生的学习方式。结合维护公平正义这一课的内容，赵晓艺老师设计了一节影视赏析课。赵老师选择能够反映法治现实问题和公平正义精神的电影《十二公民》，指导学生观影并让学生进行自主探究。老师结合课程内容，以电影情节为主线，设置一系列问题引导和启发学生，组织学生开展探索活动，在探究问题的过程中让学生主动提出问题并协同学生解决问题。学生在深入分析与思考之后，通过自己的

---

① 庞维国：《论学生的自主学习》，《华东师范大学学报（教育科学版）》2001年第2期。

心得体会来对维护公平正义的相关内容进行梳
理和总结。影视赏析课，学生通过自主观影，
主动思考电影背后反映出的问题，深入思考生
活中存在的现实问题，拷问"何为公平，何为
正义"。学生在看清问题之后，再由此生发到法
治层面主动践行，维护公平，捍卫正义。

第四节 间接学习与体验式学习

学习方式按照学习者是否亲身经历可分为
间接学习与体验式学习。

一、间接学习

间接学习是指学习者通过书籍、资料、言
语等间接性获取知识的方式，是学习他人的认
知成果，即人类在长期认识过程中积累并整理
而成的已经被构建完成的知识内容，而非经历
自身亲身实践和体验来展开学习过程的一种学
习方式。学生的学习离不开亲身经历的体验式
学习，但也不能只关注学生直接经验的简单积
累，也要重视直接经验所指向的间接学习。

以鲁教版初中化学九年级上册第四单元第三节"氧气"为例，这一课是讲解氧化物和氧化反应。由两种元素组成的化合物，如果其中一种元素是氧，这样的化合物就叫氧化物。氧气是一种化学性质比较活泼的气体，许多物质都可以与氧气发生化学反应，这类反应属于氧化反应。这里两个概念的学习都不是学生的亲身实践，是人类已经构建完成的知识内容，学生根据化学老师的讲解，辨别物质种类中的氧化物，并区分氧化反应与其他反应类型，因此都是间接学习。

二、体验式学习

体验式学习是指基于直接经验、经由反思和理论抽象而进行的学习。[①]体验式学习的内涵会应学习的时代要求而变化：当学校教育过于强调间接知识学习时，其内涵聚焦在直接经验方面；当学习集中在认知方面时，其内涵中

① 庞维国：《论学习方式》，《课程·教材·教法》2010年第5期。

突出情意体验；当单一学习方式效果不佳时，它强调学习的综合性；当学习去情境化时，它强调以真实情境为基础在社会互动中学习。有时它被视为与学术学习对立，有时则被视为学术学习的补充，有时又被视为学术学习的基本方式。但无论其内涵如何演变，都有一个不变的定义特征：以直接经验和反思为基础进行学习。体验式学习根据学习目标的不同大致呈现三种基本形态：认知体验式学习、情感体验式学习和行为体验式学习。

在鲁教版初中化学九年级下册第七单元第三节"溶液的酸碱性"的教学中，教师指导学生进行自制酸碱指示剂实验：

① 取植物的花瓣或果实（如紫罗兰花、牵牛花、月季花、紫卷心菜或紫萝卜等），分别在容器中捣碎，置于瓶内，加入少量白酒（或少量水）搅拌均匀，封住瓶口，浸泡。

② 用纱布将浸泡出的汁液挤出，即得到不同颜色的酸碱指示剂。

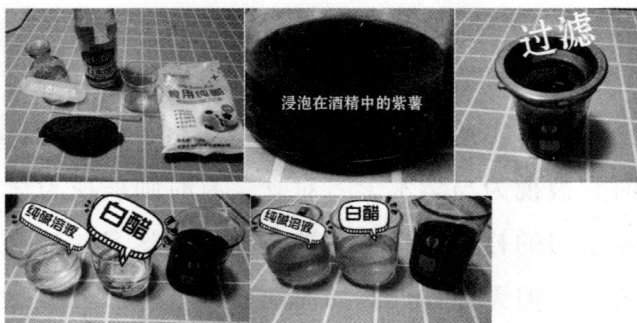

图1-1　自制酸碱指示剂

③ 实验自制酸碱指示剂在白醋、肥皂水（或你感兴趣的其他物质）中的颜色变化情况。

学生动手做酸碱指示剂实验就是行为体验式学习。学生根据实验要求，基于课上的化学知识基础准备实验材料，自制酸碱指示剂，用自制酸碱指示剂来检验溶液的酸碱性。学校教育中的体验式学习首先是直接经验的构筑，其次是对直接经验的转换，这样的实验就既有对直接经验的构筑，也有对直接经验的转换。

第五节　独立学习与合作学习

学习方式按照学习是否具有社会性可分为

独立学习与合作学习。这两种学习方式的划分依据是学习过程中是否存在学习者之间的协作，也就是学习是否具有社会性。合作学习是指在教学中运用小组，使学生共同开展学习活动，以最大限度地促进他们自己以及他人学习的一种学习方式；独立学习则是指个体独自进行的学习，即个别化的学习。

一、独立学习

独立学习是与合作学习相对应的一种学习方式，它是指在教师稍加指导或者不指导的情况下，学生按自己的计划进行学习的各种学习形式的总称，其内涵并无统一界定。广义包括普通高等教育中的个别化教学、成人高等教育中的远距离教学（函授、广播电视、开放大学、自学考试等）。特点是学生主要依靠各种资源（书面及视听材料等）或通过各种实践活动（实验、实习、研究等）进行学习，教师通常只帮助制订计划，做有关学习的简介和对学习结果进行考核，有时可进行一定的答疑。虽然独立学习在传统教育序列里不占据主要地位，但在我国目前的教育教学环境中，有些环节是离不开独立学习的。例如，学生去图书馆阅读学习就属于独立学习的范畴。

例如，在北师大版初中数学九年级上册第六章"反比例函数"的复习课中，首先由学生总结本章的知识。下图这份总结不仅有本章的知识，还列举了几种本章常见的题型。在此基础上，教师再引导学生展开对题目的深度研究和变式训练。

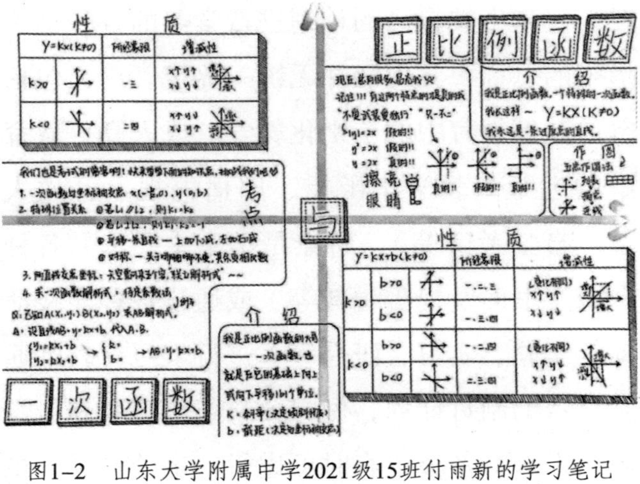

图1-2　山东大学附属中学2021级15班付雨新的学习笔记

需要说明的是，独立学习不等于独立思考。独立思考是所有学习形态里都需要具备的环节和前提，独立学习是学习者主导学习流程和学习内容的各种学习形态的总称。

二、合作学习

合作学习是指在教学中运用小组，使学生共同开展学习活动，以最大限度地促进他们自己以及他人的学习的一种学习方式。[①]合作学习是有明确的责任分工的互助性学习，合作学习鼓励学生为集体的利益和个人的利益而一起工作，在完成共同任务的过程中实现自己的理想。合作学习是一种结构化的、系统的学习策略，由2至6名能力各异的学生组成一个小组，以合作和互助的方式开展学习活动，共同完成小组学习目标，在提升每个人的学习水平的前提下，提高整体成绩，获取小组奖励。

在人教版初中历史七年级上册第十八课

---

① 庞维国：《论学习方式》，《课程·教材·教法》2010年第5期。

"东晋南朝时期江南地区的开发"一节中，山东大学附属中学的史泽华老师设计了这样一个环节，我们选取其中的一部分予以介绍。

首先让学生进入学习情境：同学们"穿越"回东晋南朝时期，去江南地区进行经济发展的考察。学生小组合作探究，完成资料分类，并填写考察报告的第一个任务，了解该地区的经济发展状况。

图1-3　东晋南朝时期江南经济发展

材料一：学习资料包

表1-1 东晋南朝时期江南地区经济发展状况

选取证明材料	所属行业	行业发展表现
		耕地增加，生产技术进步，多种经营
		缫丝、织布、制瓷、冶铸、造船、造纸、制盐等方面都有显著的发展
		建康是当时的大都市
结论		

材料二：考察报告

学生展示讨论结果。预设答案：①⑥⑦体现了农业的发展情况；②④⑧体现了手工业的发展；③⑤体现了商业的发展情况。最后学生得出结论：江南地区得到开发。

由此我们可以发现，合作学习的本质特征具备两点：一是积极的相互依赖；二是个体的可依赖性。我们可以尝试用公式反映出这种学习方式的适用条件：$1+1>2$，此1离不开彼1。合作大于各自独立的学习效果。同时我们要意识到这种学习方式能否真正发挥其价值和作用，还要看学生是否具备较高的人际交往技能。

第六节 常规学习与创新学习

学习方式按学习活动是否能够产生新思维产品分为常规学习与创新学习。

一、常规学习

常规学习，又称维持性学习。该提法源于1979年罗马俱乐部出版的《学无止境》。常规学习者从中获取的只是固定不变的见解、观点、方法和规则，目的是应付已知的、重复发生的情况，增长学习者解决既定问题的能力，从而达到维持现存社会制度和现存生活方式的目的。

让我们来看一看山东大学附属中学张晓老师对人教版初中英语八年级下册比较级和最高级的复习的教学片段。

新课导入，呈现词汇：

1. 通过迈克尔·杰克逊的歌词引出make it a better place，呈现比较级。之后进行good、better、best的绕口令，学生热身，强化对比较级和最高级认识。

2.利用吉尼斯世界纪录，呈现最高级规则。"世界上最矮（shortest）的人，最老（oldest）的人，最大（largest）的鞋，最重（heaviest）的汉堡，最细（thinnest）的腰，脸部挂着最多（most）的勺子"，从规则变化到不规则变化一应俱全。

然后在这个基础上进行用法整理。

1.将上个环节所有词汇进行整理，让学生理解各种变化方式。

2.比较级和最高级归类整理，将词汇与规则对应，加深变化意识。

表1-2　比较级与最高级的变化规则

变法规则	比较级	最高级
+er　　　+est +（e）r　+（e）st	smaller, finer, quieter, nicer	slowest, latest, smartest
变y为i +er/est	earlier, busier	easiest, funniest
双写　+er/est	hotter, fatter	thinnest, biggest
前加more/most	more beautiful, more loudly	most comfortably
特殊变化	worse, farther	least, most

具体来说，常规学习强调的是培养对现实社会的适应能力。它的价值基础是预先给定的，主要以公认的准则为基础，它重视模仿继承、重新获取知识成果和积累信息的能力，这有它的合理之处，且在一定意义上是必不可少的。

二、创新学习

创新学习是指能够产生新颖而有价值的思维产品的学习活动。它与常规学习活动的根本区别，是学习结果蕴含了原创性、适用性的新观念。提出新问题，发现新视角，生成新颖而有意义的观点，找出结构不良问题的解答方法，都属于创新学习的范畴。如果从心理过程界定，我们也可以把创新学习定义为"基于头脑中的观念重组而产生新颖而有价值的思维产品的学习活动"[①]。

创新学习是适应变化万千的未来社会所应具有的一种学习体系和形式，该提法起始于20

---

① 庞维国：《课堂中的创新学习：生成论的视角》，《华东师范大学学报（教育科学版）》2009年第4期。

世纪50年代的创新思维研究。这种学习方式能使个人和社会在急剧变革中具有应对突变的能力，是解决个人和社会问题的重要手段。创新学习使学习者既具有自主性（即尽可能地自力更生和摆脱依赖），又具有介入更广阔的人际关系、与他人合作、理解和认识自身所在大系统的整体性能力。让我们看看山东大学附属中学陈静老师电影音乐赏析的教学案例。

播放电影《大白鲨》片段（同一片段无配乐与有配乐进行对比），提出问题：无配乐时电影片段表现了怎样的场景，给人什么样的感受？有配乐时有怎样的感受？通过组织学生聆听、感受和分享，让学生们亲身体会到音乐在电影中的作用。在学习和了解了不同的配乐方式和风格后，欣赏电影《音乐之声》中"哆唻咪"片段，学生用所学知识判断是哪种配乐方式，这段音乐在影片中起到怎样的作用。师生齐唱"哆唻咪"，教师介绍台词，师生合作表演，重现电影片段。

　　由此我们可以认识到，创新学习是个体新旧知识相互作用而产生新的思维产品的过程，是学习的最高层级。想象、组合、设计、构思都是创新，形式多样，适用于任何学科开展创新学习。

第二章　完整的学习过程包含多种学习方式

第一节　加涅的学习过程模型

加涅认为，学习就是学习者所面临的刺激通过一系列内部构造被转化、加工的过程。只有弄清了这些连续过程的加工方式，才能解决与教学有关的问题。根据学习记忆与信息加工理论，加涅提出了学习结构的一个典型模型，它对于教师理解教学和教学过程，以及如何安排教学事件具有极大的应用意义。这个典

型的学习模式是学
生从环境中接受刺
激，刺激推动感受
器，并转变为神经
信息。被感觉登记
了的信息很快进入
短时记忆，信息经
过编码过程，进入
长时记忆，当需要

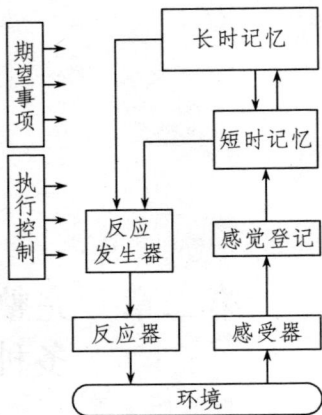

图2-1　加涅学习过程模型

使用信息时，须经过检索提取信息。被提取出
来的信息可以直接通向反应发生器，从而产生
反应；也可以再回到短时记忆，对该信息的合
适性做进一步考虑，结果可能是进一步寻找信
息，也可能是通过反应器做出反应。

　　下面让我们看一看山东大学附属中学孙永
丽老师关于济南版初中生物七年级下册第一
章第一节"食物的营养成分"第二课时的教
学展示。

温故知新：

1. 食物中含有哪六大类营养物质？

2. 你能举例说出哪些食物中含什么成分多吗？

3. 这些成分各有什么作用？

出示学习目标：

1. 通过联系生活实际，小组讨论举例说出人体需要的营养物质中的维生素和无机盐各自对人体的作用及其主要来源。

2. 通过主动参与探究活动，比较不同果蔬中的维生素C含量。

3. 尝试说出四种维生素、三种无机盐的种类、来源及缺乏症。

角色扮演：

学生在上节课自学的基础上，分角色扮演病人和医生，从而掌握无机盐和维生素的作用。

小故事大启示：

一艘船航行十几天后，船上的船员都生病了，当船员下船后，没有进行特别的治疗，却恢复了健康，这是为什么？

教师用这个故事引出维生素C的作用，告诉学生人体需要维生素C，吃富含维生素C的食物可以满足人体需要，并由此引出探究活动。

探究实践：

已知维生素C能使高锰酸钾（KMnO₄）溶液褪色，比较不同果蔬中维生素C含量的不同。

表2-1　不同果蔬中维生素C的含量

KMnO₄溶液	1mL	1mL	1mL	1mL	……
果蔬汁种类	橙汁	橘汁	苹果汁	桃汁	……
滴数	一组				
	二组				
	三组				

师生一起分析总结出以下注意事项：KMnO₄溶液的量一定要准确；用同一支滴管竖直滴加，不能碰管壁；使用滴管滴加第二种汁液前，需要将滴管用清水洗净，并用吸水纸吸干滴管内外的水分；注意果蔬汁的新鲜程度；边滴加，边振荡，边观察，褪色后立即停止滴加。

自主学习：

学生在老师的引导下，进行如下学习活动：回忆科学探究的六个环节；利用课前准备的果蔬分组开展探究活动；分析与讨论探究活动中存在或出现的问题（先自学课本的相关内容，然后提出疑惑，小组或全班帮助解决）；定量实验需要重复进行统计分析更准确，减少偶然性。

问题拓展，活学活用：

1. 蔬菜先洗后切还是先切后洗？

2. 怎么样吃胡萝卜更有利于营养的吸收？

3. 淘米时洗的次数越多越好吗？

颗粒归仓：

师生一起将本节课的收获进行归纳总结：维生素包括水溶性（维生素C、维生素B_1）和脂溶性（维生素A、维生素D）；维生素D与钙搭配，能促进吸收。

区分：脚气与脚气病。

我来当医生：

与前面的课堂内容呼应，巩固维生素和无机盐的作用的知识。

加涅的学习过程模型遵循认知心理学的原理。知识在记忆中是有组织的；学习由注意、编码、提取等成分过程组成；学习受学习者现有知识的影响。正是因为记忆中存在着组织现象，认知心理学家才倾向于把人看作是积极的信息加工者，而不认为人们只是消极地贮存信息。记忆组织现象说明学习主体不是单纯被动地反映、接受和贮存外部信息，而是采用各种策略，主动地操作和加工学习材料，对其进行一系列的分类、编组和组织活动，学习正是学习者通过使所学材料组织化而完成的。教师在教学过程中不仅应当教授知识，也应当教授学习方法（包括记忆方法）。进一步讲，教师应当懂得，教授有组织的系统知识固然重要，但训练培养学生以一种有组织的方式去摄取知识更为重要。而且学生学习新知识都是在原有的基础上进行的，教师可以充分利用学生已有的认知结构中的相关知识，对新知的接受创设同化点，让学生运用已有的学习策略学习新的知识。在这样的学习过程中，教师要善于运用内容突出、提问、记忆术等方式方法促进学生学习。

加涅的学习过程模型也存在问题。加涅的学习过程理论及相应教学设计策略，本质上是以教师为中心的，强调教师应按照规定的教学程序对学生进行指导，虽然体现了学生的主体性，但需要教师按照一定的程序进行教学，侧重于研究认知过程，难以解决人的情感、动机等问题，因此在某种程度上阻碍了学生的个性发展。加涅的学习过程模型没有涉及与他人的学习互动，没有涉及创新学习、探究学习及体验式学习。同时我们不难发现加涅信息加工的学习过程是割裂的，对于完整的学习设计是不利的，仅针对学习过程的一般问题而非某种确定的学习类型展开研究，缺少可靠的科学实验作为支持，因此其合理性和研究深度都显得不足。

尽管如此，我们仍要认识到加涅的信息加工学习模型对于实际教学设计的作用。教师在进行教学设计的时候运用认知心理学的相关内容，构建以学生为中心，由外部刺激的被动接受者和知识的灌输对象转变为信息加工的主体、知识意义的主动建构者的教学模式。

第二节　库珀的体验式学习循环模型

20世纪80年代，大卫·库珀提出了著名的"体验式学习循环模式"。在库珀看来，体验式学习要经历四个阶段。第一阶段是具体体验。学习者在真实情境中活动，获得各种知识，产

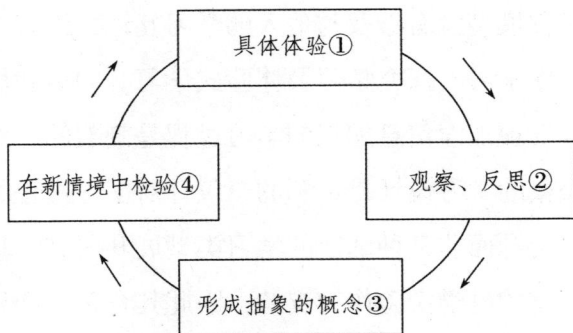

图2-2　库珀的体验式循环学习模式

生相应感悟。人教版小学道德与法治一年级下册第九课"我和我的家"从孩子生活中的"影子"——手影戏，直观形象地让孩子明白，"影子"与实物是有一定联系的，进而理解"我身上有家人的影子"，说明我和家人也有相像的地方，也是有联系的。这就是具体体验。第二阶段是观察、反思。学习者回顾自己的经历，对体验进行分析、反思。"猜一猜"和"照一照"课堂小活动看似在找"家人的影子"，实则是找家人的爱，这是在引导学生在具体体验基础上去观察反思。第三阶段是抽象的概念化。学习者把感性认识上升到理性认识，建构一种理论或模型。例如，教师教授人教版小学数学三年级下册第六单元的内容"24时计时法"时，通过让学生观察黑板上的时间，出示问题："这样的计时方法有什么特点？"学生自由回答，发现12时计时法用"时间词+时刻"的方法来表示，最后得出概念：像这样，把一天用中午12时来分开，并用时间词来区分前半天和后半天的计时方法，就叫作普通计时法，也叫12时计时法。这就是抽象的概念化。第四阶段是主动检验。学习者在新的情境中对自己的理论假设进行检验。"24时计时法"这一课的教学中，教师让学生继续寻找生活中哪些地方采用24时计时法并思考24时计时法使用如此广泛的原因，在加深对24时计时法认识的同时，增强学生对所学知识价值的认识。

库珀指出，这四个环节分别代表了感知学习、反思性学习、理论学习和实验四种最为有效的学习方式，因而体验式学习本质上是一种综合学习。

第三章 学习过程决定教学过程

第一节 以学定教的原因

以学定教是指根据学生的身心发展规律及其学习情况来确定教师的教育内容和教学方式。该教育理念源自孔子的因材施教思想，著名教育家陶行知先生对此也有过明确的论说。他在1917年考察当时的学校教育后总结道："先生只管教，学生只管受教，好像是学的事体，都被教的事体打消掉了。论起名字来，居然是学校；讲起实在来，却又像是教校。……先生的责任不在教，而在教学，而在教学生学。"①

希尔伯曼在《积极学习：101种有效教学策略》一书中提到，一项大规模的教育心理学研究发现，不同的教学方式产生的教学效果是大不相同的，学生对所教内容的平均回忆率：教师讲授为5%，学生阅读为10%，视听并用为20%，教师演示为30%，学生讨论为50%，学生实践为70%，学生教别人为95%。②

维果斯基认知发展理论也强调，教育者要鼓励学生在解决问题时使用内部语言。大声说出解决问题的步骤有助于学生认识到问题的关键方面，判断可能的解决办法，认识推理过程中的破绽或矛盾。希尔伯曼曾说："对于我听过的东西，我会忘记。对于我听过和看过的东西，我会记得一点。对于我听过、看过并问过

---

① 方明编《陶行知教育名篇》，教育科学出版社，2005，第1页。

② 希尔伯曼：《积极学习：101种有效教学策略》，陆怡如译，华东师范大学出版社，2005，第2页。

问题或与人讨论过的东西，我会开始理解。对于我听过、看过、讨论过和做过的东西，我会从中获得知识和技能。对于我教过另外一个人的东西，我会掌握。"[1]正因为如此，我们要敢于打破常规，在探究学生如何更好学习的问题上大胆尝试，让单一的师生互动融合更多的生生互动、同伴互助，从而提高学习效果。

当前，深化教学方式改革的主要问题是落实学生的主体地位。《国家中长期教育改革和发展规划纲要（2010—2020年）》指出，以学生为主体，以教师为主导，充分发挥学生的主动性，把促进学生成长成才作为学校一切工作的出发点和落脚点；关心每个学生，促进每个学生主动地、生动活泼地发展；尊重教育规律和学生身心发展规律，为每个学生提供适合的教育。要落实学生的主体地位，必须突破旧有思维惯性的束缚，必须改革传统意义上以教为主

① 希尔伯曼：《积极学习：101种有效教学策略》，陆怡如译，华东师范大学出版社，2005，第1页。

的教学模式，让课堂适应学生，而不是让学生适应课堂，建立以学生为本的"学教模式"，并最终导向学习者的理想家园。

第二节　以学定教的主要形式

以学生为中心的教学，基于对学情的理解，包括三层内容。第一层是依据学生的知识起点，也就是学生现有的知识基础来施教；第二层是依据学习内容，也就是学生要达成什么样的学习目标来教；第三层是依据学习方式来设计教学方式。

以学生为中心的教学流程如下：

首先呈现具体、明确的学习目标，然后寻找适宜的真实情境来激发学生的学习动机，进而根据教学目标，设计一些指导学生自学的问题，让学生在规定的时间内自学，采用教师提问题或笔答题等形式进行自学检测，了解学生的自学情况。对于学生可以自行掌握的教学内容，教师就不必浪费时间讲解了；对于自学还

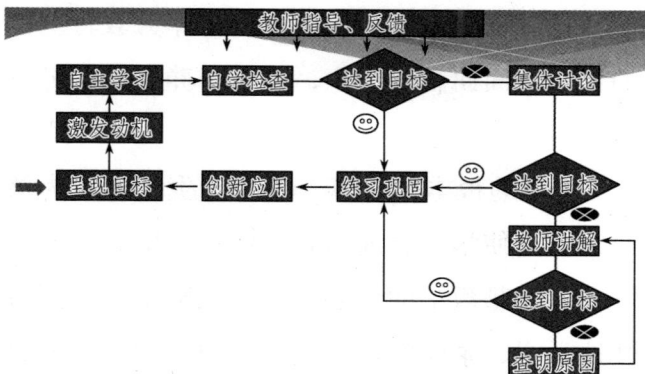

图3-1 以学生为中心的教学流程

不能完全理解的内容，则通过同学之间的"兵教兵"的形式相互补充和启发，教师再进行有针对性的讲解，继而进行当堂巩固训练等。教师在学生自学的时候可以巡视课堂，了解每个学生的自学状况，以便让合适的学生暴露出典型的问题。有指导的"先学"能够了解学生真实学情以便开展有针对性的"后教"，能够有计划地训练学生主动学习的方法、技能和习惯，也能够有效地鼓励学生表现自己的学力。当堂训练的目的是检查学生通过"先学"和"后教"对教学目标的完成情况，以提高首次教学的质量。以学定教，发挥了学生作为教育主体的作用，面向全体学生，着力培养学生的可持续学力。

教学的根本性变革，是以学生的学习为核心，应当使学习者成为教育活动的中心。学生学会学习是教学的核心，学生主动学习、创造性地学习、享受学习，应当是教学的最高境界和永远的追求，也是教学的本质回归。

一、先学后教

编制导学案，让学生学在前，培养学生的预习习惯，指导学生学会预习。学生先学的优势体现在两个方面：一是初步解决或部分解决一些基础问题，节约课堂教学时间；二是学生预习了会产生疑问，有疑而学增强了学习的针对性，也促使教师的及时点拨更为有效。"先学"中的"先"字，更多地强调学生的主体意识和积极主动的学习态度，希望学生在学习活动中要先入为主，主动探究。以学生独立自主学习为主、合作学习为辅，为课堂教学搭建一个前置性的学习平台。"后教"更多地强调教师要转变角色，走下讲台，以合作者、促进者的身份积极参与到学生的学习中来，打破教师教学生学、教师主动学生被动的教学模式。先学后教的实质是以学定教。

二、以学定教

学生预习之后课要怎么上？解决的起点在于学生预习后产生的疑问，落脚点在于每个学生最大限度的收获，总之，都是围绕着学生的学来考虑。学生没有预习时教师不要讲；学生通过预习已经解决的，教师不需要讲；学生预习后有困惑但可以通过小组合作探究完成的，教师不用讲；学生集体存疑的地方则需要教师重点讲。为了更好地落实以学定教，我们总结出这样的基本教学流程：了解学生先学的真实情况—解决学生先学中遇到的困难—补充学生先学中不能解决的问题并进行探究和交流—总结知识要点、学习方法和解题策略—共同学习和拓展。教师可以根据先学的效果不同，灵活处置，这里的教有"学生自己教""同伴互助教"和"教师教"三种形式。

三、评学论教

一堂好课，必定是学生积极参与的、学习快乐有效的、互动生成自然的课。我们可以从三个维度、九个方面来观察学生在课堂上的表现情况：量（自学量、练习量、讲评量），度（投入度、紧张度、融洽度），面（参与面、练习面、开口面）。比如，对学生学习行为进行具体量化：投入度高（全体学生认真投入，自觉主动学习，精神面貌好），紧张度适中（学生注意力集中，勤于思考，无松散疲软状态），融洽度好（师生、生生合作有序，自然和谐，课堂气氛活跃），参与面广（多数学生能积极参与到学习活动中来，讨论探究等），开口面大（在小组合作探究阶段或全班交流阶段，至少有一半以上的学生有机会开口发言、表述观点、积极思考），训练量适宜（优生"吃得饱"，学困生"吃得了"，都乐于挑战）。通过这样的教学评价从而实现评学论教。

四、合作促学

合作学习是新课堂教学中应用最多的学习方式，是一种以合作学习小组为基本形式，系统利用各因素之间的互动、以团体成绩为评价标准、共同达成学习目标的教学组织形式。在日常教学中，除了全班集体合作学习外，小组成为基本的学习单位，成为帮助学生课堂学习的一种动态的集体力量。学习小组按组内异质、组间同质的原则进行分配。课堂教学中，可让学习小组的成员相互管理，互相帮助，生教生，生促生，有利于学生人人参与学习的全过程，学生学得生动活泼，人人尝试成功喜悦。合作学习以学生为中心，让他们自然地发展，自主建构知识。教师要提供学习的环境和条件，起促进作用。合作学习强调学习的过程，在教学过程中学生是积极主动的知识探究者，而不是消极被动的接受者；合作学习重视教师在学生学习过程中积极的干预作用，强调内在动机促进学生深度学习中的作用，淡化以激励、表扬等外在手段促进学生学习，鼓励在教学过程中进行学习性评价。

我们梳理出了"三环六学"的自主课堂教学模式。所谓"三环"是指自学质疑、展示探讨、巩固达标，可以是一节课中的三环，可以是一个单元内容解决的三环，也可以是预习课、展示课、反馈课这三种不同课型的体现。所谓"六学"就是指渗透在上述"三环"中的引学、自学、组学、展学、研学、固学步骤。引学是为了激趣定位，明确目标；自学是学生根据导学案进行独立预习，可在课前完成，也可随堂预习；组学是组内学生在独立预习后的成果交流，或达成共识，或引发问题讨论；展学是组内把对重难点的理解通过白板或口头讲述展现出来，进一步碰撞交流；研学是教师根据各组学习情况，引导全体学生对本课学习内容的归纳提升；固学是当堂达标验收，及时反馈。"三环六学"处处以学生学习为中心，凸显以生为本的教育理念，体现了学习个体的主体性、学习过程的探究性、知识生成的建构性、学习组织的合作性。"三环六学"，助生自助，切实提高了学生学习能力。

以上每一种方式和做法无不彰显出以生为本、尊重学生并引领学生发展的教育理念，为真正实现以学定教、学教结合提供了强有力的保证。从"教学"走向"学教"，建立真正意义上的"学教模式"是一场静悄悄的课堂文化变革，体现了"以人为本"的教学观。实现这种转变要坚持把培育多元智能与提高教育质量作为教学改革的出发点和落脚点；坚持把先学后教，以学定教，自主学习，合作探究作为教学改革的重要支撑；坚持把自主互助学习型课堂教学模式的创建、优化作为教学改革的重要着力点。只有这样，才能实现"教育要让人有自己独特的灵魂、独立的思考、自由的表达"，让学校真正成为学习者的乐园。

第三节 以学定教要处理的几对关系

一、学生和老师的关系

我国古代便有"授人以鱼，不如授人以渔"的教学观。作为一种教学理念，17世纪捷克教育家夸美纽斯的《大教学论》中也有揭示："我们这本《大教学论》的主要目的在于，寻求并找出一种教学的方法，使教员因此可以少教，但是学生可以多学；使学校因此可以少些喧闹、厌恶和无益的劳苦，多具闲暇、快乐和坚实的进步……"[①]在学习活动中，学生是主角，以学生独立自主学习为主、合作学习为辅，导学案是一个前置性学习平台。弱化传统教学中教师的绝对权，教师转变角色，以合作者、促进者的身份积极参与到学生的学习中来，打破教师教、学生学，教师主动、学生被动的教学模式。学校努力创造条件，提供平台，让学生唱主角。学校关注

---

① 夸美纽斯：《大教学论》，傅任敢译，教育科学出版社，2014，前言。

的不仅是为了现实生存下的高分数，还有学生的学习兴趣、学习情感、学习能力的发展，让学校成为学生成长的乐园。

表3-1 学习过程与教学事件

学习过程	教学事件
① 注意	① 引起注意
② 预期	② 告知学习者目标
③ 提取、激活已有相关知识	③ 刺激回忆先前的学习
④ 选择性注意	④ 呈现新的学习内容
⑤ 编码存入长时记忆中	⑤ 提供学习指导
⑥ 通过回答问题巩固编码和记忆	⑥ 引发行为反应（练习）
⑦ 强化正确的行为表现，纠正错误	⑦ 提供反馈
⑧ 反应与保持	⑧ 评估行为表现
⑨ 提取新习得的技能，运用到新情境（泛化）	⑨ 促进保持与迁移

二、学和教的关系

如果说先学后教是现场随机"定教"，那么，以教导学则是根据教师的经验预先"定教"。我们可以从表3-1中清晰看到教与学是相辅相成的，没有先后关系，是同时发生的。学生通过对外部环境的刺激进行内部加工，即学习的过程是外部教学事件刺激下的内部加工活动，教直接指向学，教师教是为了学生的学。当下看来，这非常深刻地反映了教育的本质。

三、个体和同伴的关系

个体和同伴在以学定教中是相互支持、互为补充的关系。以学定教解决个体疑问，也促进学生的整体学习发展。首先，鼓励学生对学习内容进行自主学习，很多学习活动可以独立完成，例如学习骑自行车。其次，在自主学习过程中产生疑问后，个体可能需要开展互助探究性学习。例如两人互相批改作文，一方面激发了学习写作和修改的学习动机，另一方面，学生在相互修改中更深入地理解了作文的要求和规则。最后，有的问题可借助开展小组或集体合作的探究学习来解决。例如小组实验，学生在分工合作的基础上动手操作，然后讨论填写实验报告。这样的学习需要个体和同伴间的互相支持与补充，直至问题解决。

四、预设和生成的关系

如果说学生的学是课堂的中心，那么预习就是课堂的起点。有调查表明，在教师讲课前，就约有30%的学生已通过自学掌握了本课时的基本内容，无须教师的讲解；有约30%的学生在教师讲授与练习之后，还未能理解和掌握学习内容；需要教师讲授来帮助理解的学生，大概占20%；另外约20%的学生，可能有能力自学掌握，但因为在教师讲授前没来得及预习，或是没有预习习惯，随着教师的讲解"被学习"了。因此，学生没有预习时教师不要讲；学生通过预习已经解决的，教师不需要讲；学生预习后有困惑但可以通过小组合作探究完成的，教师不用讲；学生集体存疑的内容，教师重点讲。

第四章　基于学习过程的教学设计

第一节　情境创设

一、真实的问题情境

对问题解决的研究历来是教学研究的热点问题，其中的很多结论对教学发展产生了深刻的影响。但长期以来人们只重视对人工设计的一般问题解决的研究，忽视了对真实情境问题解决的研究。

杰罗姆·西摩·布鲁纳认为："学习者在一定的问题情境中，经历对学习材料的亲身体验和发展过程，才是学习者最有价值的东西。"一切学习都是在一定的环境条件下进行的，从这种意义上讲，"问题情境"可理解为一种具有特殊意义的教学环境。

有价值的教学情境一定是内含问题的情境，它能有效地引发学生的思考。情境中的问题要具备目的性、适应性和新颖性。目的性指问题是根据一定的教学目标提出来的，目标是设问的方向、依据，也是问题的价值所在。适应性指问题的难易程度要适合全班同学的实际水平，以保证大多数学生在课堂上都处于思考状态。新颖性指问题的设计和表述具有新颖性、奇特性和生动性，使问题真正具有吸引学生的力量。这样的问题才会成为感知的思维的对象，从而在学生心里造成一种悬而未决但又必须解决的求知状态，实际上也就是使学生产生问题意识。但问题情境有真问题也有假问题。所谓假问题是指没有思维价值的问题或不能引发学生思考的问题。让我们来看一段教学片段。

老师向学生提问可以把梯形转化成什么图

形来探索它的面积计算公式，然后建议学生拿出两个完全一样的梯形拼一拼，看看发现了什么。学生发现拼成了平行四边形，接着小组合作讨论梯形与拼成的平行四边形之间的联系。

学生在日常生活中对拼图已具有丰富的经验，在平行四边形、三角形面积计算公式的推导中，也具备了推导面积公式的基础，但这不是全面、系统的，而是零碎的。教学中，教师示意让学生"拿出两个完全一样的梯形拼一拼"，学生也就顺利地探索出了结果，整个教学过程比较顺利。但这是真的探索吗？"拿出两个完全一样的梯形拼一拼"，这好像是理所当然的，因为教材就是这样安排的。但怎么一开始就知道"要用两个完全一样的梯形能拼成一个平行四边形"呢？这是怎么想到的？学生不明白。这也就使他们的认知存在了一道空白，我们的探究也就成了一个空壳，有形而无实。看起来是问题，却没有激发学生思维的功能。

因此我们可以看出学习者发生真实的学习的

基本条件之一就是选择现实世界中的真实问题或情境。脱离特定情境或场合的知识不能说毫无意义，只能说那样的学习只注重了学科逻辑而忽略了生活逻辑，其结果自然无法真正触动学生把获得的知识和经验有效迁移应用到解决社会生活问题中去。因此，我们探讨源于真实情境问题解决的教学设计，对发现真实情境问题、提高教学的针对性和有效性具有重要的意义。

什么是真实的问题情境呢？让我们看看下面的设计片段。

在人教版初中道德与法治八年级下册第五课"我国的政治和经济制度"中"我国的根本政治制度"这一部分，有老师进行了这样的设计。为了构建受欢迎的校园，老师组织学生们为学校的发展献计献策。学生们先聊聊生活过的学校，交流自己眼中的学校是什么样子的，有哪些可爱的地方，有哪些不可爱之处，可以通过哪些方式让学校知道自己的建议和意见。老师以这个话题为切入点进入要开展的项目，提问学生对人民代表大会有哪些了解。学习思考相对于其他方式，通过这种方式为学校发展出谋划策有哪些优势，可能会遇到哪些困难或挑战。组织学生以小组为单位，共同商定项目开展的基本流程，并在全班范围内进行交流讨论。

二、自然的导入情境

导入是课堂教学中一个非常重要的环节，巧妙而正确地运用导入情境不但可以吸引学生的注意力，引起学生浓厚的学习兴趣，激发学生的求知欲望和学习动机，还能起到联结知识、沟通师生情感的作用。用怎样的导入方法才会取得最佳效果呢？我们总结出以下六种方法。

1. 直接导入法。

直接导入法就是刚一上课，教师就开门见山地向学生讲明这节课的目的和要求，以引起学生的注意。

例如计算$3.6 \div 6 \times (1.2+0.5) \times 5$。像这样的计算题教师只要教授学生正确的运算顺序就可以了。

2. 演示导入法。

在讲授新课之前，教师通过多功能教学媒体或某些教具，向学生展示一些与新授课有关的资料，然后引导学生仔细观察自己的演示，使学生产生疑问，进行讨论，在师生共同解决问题的过程中逐步引出新授课内容。

3. 实验导入法。

实验导入法是开始上课时，学生在教师的指导下做一个与新授课内容有关的实验，并通过观察实验现象，发现事物内在规律，经过归纳总结得出结论。实验导入法的优点在于能有效地帮助学生理解抽象的概念，引导学生自觉地分析问题，探索事物的内在规律，有利于提高学生的思维能力。

4. 故事导入法。

在历史长河中先人们留下了许多动人的故事，其中有科学家的故事，也有公式、原理的发明过程，还有一些发明创造的经过。教师在课堂上适当地讲一些这样的故事，不仅可以培养学生的科学思维能力，而且还可以激发他们献身科学事业的热情和对本学科的学习兴趣。

例如，教师在讲圆周率时，先给学生讲祖冲之的故事，引起学生对科学家的尊敬之情，同时激发学生的学习兴趣，这样既让学生学到了知识，又让学生了解了科学家的故事。

5. 实例导入法。

学生生活在一个五彩缤纷的世界里，会经常遇到一些让他们感兴趣又无法解释的现象。教师可以利用这种情况，从学生身边的事讲起，用科学的观点加以解释，使他们觉得眼前豁然开朗。这样很容易吸引学生的注意力，让他们产生浓厚的学习兴趣。

例如，教师讲分数的初步认识时，可拿一个苹果模型，让学生思考怎样才能平均分给五个人。教师在学生发表意见的过程中逐步引出分数的概念。这种方法比较有趣，学生学习的积极性高，学习效果明显。

6. 讨论导入法。

讨论导入法就是教师一上课就出示课题，让学生自己想办法讨论去解决。这样才真正体现出"多给孩子一些机会，让他们自己去体验；多给孩子一些权利，让他们自己去选择；多给孩子一些问题，让他们自己找答案；多给孩子一些条件，让他们自己去锻炼；多给孩子一些困难，让他们自己去解决；多给孩子一些空间，让他们自己向前走"。在学习过程中学生有解决不了的问题，教师要加以引导，帮助学生找到正确的答案。这种导入法充分体现了"自主、合作、探究"的理念。

自然的导入情境有很多，只要教师认真去观察、研究、挖掘，想方设法吸引学生，就能提高学生的学习兴趣，达到教学目的。

三、开放的讨论情境

单从概念上讲，讨论是一种很好的学习、探究方式。如果追根溯源，讨论应用于教学自古有之。我国的孔子、古希腊的苏格拉底就自觉地运用讨论法，取得了巨大的教育成就。《礼记·学记》说："独学而无友，则孤陋而寡闻。"这句话告诉我们要重视与他人交往，在交往中讨论交流，在交流中增长自己的见识。古代的教学形式就是研讨。讨论可以超越文本的界限，去澄清认识，整理自己的思路，集大家的智慧作为自己继续思考的起点、支柱。近现代的班级授课制，虽然改变了共同讨论的缓慢节奏，提高了教育的社会功效，但人类思维的非遗传性与个体性这一不争的事实，也使很多教育改革都试图把一个班级整体拆成若干小组，让学生以探讨的方式学习。

当然，今天的教育制度、课程内容已经不可能允许教学形式完全使用古代模式，但是这种人类自发产生的教学形式可以作为一种思想有机地融入今天的教学中。讨论是广大教师普遍采用的一种课堂教学组织形式，是实现师生互动和生生互动的一种课堂教学策略。

让我们来看一看下面这个教学片段。

在北师大版初中数学八年级上册"勾股定理的逆定理"一节里，山东大学附属中学的韩琪老师是这样设计的。

图4-1 用支架固定树木

情境导入：人们通常用如图所示的支架来固定树木，保证树木竖直生长。园林工人想要检测种的树木是不是垂直地面生长的，该怎么办？

猜想：先用画图法验证其特殊性，然后通过题目证明其一般性。

提出问题：如果只用一根长绳，你该怎么办？

材料补充：据说古埃及人曾用下面的方法得到直角。如图4-2所示，他们用13个等距的结把一根绳子分成等长的12段，一个工匠同时握住绳子的第1个结和第13个结，两个助手分别握

住第4个结和第8个结，拉紧绳子，就会得到一
个直角三角形，其直角在第4个结处。

学生讨论：完成勾股定理的逆定理的论证。

图4-2　古埃及人得到直角的方法

四、应用的生活情境

创设良好的教学情境能激起学生的积极情
感，进而产生对知识的渴望与追求，积极思
考，主动探索。良好的教学情境、充分的空间
环境可以最大限度给予学生表现自我、展现自
我的天地。教学情境可以有很多呈现方式，有
原始生活情境，有复制的生活情境等。

原始的生活情境是人们亲身经历的真实的
生活世界。它既强调场地和物的真实性，又关
注行为的真实性。对学生而言，原始的生活情

境就是学生的现实日常生活，即学生所处的环境和发生在其中的生活事件。

复制的生活情境受到时间、空间、财力、物力的限制。大量原始的生活情境无法在课堂上直接利用。为此，对于学生较难接触或不易真实接触的学习内容，可以通过语言（或文字）、技术（图像、影像等）、行为模仿等方式将教室外的情境"复制"到课堂中来，并在充分调动学生的表象、联想、想象、情感等多种心理成分的基础上，实现新知识的学习。语言描绘、图画展示、影像再现、表演体会等一系列情境的"替代物"通过场景、人物或行为的复原和再现，能使学生仿佛身临其境。

让我们来看一看山东大学附属中学王道远老师教授北师大版初中数学九年级上册第二章第一节"认识一元二次方程"的教学片段。

老师用一幅图展示梯子移动的真实生活情境来构建学科问题情境。

如图4-3，一个长为10米的梯子斜靠在墙上，

梯子的顶端距地面的垂直
距离为8米。如果梯子的
顶端下滑1米，那么梯子
的底端滑动多少米？

　　从学生熟悉的实际问

题入手，引导学生回顾　　图4-3　斜靠在墙上的梯子
列方程解应用题的一般步骤，经历探求思路、
建立方程的过程，使学生进一步体会方程是刻
画现实世界的有效数学模型，并从中激发学生
的学习兴趣，及时教育学生要学会用数学的眼
光观察生活中的现象，培养学生发现问题与解
决问题的能力。

第二节　学习方式的教学实例

一、自主学习与研究性学习

（一）自主学习

　　我们主张从学习的维度和过程两个角度来
定义自主学习。

　　从学习的维度界定，如果学生的学习动机

是自我驱动的，学习内容是自己选择的，学习策略是自主调节的，学习时间是自我计划和管理的，学生能够主动营造有利于学习的物质和社会性条件，并能够对学习结果做出自我判断和评价，那么学生的学习就是充分自主的。

从学习过程界定，如果学生在学习活动之前自己能够确定学习目标、制订学习计划、做好具体的学习准备，在学习活动中能够对学习进度、学习方法做出自我监控、自我反馈和自我调节，在学习活动后能够对学习结果进行自我检查、自我总结、自我评价和自我补救，那么他的学习就是自主的。

【案例】

济南版初中生物八年级上册第四章第二节
性状的遗传

授课老师：孙永丽

阅读课本98到99页，完成以下内容：

1. 不看课本，尝试写出性状和相对性状定义的关键词。

生物体的_____、_____和_____统称为性状。_____生物_____性状的_____表现类型，称为相对性状。

2. 区别以下例子是性状还是相对性状，写在括号内。

（1）康乃馨的花色（　　　　）

（2）康乃馨的红花和黄花（　　　　）

（3）鸡冠的形状（　　　　）

（4）鸡冠的单片状和花朵状（　　　　）

（5）耳垂的特征（　　　　）

（6）有耳垂和无耳垂（　　　　）

3. 判断以下是否为相对性状，在括号内填"是"或"否"。

（1）狗的长毛和兔的短毛（　　　　）

（2）人的身高和体重（　　　　）

（3）狗的卷毛和长毛（　　　　）

（4）家兔的白毛和黑毛（　　　　）

4. 阅读课本99到101页，找到以下概念，完成下列填空。

（1）基因与性状的关系：_____控制性状。

（2）在体细胞中，染色体是_____存在的，基因也是_____存在的。在形成生殖细胞时，成对的染色体和成对的基因_____，分别进入两个不同的生殖细胞。

（3）相对性状：分为_____和_____。

（4）显性基因：控制_____的基因，通常用大写英文字母表示，如_____。

隐性基因：控制_____的基因，通常用小写的英文字母表示，如_____。

（5）当基因组成为_____或_____时，个体表现为显性性状；当基因组成为_____时，个体表现为隐性性状。

5. 豌豆的紫花和白花是一对相对性状，其中紫花是显性性状，白花是隐性性状，显性基因用A表示，隐性基因用a表示，请你尝试完成下列题目。

（1）紫花豌豆的体细胞中控制花色的基因组成可能为_____或_____；白花豌豆的体细胞中控制花色的基因组成为_____。

（2）白花豌豆产生的生殖细胞中控制花色的基因组成为_____；如果豌豆的基因组成为AA，那么其生殖细胞中控制花色的基因组成为_____；如果豌豆的基因组成为Aa，那么其生殖细胞中控制花色的基因组成为_____。

（3）白花豌豆与白花豌豆杂交，子代的性状一定是_____，基因组成一定是_____。

尝试写出遗传图解。

（4）紫花豌豆与白花豌豆杂交，子代的性状和基因组成有几种可能？请尝试写出遗传图解，并推测子代各性状的概率。

（5）紫花豌豆与紫花豌豆杂交，子代的性状和基因组成有几种可能？请尝试写出遗传图解，并推测子代各性状的概率。

（6）紫花豌豆与白花豌豆杂交，子代为白

花豌豆，则紫花豌豆的基因组成为_____；紫花豌豆与白花豌豆杂交，子代既有紫花又有白花，则紫花豌豆的基因组成为_____，子代紫花的基因组成为_____。

（7）紫花豌豆与紫花豌豆杂交，子代出现了白花豌豆，则亲代的基因组成为_____，子代出现白花豌豆的概率为_____。

6. 双眼皮为显性性状，控制眼睑性状的基因用A和a表示，父亲双眼皮，母亲单眼皮，生下的女儿单眼皮，那么父亲和母亲的基因组成分别是_____，这对夫妇再次生育一个双眼皮孩子的概率是_____，再次生育一个单眼皮孩子的概率是_____，如果生下一个双眼皮孩子，其基因组成可能是_____。

【案例分析】

本案例是学生结合导学案循序渐进地自学课本上相关的内容从而获得新知识，是以学习者为中心的、典型的自主学习。

自主学习有其独立性的一面，它要求学生在整个学习过程中尽可能摆脱对教师或他人的依赖，由自己对学习的各个方面做出选择和控制，独立地开展学习活动。但这种独立性又不是绝对的。就在校学生来说，其学习的许多方面如学习时间、学习内容等，都不可能全然由自己来决定，也不可能完全脱离教师的指导，因而还有其依赖性的一面。从这一意义上讲，教师不能把学生的学习简单地分成是自主的或是不自主的。教师应该从实际出发，分清学生的学习在哪些方面或过程是自主的，在哪些方面或过程是不自主的。这样，教师就能有针对性地对其学习施加教育影响。

（二）研究性学习

研究性学习是在教师指导下，学生主动发现、探索以获取知识和经验，进而促进自身创新精神和实践能力发展的学习活动。

从现代学习心理学的角度看，研究性学习本质上是一种问题解决过程。

适用条件：学生产生问题或遇到问题。

我们要着力解决好两类问题的设计。一是界定良好的问题。目标明确、解决问题所需要的所有信息已得到直接或间接呈现，并且只有一个正确答案的问题。例如，用6根火柴搭建出4个正三角形。二是界定不良的问题。那些目标不明确、缺乏解决问题所需要的信息或者存在数种可能的解决方案的问题。例如，写一篇500字左右的作文，题目不限（不要写成诗歌）。

【案例】

济南版初中生物七年级下册第六章第二节
传染病及其预防

授课老师：孙永丽

一、寻找情境，轻松引入

播放《禽流感之歌》，然后播放传染病的图片以及关于"新冠感染"的报道的幻灯片。

设计意图：给学生创设轻松愉悦的氛围，

同时也把悬念留给了学生，引起学生思想上的共鸣，一开始就抓住孩子们的心，激发他们探究学习的欲望。

二、环环相扣，学习新课

（一）深入生活，认识传染病

1. 传染病的概念

根据真实情境，学生以小组为单位进行讨论并判断下列疾病（近视、流感、水痘、流行性腮腺炎、贫血、狂犬病、肺结核、龋齿、结膜炎、艾滋病）哪些能传染，哪些不能传染。教师给学生推送几种常见传染病的资料，引导学生分析其致病原因，从而总结出病原体的概念和种类。

设计意图：关注生活和生物的联系，通过自学与合作，提高归纳总结的能力。

2. 传染病的特点

运用互动游戏或提供形象的小动画，引导学生去总结出传染病的特点。

（二）角色扮演，探究传染环节

1.总结传染病的类型。

2.总结传染病流行的三个基本环节。

根据提供的信息，让学生小组合作扮演不同角色，如医生、护士、解说员等，总结出传染病常见种类和三个基本环节。

设计意图：让学生领悟生物学家解决问题的思路和方法，养成理性思维习惯，形成积极的科学态度，发展终身学习和合作互助的能力。

（三）联系生活，分析预防措施

分析传染病的预防措施。

寻找问题情境：假如你是一名医生，你将提出哪些建议来预防流感呢？记得要说出你的建议是针对传染病流行的哪个环节，这样才更具说服力。

引导小组合作思考有哪些防控传染病的措施，并对这些防控措施加以归类。小组成员群策群力，结合三大基本环节讨论出预防措施有哪些，并在平板电脑上写出3条措施传给老师。

设计意图：创设生活情境引导学生从日常生活中发现问题，不仅能引起学生思维碰撞，而且有助于激发学生的探究动力。教师基本做到，学生已经掌握的，不讲；学生交流可以得出的，让学生讲；学生交流也不能得出的，引导着讲。

三、巩固新知

教师提供情境化的巩固练习题，学生快速抢答，巩固所学。

设计意图：抢答可以激发学生斗志，训练学生思维的敏捷性。

四、总结反思

引导学生从四方面进行总结反思，完成知识图谱的梳理。

设计意图：让学生养成反思、梳理的习惯，使所学知识系统化、条理化。

五、学以致用，巩固训练

1. 巩固本节所学重要知识。

2. 回扣前面提出的有关"新冠感染"的问

题，师生一起总结出预防的具体措施。

设计意图：实践课标的要求——"重视检测知识目标的达成"，及时检测，了解学生知识的落实和掌握情况。

六、感情升华

结合幻灯片的动画效果，教师用富有激情的语言寄语同学。

设计意图：引导学生树立健康至上、远离疾病的观念。

【案例分析】

在本课教学中，以课程为中介，关注学生的精神世界，将科学教育与人文教育有机融合。在应用知识、欣赏知识的过程中发展学生的思维能力，让学生在教学过程中始终以多维思考的方式经历智慧复演，建构有意义的学习，走向发展与创新。

把教育放在生活的背景下，使枯燥的科学知识变鲜活，让生活走进课堂，同时鼓励学生从课堂走向生活。

本节课授课方式活泼，形式多样，课堂气氛活跃，能够紧紧围绕社会热点展开教学，始终以"新冠感染"为主线，环环相扣地展开教学，能够很好地完成教学目标。

课堂始终以学生为主体、教师为主导。教师用丰富灵动的语言，有机地串联起课堂的每一个环节，帮助学生理解知识又能引起学生的共鸣。教师对学生的活动和答案进行了准确到位的点评和引导，直至最后，课堂进入高潮，在一片感动和掌声中，课堂进入尾声。

二、合作学习与接受学习

（一）合作学习

合作学习就是在教学中运用小组，使学生共同开展学习活动，以最大限度地促进他们自己以及他人的学习的一种学习方式。

合作学习模式具有两个共同的本质特征：一是积极地相互依赖。也就是说，合作学习需要小组的成员积极进行分工协作，个体的学习成功依赖于小组的学习成功。二是个体的可依赖性。即学习小组的成员必须明确自己在学习中承担的任务，并且各负其责，各尽其力。①

【案例】

人教版初中历史八年级下册第六课
艰辛探索与建设成就

授课教师：张　晓

一、整体感知

教师让学生快速浏览课本第27—29页，找出这一时期我们国家进行了哪些探索，取得了哪些成就。学生用3—5分钟阅读课本内容，归纳出1956年中共八大，1958年社会主义建设总路线、"大跃进"、人民公社化运动，1961年调整国民经济等探索。教师引导学生分析其基

---

① 庞维国：《当前课改强调的三种学习方式及其关系》，《当代教育科学》2003年第6期。

本内容，了解中共八大的良好开端，"三面红旗"造成的失误以及经济调整取得的成效。接下来学生再列举这一时期取得的成就，对1956年至1966年的历史在认识上形成一个较为完整的知识结构。

这一部分是对全课的框架结构的学习，让学生通过阅读文本梳理历史脉络，把握事件之间的因果联系，对一个阶段的历史特征有较为清晰的印象。

二、合作探究

教师提供资料袋和探究报告，用八个图片史料和两道探究题目让学生自主合作学习，以贴图的方式对本课学习内容进行积极的情境体验。学生通过小组合作从图片史料中判断哪些内容反映了这一历史时期的失误，并分析出现失误的原因，从中汲取经验教训；分析哪些内容反映了这一历史时期的成就，思考依靠怎样的力量取得了这些成就。

学生完成探究报告后，让学生上台展示，

<table>
<tr><td colspan="2" align="center">探究报告</td></tr>
<tr><td>1. 探索建设社会主义时期出现的失误：</td><td>2. 探索建设社会主义时期取得的成就：</td></tr>
<tr><td>

</td><td>

</td></tr>
<tr><td>综合上述材料，我们小组认为出现这些失误的原因有：
_____
_____
_____
_____</td><td>综合上述材料，我们小组认为取得这些成就的原因有：
_____
_____
_____
_____</td></tr>
</table>

图4-4　探究报告

说明选择对应图片的原因，培养学生的历史理解和历史解释能力，以介绍图片史料信息的方式对"三面红旗"造成的"高指标""瞎指挥""浮夸风""共产风"等现象有更加深刻的认识，进而分析原因，吸取历史教训。成就方面亦然。

【案例分析】

合作学习是本课最典型的特点，首先是小组成员积极地相互依赖，从图片史料中判断哪些内容反映了这一历史时期的失误，并分析出现失误的原因，从中汲取经验。另外是小组个体的可依赖性。这一点在学生上台展示介绍图片史料信息、分析原因时也是体现得淋漓尽致。

（二）接受学习

接受学习是指学生将学习材料作为现成的定论性知识来加以接受、内化，学习者可以直接获取，不需要经历发现的学习过程。接受学习可能是有意义的，成为有意义的学习，也可能是机械的，成为机械的接受学习，不能把接受学习等同于机械学习。另外，接受学习可能是主动的，也可能是被动的，它与主动学习、被动学习都没有必然联系。

【案例】

北师大版初中数学七年级上册第二章第一节
有理数

授课教师：王道远

教师：同学们，还记得春节期间我市下的那场大雪吗？我把当时的场景录了下来，请同学们欣赏。

教师：谁能猜一下当时室外的温度是多少？

学生：－20 ℃。

教师：现在，同学们感受一下我们教室内的温度是多少？

学生：24 ℃。

教师：谁能用老师手里的温度计，准确地读出现在室内的温度？

学生：20 ℃。

教师：同学们的生活经验很丰富，猜得很接近，接下来老师再来考考你们。世界最高峰是哪座山峰？它的高度是多少米？

学生：是喜马拉雅山珠穆朗玛峰，高于海平面8848.86米。

教师：同学们知道吐鲁番盆地吗？它低于海平面多少米？

学生：吐鲁番盆地最低处低于海平面154.31米。

教师：同学们看老师手里拿的这张卷子，老师没来得及核分，谁来试一试，迅速地告诉我这位同学得了多少分？

学生：95分。

教师：你是怎么算的？

学生：满分100分，失去5分，所以得分是95分。

教师：对于上面问题中出现的各种数据，用我们以前学过的数能不能清晰地表示出来？

学生：上面每个问题中，对应的数据都具有相反意义，用我们现在学习的数好像不能表示具有这样特征的一组数值。

教师：这位同学回答得非常好。综上所述，我觉得我们现在所知道的数是越来越不够用了。所以，今天我们要接着学习第二章第一节"有理数"。

【案例分析】

接受学习的一个特点就是给学生现成的定论性知识，学习者可以直接获取然后接受、内化，不需要经历发现过程。总的来说，接受学习的适用条件是师生之间的知识不对称，老师要能找准学生的学习起点，充分利用学生的生活背景知识，激活学生的学科思维，精讲、细讲、讲在点子上。

三、创新学习与体验式学习

（一）创新学习

创新学习是指能够产生新颖而有价值的思维产品的学习活动。创新学习与常规学习活动的根本区别，是学习结果中蕴含了原创性、适用性的新观念。引导学生进行想象、假定、改造、设计、假设、推测等生成任务，可以有效地激发他们的创新学习。

【案例】

看电影学写作之动作描写

授课教师：邹子韬

一、新课导入

教师：同学们喜欢看电影吗？你最喜欢的一部电影是什么？

学生谈论自己喜欢的电影。

教师：同学们看的电影真多，今天我们就通过看电影的方式来学习写作。有一部科幻电影叫《长江七号》，同学们看过吗？老师非常喜欢这部电影，电影里有一个场景令老师至今难忘。下面，老师就与同学们一起分享这个片段。

二、看电影，评价人物

学生观看视频片段。

教师：哪位同学可以概括一下你刚才看到

的内容？

学生：爸爸想教训儿子。

此处学生可能回答得较为详细，教师可以指导学生简短概括，用"谁干什么"这样的句式进行概述。

教师：视频中给我们展示的是一位怎样的父亲形象呢？请你形容一下，你看到的是一个怎样的爸爸。

这一环节要让学生明确，视频片段通过一连串动作表现了一位对儿子又急又爱的父亲形象。

三、看细节，描写动作

教师：请同学们再次观看电影片段，留心观察电影中爸爸的一系列动作。

教师板书：留心观察。

学生观看视频后进行描写练习。

教师：爸爸的动作除了使用"拿"，还可以使用哪些词语来形容？

学生畅谈自己的思考。

教师：有一位同学是这样写的——"爸爸

拿起木棍，扔在地上，又拿起一个衣架，再扔掉，最后从地上拿起一张报纸卷了起来……"同样一个动作，可用的词语那么多，你完全可以写出一位独特的爸爸。

学生修改自己的动词，让语言更加丰富，修改后展示。

教师：哪个词语最能表现爸爸对儿子的爱？

学生再次观看视频，抓住被忽略的细节动作——爸爸拿木棍与扔木棍之间的细节动作——看。

教师板书：抓典型动作。

学生在习作中添加动作细节。

这一环节要让学生明确只有描写动作，人物形象才能更加立体。

四、看示例，修饰润色

教师：把人物动作写得完整、具体就可以了吗？还有没有什么方法可以更加突出人物形象？

学生畅谈写作方法。

教师展示例子：

"老师的钢笔掉到地上，小迪看到掉落在地上的钢笔，走了几步，捡起它来，拿在手中检查钢笔是否摔坏，他的一只手捏着钢笔，另一只手拍打上面的灰尘，把笔捧到老师面前。"

"老师的钢笔掉到地上，小迪看到掉落在地上的钢笔，赶快走了几步，捡起它来，拿在手中，仔细地检查是否摔坏。他的一只手小心翼翼地捏着钢笔，另一只手轻轻地拍打上面的灰尘，像母鸡呵护小鸡一般把笔捧到老师面前。"

教师请学生比较两段文字，学生回答第二段文字用了修辞手法。

教师总结方法（增加形容词、使用修辞手法），并告诫学生文章不厌百回改，反复推敲佳句来。

教师板书：修饰润色。

学生用总结的方法修饰润色作文。

这一环节要让学生明确，可以采取增加形容词、使用修辞手法的方式修改、润色文章。

【案例分析】

本案例是通过描写一段精彩的电影片段，让学生们在写作中知道：只要留心观察并学会抓典型动作，写完以后再认真修饰润色就能把自己笔下的人物写得栩栩如生，这样的教学设计降低了学生对于写作的恐惧，让孩子们在轻松有趣的氛围下创造出精彩的文字，从而达到写作训练的目的。

（二）体验式学习

体验式学习是以学生为中心，在做中学的体验式的学习方式。学习即生活。体验式学习的关键在于真实的生活或问题情境。学习者通过实践来认识周围事物，或者说，通过使学习者完完全全地参与学习过程，让学习者真正成为课堂的主角。教师的作用不再是单方面地传授知识，更重要的是利用那些可视、可听、可感的教学媒体努力为学生做好体验开始前的准备工作，让学生产生一种渴望学习的冲动，自愿地全身心地投入学习过程，并积极接触语言、运用语言，在亲身体验过程中掌握语言。生活中任何有刺激性的体验，如人在蹦极时被倒挂在空中的体验是终生难忘的。同理，体验式学习也会给语言学习者带来新的感觉、新的刺激，从而加深学习者的记忆和理解。

【案例】

人教版初中地理七年级上册第一章第三节
地图的阅读

授课老师：许贝贝

一、情境导入

教师：美好出行，只需几步。我今早是用打车软件来学校的。这类软件快捷方便，只需三步就能完成出行。第一步叫车，第二步行程开始，第三步付费。哪一步与地理学科关联最紧密？

学生：第二步。

教师：整个行程都有路径播报。"沿二环东路一直向前行驶2公里，向西转，进入花园路；沿花园路行驶0.6公里，北转进入洪家楼北路；沿洪家楼北路行驶218米，到达目的地。"在听路径播报的过程中，有哪位同学注意到，描述路径，要描述哪些方面？

学生：路名、距离、方向。

二、小组合作，达成共识

（一）教师活动

1. 创设情境：每年国庆节，山大附中都会举行自行车之旅活动，为期4天（播放自行车之旅照片）。明天就是同学们第一次尝试骑行的日子，路线是从山大附中前往山大辅仁学校。

2. 提出任务：本节课，希望同学们仿照打车软件的导航，利用已经发送到平板电脑上的济南市道路分布图，为骑行活动设计一条可行路径，并描述出来。大家根据路径的描述结果，评选出一名附中优秀导航员。我们一起努力，看看附中优秀导航员究竟花落谁家？

3.方法指导：设计路径的四个步骤。

第一步，找两点；第二步，画路径；第三步，量距离；第四步，说路径。

4.提出要求：路线、距离呈现在平板电脑上，完成后直接提交。形式可以是小组合作，时间是6分钟。

（二）学生活动

1.设计路径：小组活动，在平板电脑上画出可行路径，算距离，完成后提交。

2.描述路径：利用电子白板，展示自己设计的不同路径，并描述出来。

3.及时评价：其他同学对于展示的路径描述进行评价，选出附中优秀导航员。（教师指导：从路名、距离、方向进行评价）

三、学以致用，锻炼提高

（一）教师活动

1.过渡语：大家的表现非常好，但我们的任务还没有结束。

2.情境延续：骑行的同学到达辅仁学校

后，会在操场A区汇合。

3．提出任务：请大家根据学校道路的行车箭头，再帮帮他们，设计并描述校园路线。时间是4分钟。

（二）学生活动

1．设计路径：小组活动，在平板电脑上画出路径，算距离，完成后提交。

2．描述路径：利用电子白板，展示自己设计的路径，并描述出来。

3．及时评价：其他同学对展示的路径描述，从距离和方向两方面进行评价。总结出指向标箭头所指的方向是正北。

（三）师生互动

教师：汇合后，骑行的同学可以去传达室接水，也可以去洗手间。传达室在操场A区的什么方向？

学生根据指向标判断方向。

教师：你是怎样使用指向标来判断方向的？

学生自由回答并在白板上展示——目测、

平移、画指向标、旋转地图。

　　教师：洗手间在操场A区的什么方向？请说出判断方向的方式。

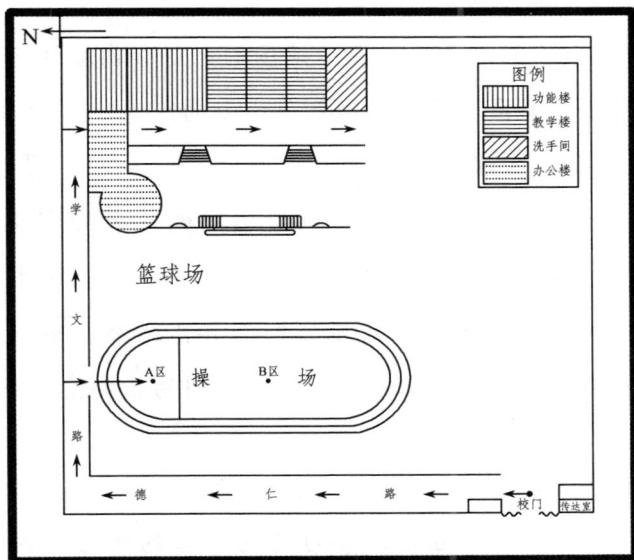

图4-5　辅仁学校示意图

四、寻找差异，突破难点

教师提问：

1. 整个行程中所用的两张地图的图幅大小是相同的。但一幅地图中山大辅仁只是个点，

另一幅地图中学校布局非常清晰。造成这种差异的原因是什么?(比例尺)

2.比较一下这两幅图的比例尺,哪个大,哪个小,并说明原因。

3.比例尺大小与表示范围的大小和内容详略有什么关系?你是如何判断出来的?

五、全课总结

本节课,学生主要利用两幅地图来描述骑行的路径。整个描述过程中,学生能够利用图例找到起点和终点,根据图例算出距离,辨别方向。图例、方向、距离就是地图的三要素。

【案例分析】

体验式学习是以学习者为中心的学习。在这种学习条件下,学习的内容、形式、方法、时间以及场所等,更多地由学习者选择或控制。这节课例的教学设计就充分突显了学生的主体地位,如所有的问题都是在学生解决实际问题的过程中产生的,然后由学生自己去解决，从而使课堂呈现出明显的开放性。同时，由于在学习中学习情境是动态变化着的，是课堂生成的，不是教师提前预设的，这种设计就能够使学生利用不同的学习工具或学习方式来学习，自主进行路径规划，与接受式学习相比，体现了更强的自主性和个性化特征。

本书系山东省教育科学"十三五"规划重点资助课题
"基于核心素养的十二年一贯制课程建设与实施行动研究"
（课题批准号：222019075）的研究成果之一

基于学习科学的有效教学

5

基于问题的教学

主编：赵　勇　庞维国

本册编写人员：宋世君　郝　媛　王道远

山东教育出版社
·济南·

在教学过程中，有一些知识具有较强的抽象性、逻辑性，这对于抽象逻辑思维能力不强的学生来说，学习难度很大。传统的课堂大多采用"灌输－接受"的方式来开展教学活动，教师将教学重点放在知识的传授上，导致部分学生产生惰性思维，无法独立思考。

素质教育很重要的一点是发展学生的创新能力和批判性思维。因此，教学应从学生和社会发展的需要出发，激发学生的主动性和创新意识。学生获得知识和技能的过程是理解、探究、联系社会生活实际并形成科学价值观，进而实现知识与技能、过程与方法、情感态度与价值观三个方面的综合发展，最终达成发展核心素养的目标的过程。大量教育教学研究表明，基于问题的教学策略对提高学生的学科素养，提高教学效率等都有重要意义。基于问题的教学策略有利于师生双方在教学活动中充分发挥自身主观能动性，使学习内容逐步深化；有利于激发学生的学习热情，调动学生学习的积极性，活跃课堂气氛；有利于引导学生发现问题、分析问题、创造性地解决问题；有利于发展学生在新的情境中创造性地运用知识的能力。

为此，研究团队专门写了基于问题的教学策略的内容，以期对广大教师的课堂教学有所帮助。

目录

第一章 基于问题的教学概述

在平时的生活和学习中，学生会遇到各种各样的问题，而基于问题的教学则可以为学生提供一个交流、合作、探索、发展的平台，使学生在解决问题中掌握知识，培养技能，学会思考，学会学习，学会创造，促进学生创造性思维的发展。

第一节 问题概述

一、何为问题

当你想做一件事，但又不知道怎么做时，

便产生了问题。宽泛地讲，当我们的当前状态与期望状态存在差异时，就产生了问题。信息加工心理学家把问题定义为："给定信息和目标之间有某些障碍需要被克服的刺激情境。"[①]问题是根据对思维对象的某种已知提出疑问，并要求回答而获得某种新知的思维形式。

二、问题的构成

一般来说，问题包括起点状态、终点状态、问题空间。起点状态就是问题的起点、已知的条件等；终点状态指的是我们要达到的目的等；问题空间则包含问题的起始状态、目标状态及中间状态，通常来说，包含图1-1中的四种情况。

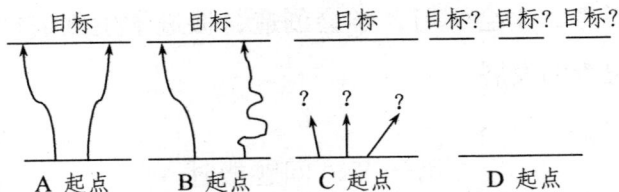

图1-1 四种不同类型的问题空间

① 皮连生主编《教育心理学》，上海教育出版社，2011，第144页。

　　如上图所示，A表示问题空间起始状态和目标状态明确，而且达到目标的两条途径都是相同的。如，有一组数字，要求它们的和，此处问题空间的起始状态是给定的一组数字，目标状态是求它们的和，算子是加法。这里有两种同样有效的求和方法。B表示问题空间起点和目标明确，但有两条效率不同的达到目标的途径。如，某个有阅读能力的学生想知道一个故事，其起始状态是现有的书，目标状态是知道书中的故事，达到目标的有效途径是自己看书，较为无效的途径是找人给他讲述书中的故事。C表示问题空间的起点和目标都明确，但不知如何达到目标。学生在证明几何题时遇到的问题多半是这类问题。这类问题有明确的已知条件，学生也清楚要证明的结论，但是没有找到具体的证明方法。D表示问题空间只有起始状态明确，目标和达到目标的途径都不明确。如解决能源危机问题，我们只知道能源有限，但是解决能源问题要达到的目标和用什么方法去达到这些目标，都是不明确的。[①]

事实上，在实际生活中人们遇到的大部分问题，都可以通过一条以上的途径来解决。

三、问题的功能

在基于问题的课堂教学中，问题是贯穿课堂的主线。好的问题是一节课的灵魂，它主要有以下五种功能。

激发学生的求知欲。无论是教师提出问题还是学生提出问题，只要是好的问题，都能引发学生的思考，让学生积极参与到课堂中来。

发展学生的探究能力。在问题的引导下，学生通过做与问题相关的实验等方式，探索出解决问题的路径，发展了自身的探究能力。

训练学生的综合思维能力。学生通过独立思考或者合作交流，相互启发，发展了自身的综合思维能力。

产出创造性的思维成果。只有好的问题才

---

① 皮连生主编《教育心理学》，上海教育出版社，2011，第144页。

能激发学生的深度思维及创新性思维，从而产生新的思维成果。

活跃课堂气氛。好的问题能够很好地调动学生的积极性，更好地体现学生的主体地位，促使学生积极参与到课堂中来。

既然问题有这样强大的功能，那么我们应该设计一些好的问题。

用于引发学习兴趣的问题。

例如，在足球比赛时，为了让双方队长确定场地选择权，在比赛开始之前，裁判员会把双方队长叫到一起，然后利用抛硬币的方法让两位队长来挑选一侧的场地。你能解释下原理吗？

用于引导深入思考的问题。

例如，在学习《鸿门宴》时，我们看到的不是宾主尽欢的场面，而是剑拔弩张、险象环生的情景。教师可以根据尖锐的矛盾冲突中人物的性格特征，让学生就宴席座次安排、人物语言、各自集团内次要人物的表现、刘邦逃席等细节，进行思考分析，表达自己的观点。（这样的设计能够引发学生激烈的思维碰撞,给学生进行深度思维的机会。)

用于检验所学内容掌握情况的问题。教师设计一些开放性的问题,通过观察学生在解决问题中的表现,就能了解学生对所学内容的掌握情况。

引导迁移、应用的问题。教师设计问题时,应将课堂内容与生活中的问题紧密地联系在一起。

例如,学习"不义而富且贵,于我如浮云"这句话时,学生提问:"孔子把'义'放在'富贵'之上,那怎样做才合乎'义'呢?"教师及时给予反馈:"这是一个开放性问题,这个问题把文本和生活联系起来了,紧跟我们的社会热点,与我们的实际生活联系非常密切。大家可以在课后利用小组合作的形式,结合生活中的现象进行讨论。"

用于激发生成、创新的问题。对于学生提出的疑问,教师可以进一步设问或追问,让学生自己生成新的问题。

四、问题的类型

根据问题的起点、目标和途径的不同，可以将问题分为结构良好的问题和结构不良的问题。结构良好的问题就是那些目标明确，解决问题所需要的全部信息已得到直接或间接呈现，并且只有一个正确答案的问题。结构良好的问题也叫常规性问题。一般来讲，数学、物理、化学等理科教学中结构良好的问题比较多。

例如：用6根火柴搭建出4个正三角形；−2的倒数是多少。

结构不良的问题也就是那些目标不明确，缺乏解决问题所需要的信息，或者存在几种可能的解决方案的问题。结构不良的问题也叫非常规性问题。

例如：写一篇500字左右的作文，题目不限（不要写成诗歌）；如何治理雾霾。

第二节　基于问题的教学概述

一、何为基于问题的教学

基于问题的教学起源于苏格拉底的"产婆术"和孔子的启发式教学。他们与学生共同探讨政治、社会、人生的问题，在探讨问题的过程中使学生获得知识。苏联教育科学博士、教育科学院院士马赫穆托夫写道："问题教学是发展性教学的高级类型，在这种教学结构中占主导地位的是对话设计和认识性作业，这些对话设计和认识性作业需要由教师系统地创建一些问题情境，并组织学生为解决教学问题而进行活动，同时也将学生的独立探索活动与掌握正确的科学结论最优地结合起来。"

目前，有几个概念与我们所指的基于问题的教学含义相近。

一是布鲁纳提出的发现学习。所谓的发现学习，是指学生在学习情境中，经由自己的探索寻找而获得问题答案的一种学习方式。在发现学习的过程中，教师只呈现有关线索或例证，让学生通过直觉思维和归纳推理来得出例证之间的内在联系，即学科内容的基本结构。布鲁纳指出，学习情境的结构性是有效学习的必要条件，发现学习只有在有结构的学习情境中才会发生。因此，为了促进学生的发现学习，应当对教材进行适当组织，体现出知识的结构性。①

二是以问题为基础的学习。根据巴娄斯的观点，以问题为基础的学习是通过理解或解决问题所进行的学习。在这种学习过程中，首先面对的是问题，在问题的诱发下，学生采用问题解决策略、推理技能，最终获取解决这一问题所需要的知识和技能。施密特把以问题为基础的学习界定为"一种在教师的引导下，通过小组探究问题而进行的学习和教学方法。在多数情况下，问题包含着对一系列现实世界中

---

① 庞维国：《研究性学习：教育心理观》，《课程·教材·教法》2003年第3期。

存在的现象或事件的描述。对于这些现象或事件的分析或解释，必须揭示隐含在其背后的原理、机制、过程，以小组协作学习、讨论的方式进行"。[①]

三是以项目为基础的学习。根据布拉门费尔德等人的观点，以项目为基础的学习是一种综合性的课堂教学和学习方法，它旨在通过让学生亲自参与对真实问题的研究来获得学习。在这样的活动方式下，学生要通过提出和限定问题、观点的争论，做出预测、决策计划，或者是实验、收集和分析材料，得出结论，把自己的研究结果和观点与他人交流，提出新的问题，得出研究结果等过程，来解决问题。以项目为基础的学习具有五个关键的特征：被称作"项目"的教学单元，必须围绕着一个有意义的、可行的、值得研究而又具有驱动作用的问题来组织；项目必须以调查研究的形式开展，

———————

① 庞维国：《研究性学习：教育心理观》，《课程·教材·教法》2003年第3期。

在这个过程中，学生要计划、设计、从事真实世界中的问题研究，包括提出问题、设计实验、收集和分析资料、做出推论等；学生需要得出有创造性的研究结果，这一结果能反映他们的理解情况；项目必须包含着同伴、教师乃至校外专家之间的合作；教师需要考虑各种技术性工具的使用，以便帮助学生探讨真实的问题，达到深度的理解。[①]

四是探究性学习。根据布兰斯福特等人的看法，探究性学习是这样一种学习活动：在学习活动中，学生自己或者集体探究一个虚拟的或真实的现象，并得出结论。它是一种需要学生设计研究、收集信息、分析资料、建构证据，然后围绕从证据中得出的结论进行争论的一种学习方法。与传统的关注课本和实验室演示的学习相比，这一完整的学习过程能够提供更为丰富、建立在更科学的基础上的经验。雷

---

① 庞维国：《研究性学习：教育心理观》，《课程·教材·教法》2003年第3期。

斯尼克等人也指出，探究性学习是一种提出问题、计划探究活动、得出结论并评判结论的学习过程。[①]

综观上述四个概念，我们认为，尽管它们的名称不同，但本质上都是一种以问题为依托的学习，是学生通过主动探究解决问题的过程。它与借助教师或他人呈现问题、讲解问题、得出答案的问题解决过程相对，可以用基于问题的教学方式来实施。

因此，基于问题的教学重点在于其教学过程是通过问题实现的。基于问题的教学是一种以教师为主导、以学生为主体的教学方式。教师以问题为抓手，引导学生在问题情境下提出新的问题，通过师生互动或生生互动，探求问题解决的思维活动，使学生掌握知识，形成技能，培养学生发现问题、解决问题的能力。

[①] 庞维国：《研究性学习：教育心理观》，《课程·教材·教法》2003年第3期。

二、基于问题的教学特征

巴娄斯指出，以问题为基础的教学具有如下六个特征：学习是以学生为中心的；学习发生在小组中；教师是学习的辅助者或引导者；问题用于集中学生的注意力，激发学习兴趣；问题是解决问题技能发展的载体；新信息是通过自主学习获得的。[①]

基于此，我们将基于问题的教学特征概括为：问题来自教师或学生；通过师生交流、合作探究，解决问题的同时可再生成新的问题，形成一个不断发展、螺旋上升的过程；通过思维碰撞解决问题，所有问题的解决以学生为中心，教师因势利导，适时点评、总结，引导学生形成知识体系。

总之，基于问题的教学并不是简单的先学后教，而是汲取合作学习的积极因素，将先学后教与合作学习有机结合起来而形成的一种新

① 庞维国：《研究性学习：教育心理观》，《课程·教材·教法》2003年第3期。

的教学方式。这种教学方式确立了学生学习的
主体地位，促进了学生之间的沟通与交流，密
切了学生之间的关系，促进了学生的社会性发
展。因而，可以说，基于问题的教学是传统教
学与现代教学的交融，是继承与创新的统一，
它预示着未来教学的发展方向。

第二章 理论基础和实践支持

第一节 理论基础

一、杜威反思性思维与教学理论

美国教育家约翰·杜威关于基于问题的教学的思想和论述，来源于其思维和教学的论述。他认为反思性思维就是"对某个问题进行反复的、严肃的、持续不断的深思"[①]。而反思性思维的价值需要通过思维训练来实现。思

[①] 侯敏敏、任强：《杜威问题解决教学思想对语文教学的启示》，《文山学院学报》2019年第4期。

维的价值本身不会自动地成为现实。思维需要
细心而周到的教育的指导，才能充分地实现其
价值。思维起源于直接的经验的情境，因此，
对于反思性思维训练来说，就需要设置一个情
境。教师希望学生自己去思维，但又不提供引
起和指导思维的环境条件，那学生就不可能自
己去思维。杜威认为，思维的过程开始于一个
困惑的、困难的或混乱的情境，结束于一个清
晰的、一致的、确定的情境。反思性思维就是
在反思前的情境和反思后的情境这两端之间进
行的。[①]

　　由此，杜威将反思性思维分为五步。第一
步，感受到疑难的情境。这个情境处于"困
惑、迷乱、怀疑的状态"。第二步，确定疑难
后，从疑难中提问。第三步，通过观察和搜集
事实材料，提出解决疑难的各种假设或解决办
法。第四步，推断哪一种假设能解决疑难。第

―――――――――

　　① 单中惠：《杜威的反思性思维与教学理论浅析》，《清
华大学教育研究》2002年第1期。

五步，通过进一步的观察和实验来验证假设。这种思维过程被后人称为"思维五步"。杜威强调，虽然反思性思维的过程分成五个阶段，但是这五个阶段的顺序不是固定的。在实践中，有时前后两个阶段可以结合起来，有时几个阶段可以匆匆略过；而且，这五个阶段中的每一个阶段都可继续展开，其内部又包含着某几个小阶段。[①]

　　杜威认为思维发展对于人的成长具有重要的促进作用，因此他将思维五步法引进到教学当中，把学校学习和学生的生活经验联系到一起，提出了"教学五步法"，具体步骤如下：第一步，教师给学生一个真实的情境；第二步，在情境中设置真实的问题来引发学生的思考；第三步，从资料的占有和必要的观察中产生解决问题的思考和假设；第四步，学生自己展开他们所假设的解决方法；第五步，学生验证假

---

　　① 单中惠：《杜威的反思性思维与教学理论浅析》，《清华大学教育研究》2002年第1期。

设的结果。

教学五步法让学生学会对问题进行认真的、反复的思索，并不是让学生一个人进行沉思默想，或者接受权威所给出的解释。[①]教学五步法将学习由少数人的学习转向多数人合力合作学习的趋势，可以帮助学困生学习。这种基于问题的教学法可以给学生更大的主动权，让学生成为课堂的主人，激发学生学习兴趣，提高学生内驱力，增加学生的思维训练，促进学生思维能力的培养。

二、布鲁纳发现学习理论

发现学习就是要求学生利用教材或教师提供的材料自己独立思考，自行发现知识，掌握概念、原理与规律的过程。[②]这种方法要求学生像科学家那样去思考、探索未知，最终达到对

---

① 胡小雯、吴支奎：《杜威的问题教学思想及其对现代教学的启示》，《课程研究》2015年第6期。

② 肖少北：《布鲁纳的认知——发现学习理论与教学改革》，《外国中小学教育》2001年第5期。

所学知识的理解和掌握。[①]发现学习既是教的方法，也是学的方法，是以培养探究式思维方法为目标，利用特定编排的教材，通过一定的发现步骤进行学习的一种方式。其主要特点是强调学生自主进行探究，注重学生学习过程中的自我发现。

布鲁纳认为学习的实质是主动形成认知结构。"不论是在校儿童凭自己的力量所做的发现，还是科学家努力于日趋尖端的研究领域所取得的发现，按其实质来说，都不过是把现象重新组织或转换，使人能超越现象再进行组合，从而获得新的领悟而已。"[②]学生的学习是主动参与建立学科知识体系的过程，并不是为了记住教师在课堂上所讲授的内容，所以学习是主动形成认知结构的过程。在这个过程中，

---

① 王美岚、王琳：《布鲁纳的发现学习及其启示》，《当代教育科学》2005年第21期。

② 郭念琪：《布鲁纳发现教学法对我国核心素养背景下小学教育的启示探究》，《大学》2021年第13期。

学生是主动的、积极的知识探究者，不是被动的、消极的信息接收者。①

布鲁纳把学生的认知发展划分为动作式、映象式和象征式三个阶段，主张根据学生的认知发展顺序来合理呈现知识，同时主张通过有目的、系统的教学促进学生认知发展。在教学时，教师一方面应根据学生的心理发展水平，特别是不同发展阶段学生的认知特点进行教学；另一方面，应该通过精心组织的教学内容与方法来促进学生认知发展。

布鲁纳非常重视学生学习的主动性。他认为学习是一个积极主动的认识过程。学习者不是被动地接受知识，而是主动地获取知识，并通过把新获得的知识和已有的认知结构联系起来，积极地建构自己的知识体系。他认为，学习的最好动机是学生对学科本身感兴趣，这样学习的积极性才会得到充分发挥。学习内容以

---

① 李晓丽：《布鲁纳学习理论及其对教学工作的启示》，《教育探索》2015年第11期。

未有定论的材料为主，不以现成的结论为主。学生根据教师提供的材料或事实去独立发现事物的意义或规律，从而解决所面临的问题。因此，发现学习也是一种解决问题的过程和方法。

　　学生认知的发展虽然会受到周边环境的影响，并且反过来影响其周围环境，但主要是遵循其特有的发展规律。教学是要促进学生心智的成长和认知能力的发展，学习不仅仅是让学生掌握一般原理和原则，更重要的是发展他们探索新情境的能力，发展他们通过应用已有能力解决新问题或发现新事物的能力。教育工作者的任务是要把知识转换成一种适应学生发展的形式，促使学生自主探究知识，让学生进行发现学习。

　　发现式学习的一般步骤有四步。第一步，从学生的好奇心出发，提出学生感兴趣的问题。学生面临新问题、新情境时，在思维中产生了某种不确定性，于是就会出现试图探究的动机。第二步，围绕问题，向学生提供有助于问题解决的材料或事实。第三步，协助学生对有关材料与事实进行分析，让学生通过积极思考，提出各种解决问题的可能性的途径和假设。第四步，协助和引导学生审查假设，通过比较，选定正确的或者最佳的答案，使问题得以解决。

三、建构主义学习理论

学习是获取知识的过程。建构主义认为，知识不是通过教师传授得到的，而是学习者在一定的情境即社会文化背景下，借助其他人（包括教师和学习伙伴）的帮助，利用必要的学习资料，通过意义建构的方式而获得。①

建构主义认为，不能假设学习者有共同起点、共同背景，能通过共同过程达到共同目标，学习者是以原有的知识经验为背景接受学习的，每个人的知识水平不同，先前掌握的知识类型和看待问题的角度也不一样，所以不能设想所有人在同一起点进行学习。学习应该是

---

① 何克抗：《建构主义——革新传统教学的理论基础（上）》，《电化教育研究》1997年第3期。

以学习者各自的背景知识为基础，产生新知识的增长点。知识不是统一的结论，而是一种意义的建构。由于每个人按各自的理解方式建构对客体的认识，因此它是个体化、情境化的产物。学习是指每个学习者从自身角度出发，建构起对某一事物的各自看法，在此过程中，教师只起辅助作用。[①]建构主义认为，学习不是知识由教师向学生的传递，而是学生建构自己的知识的过程，学习者不是被动的信息吸收者，相反，他要主动地建构信息的意义，这种建构不可由其他人代替。[②]

建构主义提出了较为系统的教学理论和多种教学模式，对以往的教学理论产生了极大的冲击。其主要内容如下。第一，注重以学生为中心进行教学。学习是学习者内部控制的过

---

① 杨维东、贾楠：《建构主义学习理论述评》，《理论导刊》2011年第5期。

② 温彭年、贾国英：《建构主义理论与教学改革——建构主义学习理论综述》，《教育理论与实践》2002年第5期。

程。教师是学生建构知识过程中的帮助者、促进者、组织者和"向导"。第二，注重在实际情境中进行教学。建构主义强调创建与学习有关的真实世界的情境，这种情境应具有多种视角的特征，使学习者在相关情境中解决现实问题，并为他们提供社会性交流活动。第三，注重协作学习。第四，注重提供充分的资源。建构主义强调要营造好的教学环境，为学生建构知识的意义提供各种信息条件。

　　教师要成为学生建构意义的帮助者，就应在教学过程中从以下几个方面发挥指导作用：激发学生的学习兴趣，帮助学生形成学习动机；通过创设符合教学内容要求的情境和提示新旧知识之间联系的线索，帮助学生建构当前所学知识的意义；为了使意义建构更有效，教师应在可能的条件下组织协作学习（开展讨论与交流），并对协作学习过程进行引导，使之朝有利于意义建构的方向发展。引导的方法包括提出适当的问题以引起学生的思考和讨论；

在讨论中设法把问题一步步引向深入以加深学生对所学内容的理解；要启发、诱导学生自己去发现规律，自己去纠正错误的或补充片面的认识。①

第二节 问题解决

一、何为问题解决

早期行为主义心理学家研究学习的基本课题是条件反射、动物走迷宫和打开迷笼等行为。在斯金纳提出操作条件反应概念之前，心理学家把桑代克的猫学习逃出迷箱和动物学会走迷宫等行为称为解决问题。解决问题也就是机体获得对新的刺激情境做出适当反应的过程。如，桑代克迷箱中的猫学会抓住连接门闩的金属绳，把箱门打开，逃出迷箱，就是解决了问题。行为主义心理学家把斯金纳的操作条件反应看成是一种解决问题的学习形式。

---

① 何克抗：《建构主义——革新传统教学的理论基础（上）》，《电化教育研究》1997年第3期。

　　格式塔心理学家为了便于与行为主义学者
进行争论，也用动物做被试研究问题解决。黑
猩猩面对放在栅栏远处的香蕉，用两根棒中的
任何一根都够不着香蕉，这也成了它的问题。
格式塔心理学家认为，黑猩猩将两根棒子接起
来够到远处的香蕉也是解决了问题。

　　早期的研究者缺乏学习分类观，混淆了人
的学习与动物学习的区别、人类低级学习与高
级学习的区别，自然不能给问题与问题解决提
供一个科学的定义，研究得出的结论也很难在
学校教学中应用。[①]

　　20世纪60年代，学习分类理论提出以后，
人们把问题解决放到不同学习类型的层次排列
之中，问题与问题解决才有了较明确的定义。

　　在有意义言语学习理论中，奥苏伯尔将
学习由低级到高级分为符号表征学习—概念学
习—命题学习—概念和命题的应用—解决问题

---

　　① 皮连生主编《教育心理学》，上海教育出版社，
2011，第143—144页。

（包括创造性解决问题）。在加涅的学习结果分类中，智慧技能的学习由低级到高级依次为辨别学习—概念学习—规则学习—高级规则学习。高级规则可以通过接受学习习得，也可以通过发现学习习得。高级规则的发现学习也就是解决问题。

根据学习分类理论，应将问题解决与概念和原理的简单应用或在熟悉情境中的应用相区别，因为这种应用的结果未习得新的概念和规则。问题解决是学习者将原有的概念和规则加以综合，在新情境中应用并得到新的认知成果的过程。这种新的认知成果可能是新的规则（高级规则），可能是新的解决问题策略，也可能是一篇新的文学作品或一份研究计划等。[①]

根据信息加工心理学的观点，问题解决是个体面对问题情境而没有现成的方法可以利用时，将已知情境转化为目标情境的认知过程。

_____

① 皮连生主编《教育心理学》，上海教育出版社，2011，第144页。

问题解决的最终结果是出现新的思维产品。在问题解决的过程中，个体要优化和组合已有的相关知识、技能，生成新的认知规则。当个体已有的知识、技能的优化组合不足以生成新的规则时，还要学习新的知识、技能。也就是说，问题解决是学习者将原有的知识、技能、策略加以综合，在新的情境中应用，并得到新的认知成果的过程。

二、影响问题解决的心理因素

（一）心理定势

心理定势也称心向，指个体经由学习而积累起来的习惯倾向。它在学习和解决问题中既起积极作用，也起消极作用。[①]

例如，从前有一个农夫，他丢失了一把斧头，怀疑是邻居偷的。于是，他越看越觉得邻居是偷斧头的人。后来，农夫在自家后院的柴垛中找到了斧头，他再看邻居，竟觉得邻居的

[①] 皮连生主编《教育心理学》，上海教育出版社，2011，第146页。

举止没有丝毫可疑之处了。

（二）功能固着

功能固着，指个人在解决问题时表现出的思考僵化现象。这表现为对问题情境不能多方面考虑，如对工具使用缺乏变通能力，认定老虎钳只能拔钉子，而不能随机应变想到可作为钉锤之用。[①]

例如，对于吹风机，大多数人认为它是用来吹头发的，其实它还有很多功能，比如烘干衣服、毛巾等。这就是功能固着现象。

（三）原型启发

对问题解决起启发作用的事物叫原型。原型启发是指从其他事物上发现解决问题的途径和方法。任何一个人对某一项目的发明创造或革新，都不是凭空想象出来的，在开始时总要受到某种类似的事物或模型的启发。

例如，鲁班因丝茅草割破手而得到启发，

[①] 皮连生主编《教育心理学》，上海教育出版社，2011，第147页。

发明了锯。

　　原型启发在创造性地解决问题时的作用十分明显。通过联想，人们可以从原型中找到解决问题的新方法。原型之所以有启发作用，是因为事物本身与所创造的事物之间有相似之处。某事物能否起启发作用，不仅取决于该事物的特点，还取决于问题解决者的心理状态。在问题解决者的思维活动处于积极但又不过于紧张的状态时，他们才最容易获得原型启发。

　　从上述有关影响问题解决的因素及其研究的介绍可见，传统的问题解决研究大多在人为的条件下进行的，这些因素的影响的确存在，但不是最重要的因素。影响问题解决的最重要因素是个人的原有知识及其组织特征。

　　三、问题解决的一般过程

　　一般来讲，问题解决的过程包括以下五个环节：发现问题、界定问题、确定问题的解决策略、执行策略、评价问题解决的结果。

（一）发现问题

发现问题就是觉知问题的存在，其心理实质是察觉现有的状态与预想的状态之间存在差异。发现问题是基于问题教学的第一步，也是极为重要的一步。斯滕伯格指出，学生不能探究问题、解决问题，经常是因为没有意识到问题的存在。研究表明，发现问题在很大程度上受四个因素的制约：是否具有主动探究问题的习惯和好奇心；是否具有充分的相关背景知识；是否投入足够的时间去深入考虑问题的实质及其已有的答案；是否具有一定的发散思维能力。研究还表明，训练学生解决已经准备好的问题并不能培养他们发现和选择问题的能力。[①]

例如在学习北师大版初中数学七年级上册第四章第一节"线段、射线、直线"时，学生在小学阶段已经对线段、射线和直线有一定的认识，且初步了解了研究平面图形的方式方

---

① 庞维国：《研究性学习：教育心理观》，《课程·教材·教法》2003年第3期。

法，同时由于初一学生大多具有好胜、好强的性格特点，班级中已初步形成合作交流、敢于探索与实践的良好学风，学生间互相提问的互动气氛较浓，所以可能会提出如下几个问题：线段、射线、直线之间有什么联系和区别；经过一点能画出几条直线；经过两点能画出几条直线；"两点确定一条直线"中，"确定"是什么意思。

（二）界定问题

前面已经提到，问题分为结构良好的问题和结构不良的问题。学生发现问题后，接下来要对问题进行分析，包括确切地界定问题的性质，分析解决问题所需要的条件以及已有条件，明确问题解决的最终目标，采用的问题解决策略等。[①]通过分析，学生要会判断遇到的问题是结构良好的问题还是结构不良的问题。一般说来，结构良好的问题要具有真实性、多解

① 庞维国：《研究性学习：教育心理观》，《课程·教材·教法》2003年第3期。

性等特点。如求解一元二次方程 $x^2-2x-3=0$，它的两个根为 $x_1=-1$，$x_2=3$。学生既可通过因式分解法求解，又可通过公式法或配方法求解，但无论采用哪种方法，最终的答案是一致的。结构不良的问题要具有开放性、启发性等特点。如让学生考察当地的环境污染状况并写一篇论文，由于解决方案不明确，教师应鼓励学生做出个性化的选择。

（三）确定问题的解决策略

如果学生确认问题是结构良好的问题，一般需要选取以规则为基础的问题解决策略。如果现有的规则不可用，就组合已有的规则。如化简代数式 $3b^2-(a^2+b^2)-b^2$，答案是唯一的、确定的。

如果学生把问题确认为是结构不良的问题，由于没有合适的策略保证问题得到解决，一般需要选择启发式。如尝试错误策略、手段目的分析策略等。如一个学生要改善自己在班里的人际关系，通常采用尝试错误策略；若让学生设计解决能源问题的方案，一般采用手段目的分析策略。

（四）执行策略

策略的执行是否成功，在很大程度上取决于学生对问题的界定是否合适，选取的策略是否适当。对于结构良好的问题，学生必须选取正确的问题解决策略才能够顺利地执行。如87−11×2+5这道题，学生需要运用计算法则来解决问题。在策略执行的过程中，还要求随时监控策略的执行情况，也就是每一步的正确性。而对于结构不良的问题，如果执行尝试错误策略，一般要求尽可能地多次尝试，并监控进步情况；如果执行手段目的分析策略，一般要求事先把问题分解为若干个小的问题，然后逐步寻求每个小问题的解决方法。若让学生设计解决能源问题的方案，可让学生先限定一个子目标，然后找到这个目标的解答方法，接着限定第二个子目标，再找到对这个子目标的解答方法，这样一步步接近总目标。

（五）评价问题解决的结果

策略执行完后，学生要核查执行的结果与预定的目标是否一致。如果解决的问题被界定为良好的，标准答案是评价的依据。如87-11×2+5这道题，答案70就是评价的依据。如果被界定为不良的，问题解决的程度就是评价的依据。由于我们强调学生学习的研究性，因此对于那些结构不良的问题，教师不必过分重视学生研究结果的对错或价值，只要让学生从问题探究中获得经验，增长了知识和技能就可以了。如在设计解决能源问题的方案时，学生解决的过程和收获即可作为评价的依据。

当然，解决问题的过程不是单一的线性过程，往往需要多个循环。在每一循环中，学生又有可能提出新的问题，因此要继续启动新的问题解决过程，获得新的学习。从这个意义上讲，学生解决问题的过程也就是反复"在学习中研究、在研究中学习"的过程。

第三节 基于问题的教学实践策略

一、结构良好的问题教学策略

结构良好的问题教学策略一般分为以下四个步骤：第一步，学生根据真实情境提出问题；第二步，通过小组合作讨论问题；第三步，通过小组合作探究解决问题；第四步，通过交流和教师引导来反思、深化问题。

提出问题 ⇒ 合作讨论问题 ⇒ 探究解决问题 ⇒ 反思、深化问题

图2-1 结构良好的问题教学流程

二、结构不良的问题教学策略

结构不良的问题教学策略一般分为以下三种。

当问题的起点、目标明确，知道有若干解决问题的办法，但不知道哪种办法最好时，可采用个性化探究的方式。

当问题的起点、目标明确，但不知道解决问题的办法时，可采用头脑风暴的方式。

只有问题的起点是明确的，问题解决的目标和达到目标的途径、方法都不明确时，可采用手段目的分析法。

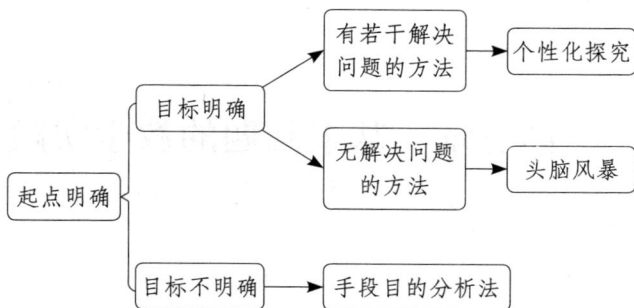

图2-2 结构不良的问题教学流程

第三章　基于问题的教学实践

经过前面的探讨，接下来我们从备课、上课和评价三个方面介绍一下基于问题的教学在课堂中的应用，详细阐述基于问题的教学的优势。

第一节　备课中的问题设计

一、结构良好的问题设计

为帮助教师备课，除了精心设计导学案外，山东大学附属中学数学组教师在多年经验积累的基础上形成了优秀的教学成果——问案。它是在教师课前备课、预设问题，学生课前自主预习、发现问题、提出问题，课堂上小组交流生成新问题的基础上整理而成。

问案是由五部分构成的：教师预设问题；学生课前自主预习，发现并提出的有价值的问题；课堂小组交流生成的新问题；生成问题的分析（包括问题的指向、问题的成因、学生问题与教师预设问题的关系）；对于课堂生成问题的解疑释惑。

问案对于教师而言意义非凡，尤其是对于新入职的教师。基于问题的教学方式对年轻教师来说无疑是巨大的挑战，上课之前教师不清楚学生会提出什么样的问题，提出的问题在哪个环节处理，如何处理，处理到什么程度，这些不确定让教师上课时承受很大的心理压力。即使新入职的教师上课前做了充分的准备，上课时也可能会因为解决学生不确定的即时问题而变得忙乱不堪。如果新入职的教师能够拿到关于问案的汇编材料，他们备课将会相对轻松一些。新教师在独立备课时，根据课标把握本节课的重难点；集体备课时，集众人智慧，补充自己备课时忽略的细节；最后再根据问案补充完善自己的课前预设，了解在本节课的学习中学生可能提出哪些问题，思考如何把学生可能提出的问题与自己的课前预设融合。这样问案就可以作为教师备课时强有力的补充，让教师能够更准确地预设课堂。在实际上课过程中，教师再根据学生提出的问题稍加调整，如此一来，就真正使课堂做到了活而不乱。

对于有经验的教师而言，他们可以研究每一届学生学情的变化，分析学生的特点，更好地反思自己的课堂，在专家型教师的道路上越走越远，提升自己的教育教学水平。

【案例1】

北师大版初中数学七年级下册第一章第五节
平方差公式（导学案）

授课教师：宋世君

一、目标导学

1. 根据"相关链接"通过整式的乘法法则

推导平方差公式。

2. 借助例1，总结解题步骤，运用公式进行简单的计算。

3. 借助例2，辨析平方差公式使用的条件。

相关链接

利用多项式乘多项式法则计算下列各式。

（1）$(x+2)(x-2)$

（2）$(1+3a)(1-3a)$

（3）$(x-5y)(x+5y)$

（4）$(2a-b)(2a+b)$

二、情景引入

灰太狼开了一家租地公司，他把一边长为a米的正方形土地租给慢羊羊种植。有一天，他对慢羊羊说："我把这块地的一边增加5米，另一边减少5米，再继续租给你，你也没吃亏，你看如何？"慢羊羊一听觉得没有吃亏，就答应了。回到羊村，慢羊羊把这件事对喜羊羊他们讲了，大家一听，都说道："村长，您吃亏了！"慢羊羊村长很吃惊……同学们，你们能告诉慢羊羊这是为什么吗？请利用相关数学知识解释（画图辅助）。

三、知识探究

1. 平方差公式

（1）观察"相关链接"中的算式及其运算结果，指出它们的共同点。你发现了什么规律？

（2）将你发现的规律用字母表示出来：_____。

上述公式可用语言表述为"两数和与这两数差的积，等于它们的平方差"。

（3）总结公式的特点。

2. 应用公式

例1 利用平方差公式计算下列各式（认真学习解题格式，总结解题步骤）。

（1）$(5-6x)(5+6x)$

（2）$(-m+n)(-m-n)$

（3）$(ab+8)(ab-8)$

解：（1）$(5-6x)(5+6x)=5^2-(6x)^2=25-36x^2$

（2）$(-m+n)(-m-n)=(-m)^2-n^2=m^2-n^2$

（3）$(ab+8)(ab-8)=(ab)^2-8^2=a^2b^2-64$

跟踪练习1　利用平方差公式计算下列各式。

（1）$(-x-1)(1-x)$

（2）$(3a+2b)(3a-2b)$

（3）$(-4k+3)(-4k-3)$

（4）$(a-b)(-a-b)$

跟踪练习2　计算下列各式。

（1）$(a^n-b)(a^n+b)$

（2）$(-2x+3y)(-2x-3y)$

（3）$(a+1)(a-1)(a^2+1)$

3. 辨析公式

例2　在 $(x-2y)(2y+x)$，$(x-2y)(2y-x)$，$(x-2y)(-2y+x)$，$(x-2y)(-2y-x)$ 中，能用平方差公式计算的是_____。

跟踪练习3　下列多项式的乘法中，可以用平方差公式计算的是（　　　）。

A.$(a+b)(b+a)$

B.$(-a+b)(a-b)$

C.$(\frac{1}{3}a+b)(b-\frac{1}{3}a)$

D.$(a^2-b)(b^2+a)$

跟踪练习4（$-2x+y$）（$-2x-y$）=_____

跟踪练习5（$-3x^2+2y^2$）（　　　）=$9x^4-4y^4$

跟踪练习6（$a+b-1$）（$a-b+1$）=（　　　）$^2-$
（　　　）^{2}

四、学有所思

你认为具有什么特征的题目可以用平方差公式计算？如何确定公式中的a、b？你还有哪些疑惑？

【案例2】

北师大版初中数学七年级上册第一章第一节
生活中的立体图形（问案）

授课教师：宋世君

一、教师预设问题

1. 立体图形如何分类？

2. 棱柱的特征是什么？

3. 怎么快速看出组合体是由哪些基本图形旋转得出的？

4. 圆锥有几个面，球体有几个面？

二、学生问题

1. 几何体有几种分类方法？

2. 几何体分类标准有哪些？

3. 如何判断几何体是否为棱柱？

4. n棱柱的n和顶点数、棱数、面数之间有什么关系？

5. 棱柱与圆柱有何区别？

6. 直棱柱和斜棱柱有何区别？

7. "面动成体"都是由旋转得到的吗？

8. 球有几个面？

三、教师预设问题与学生问题融合

学生的问题1和问题2与教师预设的问题1相似，学生的问题3至问题6与教师预设的问题2相似，学生的问题7可与教师预设的问题3建立起联系，学生的问题8与教师预设的问题4相似。

四、课堂疑问

表3-1　"生活中的立体图形"课堂疑问

问题	问题指向	问题成因
1. 立体图形如何分类	立体图形的分类	立体图形分类具有多样性

续表

问题	问题指向	问题成因
2. n棱柱的n和顶点数、棱数、面数之间有什么关系	棱柱中顶点、棱和面的数量关系	有些学生对立体图形中的数量关系有规律性产生了兴趣
3. 球有几个面	对"面"的困惑	这是由球体自身的特殊性造成的,学生认为有内外两个面
4. "面动成体"都是由旋转得到的吗	"面动成体"的方式	课本上的例子都是面通过旋转得到了几何体

五、答疑解惑

表3-2　"生活中的立体图形"答疑解惑

问题	答疑解惑
问题1	分类方法有很多种,可以尝试依照不同特征进行分类,然后归于常见的"柱、锥、球、台"分类法
问题2	三棱柱有6个顶点;有9条棱,其中3条是侧棱;有5个面,其中3个是侧面。那么四棱柱有多少个顶点,多少条棱,多少个面呢?我们从而探索出n棱柱有$2n$个顶点,有$3n$条棱,有n条侧棱,有($n+2$)个面,有n个侧面
问题3	我们目前研究的"面"都是指"表面"(例如正方体有6个面,而不是12个面),所以在目前认知范围内我们说球只有1个曲面。事实上,像莫比乌斯带那样的图形才真正只有1个面

续表

问题	答疑解惑
问题4	长方体可以看作由1个面平移得到的，这样的立体图形有很多，统称多面体

二、结构不良的问题设计

山东大学附属中学语文组教师在"亲人小传"项目中，让学生为自己的亲人写一部传记。这个项目关注的是学生是否可以将日常生活中对朝夕相伴的至爱亲人的情感因素纳入文学创作范畴。该项目旨在帮助学生利用发散性思维辩证地思考文学和情感的关系；让学生在对亲人深入了解的基础上，深刻理解"人生"的概念，并在今后的生活中，有"人生"的意识；让学生在"听、说、读、写"的基础上，对传记文学、人物访谈等相关文学知识进行系统性学习。学生将在完成项目的过程中，通过阅读传记类文学作品，学习、积累相关的文学知识；通过采访、实地考察等方式搜集写作素

材；灵活运用学过的传记写作知识，整理素材，最终完成亲人传记的创作（项目实施流程

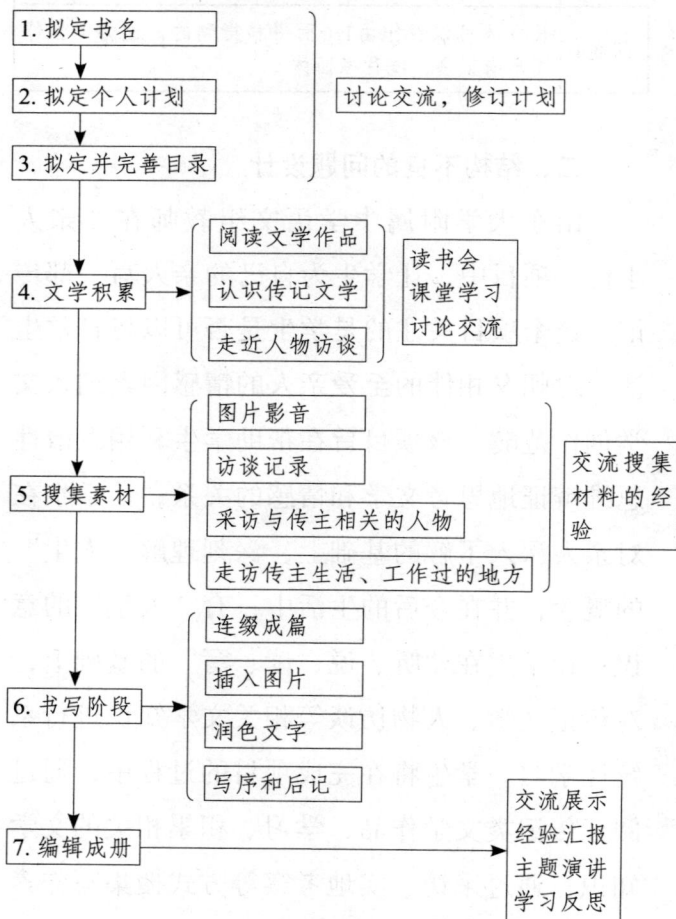

图3-1 项目实施流程图

如下图所示）。

在实施过程中，教师组织学生在课堂上进行研讨、辩论、汇报等活动，对项目进行持续的探究。项目的成果是一本完整的书。学生在学校举办的14岁生日庆典上把这部作品赠送给亲人，表达自己对对方的爱戴与尊重。教师还可以组织相应的展览或评比，公开展示作品。这些活动都是评价的一部分，学生的作品不仅会被教师看到，还会被同学、亲人看到，并得到相应的评价。

第二节　上课中的问题解决

一、结构良好的问题解决

初一新生来自不同的小学，各自的学习习惯、学习方式也不尽相同，所以新生开学后，要接受衔接教育。在数学衔接课上，教师除了让学生了解初中所学内容，激发学生的学习兴趣外，最重要的工作就是以一节课为例，让学生了解基于问题的教学的学习流程。教师要教给学生如何进行课前预习，如何开展小组交流，如何提出问题。比如，学生可以就概念的关键词提问，可以就定理的证明方法提问，可以就问题的不同解法提问，等等。在日常的学习中，教师上完课后，可以将本节课的问案发给学生，让学生了解他们在学习的过程中提出了哪些问题，哪些问题是有价值的，对于课堂上一些有深度的问题，教师是如何解疑释惑的，等等。教师通过这些方式，引导学生提出有价值的问题，培养学生的问题意识，有助于学生形成良好的批判性思维。

表格中是山东大学附属中学的学生提出问题的详细分类。

表3-3　问题分类表

类别	问题
对问题的质疑	1. 对概念的本质和外延的质疑 2. 对问题题设的质疑 3. 对问题结论的质疑 4. 对问题解法、论证的质疑 5. 对问题提出自己新的看法

续表

类别	问题
对别人观点的质疑	1. 对同学观点的质疑 2. 对教师观点的质疑 3. 对各类学习材料中观点的质疑
对所学内容提出自己新的理解和猜想	1. 与前后知识间的联系 2. 与该知识点相关的猜想 3. 对所学知识融会贯通、举一反三

【案例】

北师大版初中数学七年级下册第六章第一节 感受可能性

授课教师：王道远

一、情景导入

教师：你过年抢红包了吗？你喜欢抢红包吗？今天王老师再带大家过一把抢红包的瘾！

教师设计抢山大附中专属红包活动，1个"允许早读迟到一次"的红包，3个"课间操违纪免扣分处罚一次"的红包，50个"完成'个超'，平板

电脑上传"的红包，将学生的热情调动起来，为
后面开始更好地"热认知"奠定基础。

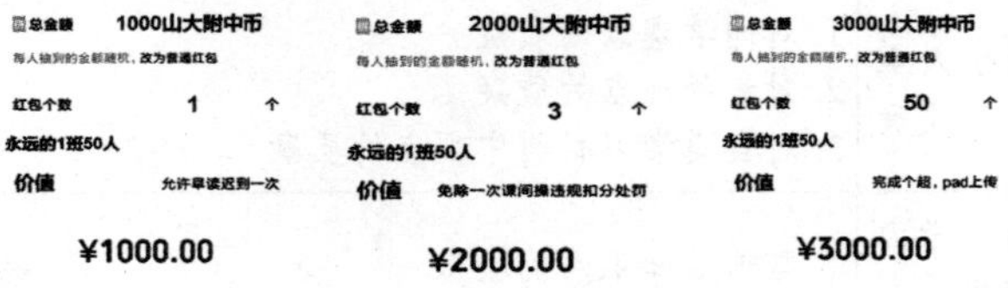

图3-2 专属红包游戏

设计意图：借助平板电脑抢山大附中专属
红包，可以调动学生的积极性；让学生借助自己
参与的活动初步感受可能性的大小。

二、合作辩疑（追根溯源）

教师：为了更好地感受可能性，首先要对
几个基本的概念进行分析，请大家带着预习过
程中产生的问题进入交流环节。

（一）交流内容

1. 让学生结合昨天的微视频、手中的导案
以及骰子，谈谈对必然事件、不可能事件、随
机事件的理解。

2. 让学生举出生活中几个必然事件、不可
能事件和随机事件的例子。

3.预习中没有解决的问题，以便利贴的形式贴到黑板上。

第一步：在厘清概念之前，先让学生针对在预习过程中出现的问题进行充分的交流，把比较好的问题或者还没有解决的问题贴到黑板上，在全班范围内讨论解决办法，教师巡视小组交流情况，点拨个性问题，收集共性问题。

第二步：教师快速浏览学生的问题，并进行分类。

第三步：针对分好类的问题，按照问题所处的位置顺序处理教学内容。

（二）教师预设部分

1.概念呈现

一定条件下，有些事情我们事先肯定它一定会发生，这些事情称为必然事件。

有些事情我们事先肯定它一定不会发生，这些事件称为不可能事件。

必然事件和不可能事件都是确定事件。

有些事情我们事先无法肯定它会不会发

生，这样的事件称为不确定事件。

可以重复试验的不确定事件称为随机事件。

2. 举例说明

天气预报播报某天下雨的可能性为10%，请问该天会不会下雨。

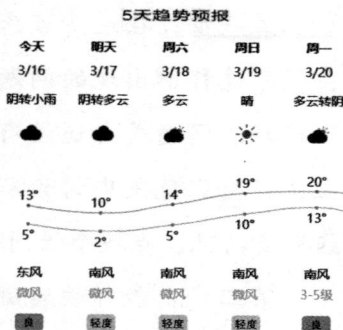

图3-3　天气预报

课堂上教师可以追问：把可能性大小改为60%呢，90%呢？

教师引导学生得出结论：可能性大的事件不一定会发生；可能性小的事件不一定不发生。

3. 关系梳理

这几个概念之间的关系如下图所示：

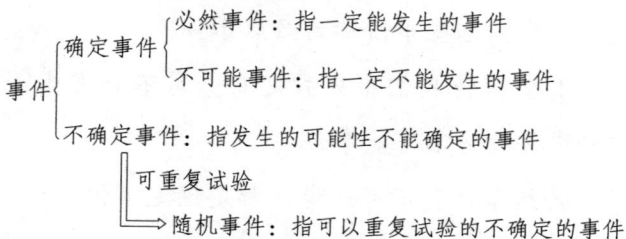

图3-4　事件知识框架

基于翻转课堂的学习，之前微视频的自主学习以及课堂上的合作交流，在此环节中，课堂问题就比较集中。

① 概念中"一定条件下"是什么意思？

② 不确定事件和随机事件的区别是什么？（多个小组提到这个问题）

③ 可能性大的事件一定会发生吗？

设计意图：通过提出问题、交流分析、小组合作等环节，引导学生进行归纳。

三、质疑提升（精准教学）

（一）师生问答

教师：概念中"一定条件下"是什么意思？

学生1："一定条件"是控制试验的条件公平，保证随机试验的公平性，不能省略掉。

教师：该问题反映了提出问题者具有良好的思维品质，考虑问题比较全面。不确定事件和随机事件有什么区别？

学生1：不确定事件就是随机事件，没什么区别。

学生2：不确定事件属于随机事件的一类。

学生3：随机事件是不确定事件中的一类。

学生4：注意上一个问题中的"一定条件下"，随机事件是不确定事件加了一个限制条件——重复试验。（全班掌声雷动）

教师：这位同学的思维非常活跃，能够将同学们提出的问题串联起来。在同学们的相互质疑中，我们加深了对知识的理解。老师想问，可能性大的事件一定会发生吗？

学生1：不一定。比如天气预报说降水概率是90%，第二天不一定会下雨。

学生2：和可能性小的事件一定不发生的答案是一样的。比如大家都知道买彩票中奖的可能性很小，但还是有人能中奖。

（二）平板电脑智慧教室功能

前两个问题采用平板电脑抢答的方式完成，后两个问题采用随机挑人的方式完成。

你能确定下列事件属于什么事件吗？

① 打开电视机，正好在播广告。

② 正常情况下，抛出去的篮球会下落。

③ 任意买一张电影票，恰好是第6排。

④ 抛一枚硬币，正面朝上。

设计意图：通过这个环节可以检测学生对于概念的理解，帮助学生厘清几个概念之间的关系。通过让学生提出问题并讨论，能够让学生对不确定事件和随机事件有更加深入的理解。

四、感受可能性（数学好玩）

（一）玩中思理

以小组为单位，结合预习设计的游戏及手中的骰子，设计好玩并且与可能性有关的游戏。

游戏：同桌之间掷骰子。

游戏规则：两人同时各掷一枚骰子，可以每人掷一次骰子，也可以连续地掷几次骰子。当掷出的点数之和不超过10时，如果决定停止掷骰子，那么其中一人的得分就是该同学自己所掷出的点数之和；当掷出的点数之和超过10时，必须停止掷骰子，该同学得分为0。比较两人的得分，谁的得分多谁就获胜。

同桌之间进行游戏并总结游戏攻略。

感受可能性是本节课的另一个重点。通过同桌间掷骰子游戏及四人小组玩骰子游戏，让学生谈谈设计游戏和玩游戏的感受，体会不确定事件发生的可能性的大小。

（二）玩中悟道

学生通过三个小游戏——集五福（爱国福、富强福、和谐福、友善福、敬业福）、淘金币、扫雷，从生活中的实例中感受到可能性的大小。

设计意图：通过一系列小游戏，让学生进一步感受随机事件的可能性有大有小，提醒学生增强避免上当受骗的意识，增强学生明辨是非的能力。

图3-5　课堂小游戏

五、画龙点睛（颗粒归仓）

梳理事件知识框架，如图3-4。

事件发生的可能性：可能性有大有小，大不一定发生，小……

数学练就你的火眼金睛，帮你辨别是非……

设计意图：这一环节主要是让学生梳理本节课内容，进一步形成知识体系。

二、结构不良的问题解决

结构不良的问题解决以"亲人小传"项目为例进行介绍。该项目系山大基础教育集团2017级语文组研究成果。项目主创人员有：高平、王波、史伟、孔磊、王金锋、张梦琪、安皖、李欣、王程晔、周彤、李彦、刘旭彤、韩理名。

【案例】

"亲人小传"项目

山大基础教育集团2017级语文组

一、项目启动

（一）课堂导语

教师用一段话营造氛围，导入任务。

"人们每天都在看，在听，在感知。年少的时候，那些你听到过的、看到过的，都会成为你成长中的一部分。朝夕相处的亲人跟你在一起的时间越长，相处越亲密，他们对你的影响就越大，越持久，或许可以这样说，他们塑造了你。他们当中，是谁将你带到这个世界上？是谁用生命关怀着你的成长？是谁用言语行动影响着你的人生轨迹？你是否问过自己，你对如此重要的人了解多少？爱他（她），就去更多地了解他（她）吧！请你在跟他（她）相处的时光里，了解得更多些，再多些——童年趣味盎然的小事，少年时期成长的经历，恋爱的甜美，后来你出生，再到你长大……"

（二）为亲人创作一部传记

这个环节的作用是让学生明确项目的最终作品是什么。教师可以准备几本正式的传记出版物，让学生更直观地了解到一本传记的样貌。同时，告诉学生不必有压力，为亲人写的是"小传"，篇幅上不做强制要求。这里并不是要求学生写得少，而是缓解学生的恐惧心理。教师应该鼓励学生，向学生传达"只要尽力就一定可以创作出好作品"的信念。

（三）学生思考并讨论

教师要引导学生思考、讨论如何创作这部传记，创作传记要解决哪些问题，传记有何价值和意义。传记并不是随便就能写的，学生必须了解必要的知识，但这并不意味着教师立即把知识呈现给学生。学生通过思考、讨论，会发现创作传记需要学习某些知识，解决一些问题。学生把这些信息汇总后，教师再补充完善。另外，教师必须引导学生认识这件事的意

义和价值，激发学生的兴趣，促进学生创作传
记的积极性和主动性。

（四）讨论并制订写作计划

学生讨论并制订具体的写作计划。写作计
划包括但不限于搜集素材、拟定采访问题、规
划写作时间，等等。这个步骤非常关键，对学
生认识整个项目起到统筹作用。通过制订并研
讨计划，学生在教师的引导下会逐步认识到这
个项目是由众多细节丰富的分任务构成的，每
个分任务都有具体的实施标准、策略。要想完成
项目，就必须按照计划中列出的条目，逐一执
行。随着项目的实施，计划可能会有修改。

（五）交流展示写作计划

学生完成个人计划的制订后，可以在小组
内互相交流，互相进行计划可行性评估，学习
其他组员的优点，删掉自己计划中不合理的内
容。这一环节的最终目的是让学生初步形成可
执行的写作计划。

二、知识与能力建构

(一) 教师精讲一篇课文

教师给学生讲解一篇经典传记课文。课文应有典型性，并且细节丰富，对学生有指导意义。教师通过精讲课文，传授一些解读文章、学习传记写作的方式方法，要有意识地从表现人物的角度引导学生获取信息，解读课文。

(二) 阅读传记类文学作品

学生进行群文阅读，通过阅读一组传记类文章，在驱动性问题的引领下，进一步加深对传记类文章的感性认识。经过比较分析，学生总结出写传记的一些方式方法。这里教师需要引导学生发现写传记的方法，而不是简单地告知。驱动性问题可以这样设置：阅读一组以"亲人"为主题的文章，总结写人记事的切入点；每篇文章找出至少三句富有表现力的描写句或者"点睛"句，学会分析、鉴赏其优点；说出文章在选材、构思、情感等方面的异同点，每篇不少于三处。

（三）开展读书会

读书会可以分小组进行，每小组再选出一名学生进行展示。读书会主要围绕前期阅读的传记类文章进行，学生在交流中总结这些文章的构思、写作手法。

（四）完成传记创作知识清单

通过自己的阅读、交流展示等环节，学生需要完成"传记创作知识清单"，将自己所学到的关于传记创作方面的知识详细地列出来。通过前期充分的交流讨论，全班应当形成相对一致的、完整的一份知识清单，为下一步具体创作打下基础。

三、探究

（一）课堂研讨：如何搜集素材

教师引导学生进行充分的讨论，尽可能多地发掘搜集素材的方式。学生搜集素材的方式有很多，比如采访亲人并记录，做好"采访手记"。学生可以采访跟传主关系密切的人，比如爷爷、奶奶、好朋友，等等。如果条件允许，还可以走访传主曾经生活过的地方，比如家乡、学校，等等。另外，教师不要忘记提醒学生搜集亲人的图片资料。

（二）修改写作计划，完善素材搜集方案

在进行充分的研讨后，学生再对照第一版写作计划，进行修改和完善，将搜集素材的计划补充进去。

四、实践

（一）搜集整理素材

学生按照完善后的计划开始搜集、整理素材。教师在这个环节要提供有力的支持，帮助学生顺利地搜集足够多的素材。例如教师可以告诉学生："要使传记真实可信，首先必须全面搜集、占有丰富翔实的资料，使传记所反映的人物生平事迹准确无误，完整无缺。要注意找适当的时间进行采访，因为有很多问题要问，而且不能只采访一两次，每次采访完之后都要把采访到的资料整理到纸上，方便利用。采访之前最好先练一下写字速度，如果条件允许，

访谈时可用录音设备录音。每次采访完之后要
进行归纳，总结出还有什么地方没有问，还有
什么方面需要补充。"

除上面的指导之外，教师还要教给学生如
何列采访提纲，如何记录、整理利用这些采访
得来的材料。这需要一个思考、取舍、加工的
过程。教师可以给学生提供一个具体的例子，
增加学生的感性认识。

即使是这样，学生仍可能在搜集素材的过
程中遇到困难，这时候就需要进行课堂研讨，
进一步讨论如何解决问题。必要的时候，教师
需要对学生进行个性化的指导。

（二）课堂分享搜集素材的经验

学生在搜集素材的过程中需要进行课堂分
享，可以让学生谈谈目前搜集素材的进度，在
搜集过程中有没有意外的发现，遇到了哪些困
难，是如何克服的，如果克服不了，需要哪些
方面的帮助。分享经验的过程，也能促进学生
对这个项目活动的反思。

（三）补充完善素材

在分享经验之后，学生或多或少会产生一些不一样的想法，比如某个新的方法可以更好地搜集到素材，某个角度可以搜集到更新颖的素材，等等。总之，在互相分享后，学生一定要再对素材加以补充完善。这个环节可以循环进行，即搜集素材—分享经验—补充完善—搜集素材—分享经验—补充完善……经过几轮循环，学生的素材就比较丰富了。这时候，就可以开始撰写文章了。

（四）根据素材撰写文章

学生需要相当长的一段时间来撰写文章。教师要有充足的耐心，多鼓励学生。并不是所有八年级的学生都有持久写作的信心和能力，教师必须随时关注，管理好过程，适时地鼓励学生坚持写作，必要的时候可以穿插写作心得交流会。

（五）交流心得

交流心得的活动穿插于写作过程当中，能

够调节学生的写作节奏，活跃氛围，激发学生的写作灵感。教师在此过程中持续关注学生的进度，写得快、文章细节丰富的学生可以介绍自己的写作经验，传授写作方法。写得慢的学生，则需要教师更多的关注、更细致的指导。

（六）确定书名，形成初稿

文章写好后，可以根据文章的整体内容确定书名（当然，书名也可以在制订计划时就列好），确定一定的标准，制作目录，形成初稿。

（七）撰写序言与后记

初稿形成后，学生可以自己写序言，也可以将书稿分享给其他亲人、朋友或教师，让别人写一段序言。学生在回顾整本传记的基础上，写好后记，对整个创作过程进行总结。

（八）润色，插图，排版，校对，打印装订

最后是对文字进行润色加工，将相关的图片插入文中，并仔细排版。如果有必要，教师要教给学生排版的知识，当然，教师也可以只抛出驱动性问题，让学生通过网络自主学习排版知识。教师还可以给学生提供几个例子，让学生参考例子，自行排版设计。排版结束后，学生需要对作品进行校对，可以独立校对，也可以小组合作互换校对。校对完成后，就可以打印并装订了。

五、作品发表

（一）举行新书发布会，宣传作品

新书发布会可以设计成一次汇报展示。学生可以设计一系列活动宣传自己的作品，例如设计宣传海报、广告语、封面、腰封，等等。

（二）赠送给亲人，聆听阅读意见

可以以学校的一些活动为契机，把作品作为礼物送给亲人。例如母亲节，学校举办的14岁生日庆典等。

六、反思与总结

项目完成后，教师还需要引导学生对整个项目进行总结，重点反思自己在项目学习中的收获，包括知识、能力、情感态度等，并指导学生填写项目反思单。

第三节　问题解决的评价机制

一、结构良好的问题评价

结构良好的问题评价的主要依据是正确答案，教师可依据学生的课堂回答、课堂练习和课堂检测进行评价，同时可以对学生问题解决的策略过程进行评估。

【案例】

北师大版初中数学八年级下册第五章第四节

分式方程

授课教师：宋世君

一、课堂提问片段

教师展示学生问题：解分式方程的规范步骤是什么？

学生：（结合例题）两边同乘以最简公分母—解一元一次方程—检验—写答。

教师：（总结）一化、二解、三验、四答。

学生（结合例题）规范解题步骤。

教师：对比一元一次方程和分式方程的解法，它们有什么区别和联系？

学生：解题思路一致，但去分母时整式方程同乘的是数，分式方程同乘的是式，并且分式方程需要检验。

教师：解分式方程最关键的是什么？

学生：把分式方程转化为整式方程。

教师：通过什么方式进行转化？

学生：同乘最简公分母。

教师：在整个过程中，体现了什么样的数学思想？

学生：类比、转化的思想。

二、课堂练习

1. 判断下列方程是不是分式方程。（重点：分式方程的概念）

（1）$\dfrac{2}{x} = 5$　　　　　（2）$\dfrac{20}{x} = \dfrac{21}{x+0.2}$

（3）$\dfrac{1-x}{x-2} = \dfrac{1}{2-x} - 2$　　（4）$\dfrac{x}{2x-3} + \dfrac{5}{3-2x} = 4$

（5）$\dfrac{2}{x}=5$ 　　　　（6）$\dfrac{1}{\pi}+5=x$

（7）$\dfrac{x-3}{4}+\dfrac{x}{3}=1$ 　　（8）$\dfrac{x+3}{x-1}=\dfrac{x+1}{x}$

（9）$\dfrac{5x-6}{3}+4=\dfrac{x}{2}$ 　　（10）$y^2+\dfrac{y}{2}+1=3$

2. 如何将下列分式方程转化为整式方程并解方程？（重点+难点：分式方程的解法和对增根的理解）

（1）$\dfrac{2}{x}=5$ 　　　　（2）$\dfrac{20}{x}=\dfrac{21}{x+0.2}$

（3）$\dfrac{1-x}{x-2}=\dfrac{1}{2-x}-2$ 　　（4）$\dfrac{x}{2x-3}+\dfrac{5}{3-2x}=4$

3. 方程 $\dfrac{m}{5-x}=\dfrac{1}{x-5}-2$ 有增根，求 m 的值。

（难点：进一步理解增根）

三、课堂检测

1. 以下关于 x 的方程中哪些是分式方程？（填序号）_____

① $40-x=\dfrac{1}{4}(80+x)$；　② $\dfrac{15}{x}-\dfrac{15}{3x}=\dfrac{40}{60}$；

③ $\dfrac{(x-2)\cdot180}{x}=144$；　④ $\dfrac{x}{a}=7$；　⑤ $\dfrac{a}{x}=7$

2. 已知方程 $\dfrac{2mx-5}{x+m}=1$ 的根是 $x=-3$，则 m 的值为____。

3. 解方程。

（1） $\dfrac{4}{2-x}-1=\dfrac{x}{x-2}$

（2） $\dfrac{x-1}{x+1}=\dfrac{5x+9}{x^2-1}$

4. 如果方程 $\dfrac{1}{x-2}+3=\dfrac{1-x}{2-x}$ 有增根，那么增根为____。

5. 解关于 x 的方程 $\dfrac{x-3}{x-2}=\dfrac{m}{x-2}$ 产生增根，则常数 m 的值等于（ ）。

A. -2 B. -1 C.1   D. 2

基于问题的教学的每个环节能够顺利进行，学生能逐步适应并在各个环节中达到教师的要求，在提高自己能力的同时，逐渐养成提出问题、解决问题的意识，离不开与之相配合的评价体系。因此，不论是自主预习、合作交流，还是质疑提升、反思梳理，教师都应制订相关的评价方案，以便明确每阶段的衡量标准，各环节的学习效果应达到什么程度，学生应该如何要求自己，通过学习应该具备什么样的能力，在哪方面还能进一步提高，等等。另外，基于问题的教学注重以问题为导向，教师更要关注学生提问题的积极性和所提问题的有效度，启发学生提问题。因此，教师要在课堂上针对学生所提的问题给出星级评价，得星越多，说明所提问题越有价值。同时，教师要配以恰当的语言激励。比如，"这个问题非常好，与本节内容息息相关"，"这个问题道出了本节重点"，"此问题的提出说明某同学积极动脑思考了"……教师给出星级评价，可以鼓励学生多提问题，逐步培养和提高质疑意识；适当的语言评价，可以让学生明确什么样的问题是好问题，如何才能提出问题，今后应在哪方面多思考，等等。

针对每个环节的实施过程和要求，我们制订了如下的评价体系：

以小组为单位实施具体评价，每4人为一小组，选出小组长。小组长、课代表与任课教师一起对本小组内同学做出评价，具体细则如下表。小组一周评价一次，课代表一月汇总一次，任课教师每学期汇总一次，并在教室内公示。

山大附中　　级　　班学生数学学习过程与能力评价方案
第＿＿＿周　　第＿＿＿组　　组长：＿＿＿

学号	姓名	课前准备（10分）	作业		小组交流（20分）	课堂展示（20分）	学习成效（20分）	特色加分	总分	确认签字
			完成及改错（10分）	小结（10分）	评价（10分）						

图3-6　学生数学学习小组评价表

1. **课前准备**：是否按照老师要求做好课前准备，每周满分10分。

2. 作业：（1）是否能按时完成作业并及时改错，每周满分10分；（2）是否填写作业中的"预习小结"和"反思梳理"，每周满分10分；（3）作业评价等级为A（书写认真、整洁，能提出问题，有反思梳理，完成较好），每人每次加0.5分，每周基础分10分。

3. 小组交流：组员按照组长安排进行交流，不谈与学习无关的话题，实行"组内声音"，轮流发言，满分20分。

4. 课堂展示：每个同学每周至少主动举手回答一次问题，每周满分20分。

5. 学习成效：平时测验得分进行小组捆绑评价，组平均分进步一个名次每人加1分，退步一个名次每人减0.5分，每周基础分10分。

6. 特色加分：个人预习、听课过程中提出的问题有深度（星级评价一颗星1分，最高三星）。

说明：特色加分由教师掌握，小组长每周汇总一次，课代表负责收发、录入电子版，并做学期末汇总。

此评价体系，一方面可以指导学生明确自己的任务和应达到的要求，另一方面，可以向教师反映学生在学习过程中存在哪些问题，方便教师更好地指导学生，对学生提出进一步的要求。

二、结构不良的问题评价

结构不良的问题评价重在评价问题的解决过程，比如在解决问题时，学生的思维逻辑顺序是否合理，操作过程与作品呈现是否具有创新性、批判性、反思性，能否在整个过程中不断发现问题并改进等。

基于此，学生在创作"亲人小传"的过程中，将会完成传记创作的知识清单，并在完成后进行自我总结，教师会根据学生的创作过程及其作品对学生进行评价。

【案例】

附件1：传记创作知识清单

传记创作知识清单　姓名：_____		
学到的知识	来源	应用举例

附件2：学习总结模板（略）

附件3：项目采访

记者：2017级10班 关佳妮

采访时间：2017年9月15日

采访对象：母亲

采访目的：通过对母亲的采访，进一步了解母亲的求学经历，搜集并丰富写作资料。

采访内容：本次采访内容专指母亲的求学之路。

采访设备：纸、笔、手机（或录音笔）。

新闻报道类型：新闻通讯稿。

采访过程如下（后期进行了文字整理）。

记者：教育可以改变人的一生，据我所知，您的求学之路非常与众不同。请您详细谈谈您的相关情况吧。

采访对象：我的求学之路说起来比较复杂，在求学的过程中，我比别人多了更多选择的机会，但到现在我都不确定这应该算作优势还是劣势。优势可能是为自己提供了更多的可能，劣势是每次转学都需要重新适应。最让我头疼的是，我要在不同的学制、不同的教材、不同的地域之间来回切换。我小学在哈尔滨市的重点小学——中山路小学就读，由于学校的校舍太过老旧，需要重建，我不得不去离家较远的五十二中的校舍就读。借读不光路途遥远，课时也被缩短，家里人征求我的意见后，把我送回了曲师大附小读书，就这样一直读到小学毕业。当时家里人没考虑到学制的问题，转学后我费了不少劲儿才跟上了五年制的课程，因此小学也少上了一年，变成五年级就毕业了。因为学籍的问题，我初中再次回到哈尔滨就读，由于对口直升的初中太差，我择校到重点中学——四十九中就读，相关手续直到开学两周后才办妥。后来，为了考大学，高中再次转学到曲阜师范大学附中就读。此后才算安定下来，在济南读了大学，又回曲阜读了硕士，我的求学之路到此才算完结。

记者：您的求学之路可谓一波三折。在这种情况下，您的成绩如何？受到影响了吗？

采访对象：我的成绩只能说还可以。我接受新知识算是比较快，记忆力也不错，但略有浮躁，也不够踏实，因此学习不够深入，如果那时能认识到这些缺点的话，成绩应该会好很多。多次转学还是会有各种不适应，成绩难免受到了影响。

记者：您必然有自己的学习方法，能为我简单介绍一下吗？

采访对象：上课一定要认真听讲，专注力高是保证学习成绩的首要条件；不会的问题一定要弄懂、吃透，学得扎实是取得优异成绩的重要保证；学会总结和复习，这一点至关重要，也会取得事半功倍的效果。

记者：那么您认为，当时的教育和现在的教育有什么区别吗？

采访对象：由于当时条件所限，教学的内容和手段都相当单一，学生也只是被动地学，对学习不会产生很浓厚的兴趣；现在的教育让学生从受教者变成了参与者，让学生乐在其中，从有兴趣学到主动学，再到探究式学习，提高了学生学习的主观能动性。

附件4：学生作品

锦瑟流年——母亲轶事（节选）

2017级4班　靖林烨

最美是童年

1978年腊月，隆冬时节，在商河县孙集乡，一个名不见经传的小村庄，我的妈妈出生了。听姥姥讲，妈妈出生时只有1.5千克重，很可能夭折，但姥姥硬是把妈妈拉扯大了。因为天冷，所以妈妈刚出生的几个月都是在姥姥的怀里度过的。

妈妈的故乡是个美丽的小村庄。"那里天是蓝汪汪的，宛如情人温柔的眼波，草也绿油油的，像是铺满一地的翡翠……"妈妈回忆道。一说起她纯真的孩提时代，妈妈的眼里就泛着温柔的光芒。

村北有一条大河，时常有几只鸭子在宽阔的河面上嬉戏，岸边是一望无垠的麦田。春天，麦宝宝们齐刷刷地拱出地皮，个个披一身嫩绿，麦地里翠绿一片，如烟似海。秋天，地里就一片金黄，微风拂过，田野好像变成了金色的海洋，金色的麦浪一起一伏，叫人看得心醉神迷。妈妈常常在麦田边上一玩就是一天，有时候只是坐在那里，什么也不干，一坐就是半晌。那是因为麦田里能听见世上最美的乐章：麦子的根贪婪地吮吸水分的吱吱声，麦叶迎风招展的哗哗声，各种小虫的叫声，各种小动物的脚步声……所有的这些汇在一起，就是一组完整的田园交响曲。不时的鸟鸣声，那是歌唱家前来捧场。这样的合奏让你永远也听不够，音色之纯赛过阳光，音色之美动人心弦。

　　妈妈的童年是无忧无虑的，她每天看哥哥背着一篓刚拔的草喂猪；看姥姥提着篮子，伴着"咯哒咯哒"的叫声，准确无误地从鸡窝里取出一枚枚热乎乎的鸡蛋；和小伙伴一起在河堤上玩游戏——跳房子，跳大绳，踢毽子，跳皮筋……各种各样的游戏，妈妈无不精通。妈妈身子十分灵巧，这么一钩，那么一绕，毽子就在空中旋转成一朵蓬松的花，半天不会

落下来。妈妈也是跳皮筋的高手，她可以把
皮筋从脚踝一直抬到高举过头顶的指尖上，就
像春日灵巧的紫燕，在皮筋的弹动伸缩中灵活
跳跃着。河堤上常常传来欢快的童谣："马兰开花
二十一，二五六，二五七，二八二九三十一……"

　　妈妈尤其喜欢在河里抓鱼。在罐头瓶上系
一条长绳，另一端系上竹竿，就做好了一根简
易的钓具。在瓶子里放点馒头，把瓶子放入水
中，等到鱼游进瓶子里，快速把竹竿提起，就
把鱼抓上来了。如果运气好，一天能抓四五条
小鱼。妈妈常常玩起来就忘记了时间，直到夕
阳与河水吻别，天边染上红晕，直到缕缕炊烟
轻轻散落在屋瓦上，如一方莲灰色的手绢，无
声又深情地召唤着贪玩的孩子，妈妈才后知后
觉——该回家了。

　　回到家里，姥姥大多时候是在准备饭菜，
几乎没有闲暇。在妈妈的印象中，姥姥与灶头
总是密不可分，所以灶头留给妈妈的回忆十分
清晰、温暖。妈妈童年的灶头，现在几乎销声

匿迹了。灶台是石头砌的，灶眼上放着一口铁锅，灶台旁紧挨着风箱。灶头上一个台子放着油、盐、酱、醋等调料，伸手就能拿到，十分方便。灶头永远那么温暖地红着，冬天的时候，妈妈可以蜷缩在灶头旁取暖，把棉鞋放在灶口，过一会儿拿来穿上，冻得麻木的双脚就得到了一个温暖的拥抱。

妈妈想起灶头，就想起许多现在没有了的味道。姥姥蒸的包子尤为美味，沉重的锅盖全然盖不住包子的香味。妈妈每次都忍不住想先尝一尝，这时候，姥姥就会爱怜地嗔骂道："你个小馋鬼，再等等，别烫着。"姥姥每天立在灶头前，用一双巧手，丰富了孩子们童年的味蕾。姥姥烧饭的时候，妈妈也常常跟在后边当"烧火丫头"，把灶膛边的柴火拗断了，一根根递到灶膛里，有时是干树枝，有时是玉米秸秆。每每看到灶膛里燃起的火苗，妈妈心里还是很有成就感的。

后来妈妈去县城读了小学，就不再用带

风箱的灶台，改用蜂窝煤炉烧饭了。再后来，改用了煤气灶，但妈妈总觉得煤气灶蓝莹莹的火苗不及灶头的火暖。厨房不再烟熏火燎了，但也失去了很多童年的乐趣。氤氲的水汽，灶火的红光，姥姥专注的眼神和鬓角细密的汗珠……姥姥在灶台旁做饭的情景，永远是妈妈童年温暖的记忆。

妈妈六岁上小学的时候，就离开了村庄去了县城的学校。妈妈美好的孩提时代也似那袅袅炊烟，渐渐飘远，但在那里生活的一幕幕，都深深地镌刻在妈妈的心头。

猫

妈妈是很喜欢猫的，只要一看到小猫就拔不动腿。邻居家有一只小猫，妈妈几乎每天都要去邻居家逗逗它，有时还带着自己都舍不得吃的小鱼干。时间一长，那猫看到她竟比看到自己主人还亲。

不久，邻居家的小猫生了四只猫崽儿，姥姥便去抱了一只回家。这是一只狸花猫，身上的斑纹黑灰相间，十分有光泽，绿莹莹的眼睛像是蓄着翠绿的湖水。猫的眼睛一日三变，清早还像个枣核，到了中午，便成了一条缝，晚上，又变得圆溜溜的，像个葡萄。妈妈给它起名叫花花。姥姥做好了饭，就"花花，花花"唤它进屋吃饭。妈妈把馒头嚼碎了，放到盘里，它就乖乖地低下头来吃。家里很少能做鱼吃，鱼肉在当时算是少有的美味，但是妈妈却每次都把鱼刺挑出来，趁姥姥不注意时把美味的鱼肉放在花花的盘里。姥姥一次次叮嘱妈妈给猫吃鱼刺就行，妈妈却不听，因此常被姥姥责骂。

这只猫是捕鼠高手，村里谁家有老鼠，便来请它上阵。花花捉老鼠战无不胜，听到一点响动，它的耳朵就如雷达似的竖起，然后悄无声息地走到老鼠洞旁，屏息凝视。等到老鼠出洞，它在一旁后腿一蹬，在空中拉出一道优美的弧线，用锋利的爪子紧紧按住老鼠，扼住老鼠的喉咙，顷刻间就将作恶多端的老鼠制服了。它抓住老鼠之后，通常都要叼到妈妈面前炫耀一番才享用美味。

花花生性温驯，从来不会弄得满院枝折花落。它最喜欢姥姥织毛衣的线球，叼起一端便顺着毛线不停地跑，直到弄得满屋都是散落的毛线才肯罢休。妈妈喜欢拿着毛线球逗它，只要一在家就寻花花来玩。一天，妈妈在田埂上玩够了，刚要跑回家找花花，却在半路上发现了走路跟跟跄跄、口吐白沫的花花，连忙抱它回家。姥姥见了，便说："完了，花花吃了老鼠药！"妈妈抱着奄奄一息的花花，眼泪抑制不住地涌了出来。过了半晌，花花就闭上眼睛不动弹了，妈妈还一直晃动花花的身子，哭着求它醒过来。

花花死了之后的几天，妈妈一直萎靡不振，连出去玩都忘记了，只是坐在台阶上出神。姥姥便到处打听谁家有猫，过了十几天，又带回来一只新的小猫。

这只小猫又占据了妈妈的大部分精力。它

是一只通体雪白的小猫，全身没有一根杂毛，妈妈仍叫它花花。与上一只"花花"的性子大相径庭，这只小猫异常活泼，每天在院子里爬上爬下，蹦来蹦去，刚才还在屋顶上，一眨眼的工夫，就爬到树上去了。妈妈给它买了三只白色的小铃铛，用一根红绳穿起来，戴在它的脖子上。它一跑起来铃铛就"叮叮"地响，声音清脆喜人。它每天都在院子里搞破坏，在地上滚来滚去，活像一个沾了泥土的白雪球。花花最喜欢的游戏就是追着鸡窝里的鸡满院子跑，只要听到满院"咯咯咯咯"的鸡叫，就知道花花又在赶鸡了，每次它都搞得院子一片狼藉。有一次，它竟然赶着母鸡将蛋下在了院子里，"啪"的一声脆响，鸡蛋摔碎了，姥姥为此很是心疼。为了防止它乱跑，姥姥在它的脖子上套了个铁圈，在铁圈上缀着一个破旧的收音机喇叭。但铁圈依旧圈不住花花爱玩的心，它竟然拖着沉重的喇叭上了院墙，当它想纵身跳出院墙时，就被吊在了墙头，活活吊死了。妈妈十分心疼，姥姥也很自责。过了大概两三个月，姥姥又带了一只小猫回家，妈妈又有了"新欢"。

　　第三只猫是一只黄色的虎皮猫，身上的皮毛在阳光的照射下耀眼极了，妈妈还是唤它"花花"。但是它的性子又与前两只猫不同。它的性子懒惰又忧郁，只喜欢偎缩在别人怀里，叫声也是懒懒的。它甚至连走路都觉得费力气，只喜欢趴在墙根里，半眯着眼睛晒太阳，一天天虚度着光阴。姥姥以为它病了，常给它炒鸡蛋吃，鸡蛋是姥姥都舍不得吃的，却能一顿饭给花花炒两个。它天天除了吃，便是趴着晒太阳，仅仅过了一个月便成了一只胖猫，肚子圆鼓鼓的，像一只黄色的皮球。冬天院里落了雪，它便在灶台旁取暖。一次，姥姥做完饭，还没有完全熄火，它竟然钻进了灶台，一直跑到了与灶台相通的土坑里。姥姥连忙把土坑砖扒开，抱出它来，但它已经被烧脱了几块皮，毛也被烧焦了，只过了一天，它就死了。

　　妈妈上学了，也就不养猫了，但直到现

在，妈妈仍然很喜欢猫，有这三只"花花"陪伴的时光也会被妈妈悉数珍藏。

附件5：家长感受

了解父母的成长史，了解自己的史前史

2017级3班蒋易衡的爸爸　蒋海升

这次娃娃采访我，让我成了有"传"的人，也让我"受宠若惊"。

娃娃的这次写作，与专业史学家的工作很相似。在某种意义上，这部小传其实就是娃娃给我写的"史记"，是我们家的"口述历史"！记录历史、忠实于史实，是我们国家一向就有的光荣传统。古代君王的身边，有一些史官专门记录他们的活动，正所谓"左史记言，右史记事"。据说古代也有要求，即便是君王，也不允许翻看、修改史官的记录。这是对历史的尊重。我们家的这次采访活动与这类史学轶事颇为相似。在少年"史家"的笔下，自己究竟被呈现出什么样的形象，哪些内容被作者选择，哪些内容被凸显，作为当事人的我在正式"出版"之前并不知情。这使我又渴望，又紧张，深刻体会到了"千秋功罪任由后人评说"的惶恐感。

"我们坐在高高的谷堆旁边，听妈妈讲那过去的事情。"我们每一个人或多或少，都听父母讲过他们的人生经历。但父母的讲述，一般都是触景生情式的、自发式的，很少自觉、集中、系统地讲，这种讲述也很少被记录下来。这次山大附中的教学活动极有意义，不仅锻炼了孩子们的表达与沟通能力，更重要的是，在这个容易滋生叛逆意识的青春期，能让孩子们了解父母的成长史，理解父母，感恩父母。这个活动也给父母全面、系统地回顾自己的人生岁月提供了一次难得的契机。

听父母的经历，实际上是听自己的"史前史"。这次采访给孩子们提供了一种家庭发展史的时间定位。每个人的成长史构成了社会变迁史。历史提供时间坐标，在人的内心深处，需要不断给自己"定位"。如果说地理提供的是空间上的方位，那么历史提供的是时间上的方位。通过学校的系统教育，孩子们可以了解世界、国家、民族的历史，却很少了解本省、本市、本县的历史，很少了解自己的家族史。父母一般想不到系统地给孩子讲家族史。实际上，每一代家长的成长历史构成家族的历史。家族的历史同民族的历史、国家的历史、世界的历史一样值得我们尊重。相较于世界、国家、民族等宏大叙事的历史，家族的历史是更具体的历史，更鲜活的历史。

想想这些意义，我觉得这次活动真好！我期待着看看"史书"里的我，我也突然很想去采访自己的父母，听他们讲讲过去的故事。

附件6：教师感受

一步一步趋于完善的"亲人小传"

山东大学附属中学　李欣

"我已经不可能经历那段黑暗与光明，失

望与希望交织的岁月了，但在桌前父亲低声讲述下，他儿时岁月的轮廓渐渐清晰。窗外，是呼啸而过的风声。笔尖沙沙作响，记录的是父亲的灵魂。"是的，学生的亲人小传写完了，我们甚至还写了后记，但每个人都知道，这不是结束。作为青年教师，我参与了两次"亲人小传"的活动。本次"亲人小传"活动和上次有些许不同，主要体现在以下几个方面。

第一，"亲人小传"活动和学校的德育活动相结合。"亲人小传"好像一个时光机器，把采访对象记忆里的一幕幕画面变成文字从学生们的笔尖倾泻而出。依据教材选文的调整，我们原定于初二下学期作为母亲节礼物的亲人小传，被提至初二上学期进行，这样就与学校举办的14岁生日庆典相结合，把亲人小传作为一份给父母的成长礼，借此表达对父母的爱、理解与感恩。

第二，"亲人小传"的写作流程更加完善，兼容个性与共性。项目分为五个任务，任务一给大家推荐了名家写亲人的文章，任务二为规划目录，任务三为搜集素材，任务四为编辑作品，任务五为展示作品。每个任务都有详细的指导和安排，让同学们有章可循。

　　第三，"亲人小传"的写作增加了"采访札记"，内容更具指导性。本次活动我们在史伟老师的引导下，增加了撰写采访札记这个环节，让同学们写一写每天的采访内容，这也是非常重要的素材。同时我们准备了专门的本子，让同学们记录自己的采访题目和亲人的答案，两个月下来，厚厚的一本都写满了。

本书系山东省教育科学"十三五"规划重点资助课题
"基于核心素养的十二年一贯制课程建设与实施行动研究"
（课题批准号：222019075）的研究成果之一

基于学习科学的有效教学

6

基于自我解释的教学

主编：赵 勇 庞维国

本册编写人员：张艺佩 王道远 郝 媛

◀◀◀◀

山东教育出版社

·济 南·

一前言一

　　解释是指在观察的基础上进行思考，合理地说明事物变化的原因、事物之间的联系以及事物发展规律的过程。在教学中，教师常常向学生解释学习内容，这是为了帮助学生更好地理解和应用所学知识。如果学生自己向自己做出解释，那么会不会达到同样的效果呢？

　　对于这个问题，教育心理学家的回答是肯定的。教育研究者从20世纪90年代就已经开始注意这种学习活动了。那时候，研究者关注的焦点从有效地执行某一任务的策略（例如问题解决和记忆）转向一般领域的学习活动。这些学习活动可以广泛地适用于不同的知识领域，不但能取得良好的学习效果，而且对所有能力层级的学生都有帮助。自我解释就是这样一种学习活动，它是学习者在已有认知结构的基础上，为理解新的信息而自己生成的解释，是一种尝试获取问题深层结构的学习活动。

例如，七年级的学生学习二次根式加减法时，要学到如何合并同类二次根式，教材直接给出例题：$2\sqrt{2}+3\sqrt{2}=5\sqrt{2}$。

而学生会如此解释：2与$\sqrt{2}$、3与$\sqrt{2}$都是相乘的关系，2个苹果加3个苹果一共是5个苹果，以前也学过$2a+3a=5a$，因此2个$\sqrt{2}$加3个$\sqrt{2}$等于5个$\sqrt{2}$。

在这个例子中，解答样例没有给出完整解释，学生在已有认知的基础上，联系了以前学习的运算原理，类比代数式的知识，完善了自己对二次根式加法的理解，这就是调动已知为自己解释新知的自我解释过程。

对于自我解释学习活动的研究，学界取得了很好的研究成果，这些成果值得教师学习和借鉴。但是，自从米歇尔勒内·季在样例学习的研究中首次提出自我解释之后，自我解释作为一个研究领域的时间并不长，属于一个新兴的研究领域。国内对于自我解释这种学习活动的探讨，无论在现有的理论成果，还是在一线的教学案例中，都较为匮乏。本册的目的就是向大家介绍和推广这种引导学生进行自我解释的教学技术，以期能对老师们的教学有所帮助。

目录

第一章　何谓自我解释

第一节　自我解释的研究背景

我们不妨从李白的《夜宿山寺》这首诗谈起。"危楼高百尺，手可摘星辰。不敢高声语，恐惊天上人。"

这是一首写景的短诗，诗的内容记录了李白夜游寺庙的有趣经历。初读时人们或许会觉得奇妙：真有百尺危楼吗？星星就在触手可及的地方吗？"天上人"从何而来？这时候，人们就要从作者的视角进行思考，进而解释诗的真意，"危""不敢""恐"，都是在用夸张的手法，生动形象地描写山寺之奇高，星夜之奇妙，也从侧面反映出诗人的想象力。

在这个学习过程中，学习者为了帮助自己理解诗句想表达的含义而为自己进行解释，就是一种自我解释的过程，这恰恰是教师可以在教学中经常使用的一种技术。

早在20世纪90年代，心理学家和教育工作者关注的焦点就从有效地执行某一任务的策略（例如问题解决、记忆）转向解决一般领域问题的学习活动。这些学习活动可以广泛地适用于陈述性和程序性知识的学习中，不但能取得良好的学习效果，而且对所有能力层级的学生都有帮助。这些学习活动包括自我提问、对他人提问、对他人解释、自我解释等。这些学习活动之所以如此有效，就是因为学生在这个过程中利用自己原有的知识，积极地建构新知识，可以说，这是一种建构活动。正是在这种情况下，米歇尔勒内·季在1989年首先揭示出学生的自我解释活动，本书论述的自我解释正是一种积极建构新知识的学习活动。

第二节　自我解释的定义

1989年，美国心理学家米歇尔勒内·季首次提出自我解释这个概念，把自我解释界定为学习者在阅读文章或者练习样例的过程中，为澄清或解释句子的陈述所提出的推理。在其研究中，要求大学生在学习物理问题的解答样例时，进行出声思维。注意，这里的解答样例包含了解决问题的具体步骤，但通常不给出实施每个步骤的理由。出声思维法由心理学家东克尔于1945年首先提出，出声思维法本质上是让一个人利用外部言语进行思考，使他的思维过程外显化并得以在一定程度上被直接观察。[①]在出声思维中，学习者在被提问后接着解答一系列相关的问题，当出声思考的方案中包含"对

①　郭秀艳：《实验心理学》，人民教育出版社，2004，第430页。

样例中所讨论物理问题的实质性想法"时，其中的言语表达就被称为自我解释。

伦克尔认为，自我解释能够显著地提高近迁移和远迁移，同时不会增加学习时间。

纽曼认为，自我解释是一个思维过程，在这个过程中，学习者通过言语信息调动思维运作，对学习材料进行推理分析得出结论，并监控推理产生的过程。

艾茵仕沃斯认为自我解释实质上是帮助学习者对学习材料进行认知加工，是元认知策略的一种具体模式。①

裴利芳等人认为，在学习示例时，高领域知识组被试倾向于使用发现意义和建立新旧信息间联结的解释策略对示例进行认知加工；低领域知识组被试利用句法加工策略解决问题。②

---

① 路海东、景艳梅：《国外自我解释的理论与应用研究及其对我国的启示》，《外国教育研究》2008年第12期。
② 裴利芳、朱新明、林仲贤：《领域知识与自我解释策略间关系的实验研究》，《心理学报》1997年第4期。

吴庆麟认为，自我解释是学习者在教学情境中对新信息的思考做出解释的活动，以此达到掌握新知识的目的。[①]

路海东和景艳梅认为自我解释是学习者在问题解决的过程中的一种出声思维，可以将学习者对新知识以及问题的思维内容表达出来，对自身的知识内化方式进行解释。[②]

综上所述，在教学中，自我解释被定义为学习者向其自身做出解释，以此理解新信息的活动。在这个定义中，自我解释是一种解释给自己的活动，多数自我解释的研究都是通过提示学习者出声思维，从学习者外显的言语行为来分析学习者自我解释的口语报告，但是自我解释本身不必是外显的行为，在没有外显的言语报告的情况下，学习者也能够进行自我解

[①] 吴庆麟、杜伟宇：《自我解释的研究》，《心理科学》2003年第6期。

[②] 路海东、景艳梅：《国外自我解释的理论与应用研究及其对我国的启示》，《外国教育研究》2008年第12期。

释。按照米歇尔勒内·季的说法，自我解释就是学习者所从事的一种学习活动，其目的在于使学习者自身能够更好地理解学习内容。

第三节　自我解释活动的特点

一、自主性

自我解释是由学习者生成的，而不是由教师、家长或是其他已知该内容的人生成的，自我解释是为自身学习生成的，而不是为了把内容传授给他人。教师在课堂中鼓励、引发学生的自我解释学习活动，充分体现了以学生为中心、尊重学生主体地位的学习方式，这就是我们通常说的让学生多说话，将课堂还给学生，使学生成为课堂真正的主人。

二、建构性

自我解释是学习者为了理解新信息而为自己生成的解释。学习者在自我解释中常常经历这样的思维过程：先根据已有的信息进行发散性思考，之后再判断、筛选、概括、组织答案。因此，解释是学习者超越给定信息所做出的推论，是一种尝试获取问题深层结构的学习活动。它可以聚焦于解答样例或文本中所展现的推理，也可以聚焦于自身问题解决的过程。

第四节 自我解释与其他学习活动的区分

一、自我解释与对他人解释

自我解释应该是比对他人解释更具集中性的活动，这种集中性主要体现在尽力理解学习材料上，而对他人解释要传递信息给听众，这就需要监控听众的理解。再者，自我解释报告是不完整的，不连贯的，有时甚至是不正确的。而对他人解释要求解释具有连贯性和正确性。最后，二者服务于不同的目的：自我解释的目的在于修改自己的理解，而对他人解释的目的在于传递信息。自我解释和对他人解释也有相似之处，它们都是建构活动，因此二者都能促进学习。

二、自我解释与出声思维

虽然在米歇尔勒内·季的研究报告中，自我解释来源于出声思维，但是教师有必要将自我解释和传统的出声思维区分开来。出声思维的口语报告是在问题解决的情景中收集言语数据的一种方法，它明确地禁止反思，只让被试者说出在问题解决时所想到的事物，只是对工作记忆内容的报告。米歇尔勒内·季更具体地描述了出声思维和自我解释的区别，她认为，与出声思维相比，自我解释更类似于反省，对自己的解决方法进行解释就迫使被试者将自己心理过程的原因进行推理，而出声思维只是简单地将工作记忆中的事物外显化，不必有意地理解学习材料，这样可能对学习没有很大的促进作用。沃森比较了两组学生，提示一组学生出声思维，提示另一组学生自我解释，结果发现自我解释组的学生获得了更大的学习收益。

第二章　自我解释为何能促进学生学习

　　根据已有的理论成果，自我解释活动能够促进学习的原因可追溯至加涅的信息加工理论。信息加工理论把人看作信息加工的机制，把认知看作对信息的加工，认为学习是由习得和使用信息构成的。信息加工理论比较完整地描述了学习者的信息加工过程，这个过程大致分为以下四个阶段：注意刺激—信息编码—储存信息—提取信息。信息的获得就是接收直接作用于感官的刺激信息，感觉的作用就在于获得信息。研究表明，自我解释活动在信息加工过程中的信息编码阶段以及信息的转换、加工、使用中都起到了一定作用。

第一节　引发信息编码过程

这个作用主要体现在信息编码阶段。通过信息的编码，外部客体的特性可以转换为具体形象、语义或命题等形式的信息，因此信息的编码是将一种形式的信息转换为另一种形式的信息，以利于信息的存储、提取和使用。

比如，学生学习"苹果"的概念，脑海中会想到一个"红色的，圆圆的"形象，这即是一种信息的形象编码方式；同时可以想到，它是"可以吃的，甜的水果"，这就是一种语义编码方式。

学习者要学习的知识，是以各种学习材料的形式呈现的，如语文、英语教科书中的阅读材料，数学教科书中的例题。学习者通过自己的理解对学习材料进行解释的过程就引发了信息编码的过程。罗伯特·J.卡林–亚格曼等人认为，学习者在解释过程中，产生了编码，自我解释促进了学习者把学习材料中的外在知识内化、存储进记忆这个过程，因此自我解释是帮助学习者进行编码的过程。

第二节　修复认知结构

通过信息编码，学习者会形成新的认知结构，而大部分学习者形成的认知结构往往存在缺口。认知结构的缺口主要来自两方面。一方面是学习材料本身的缺口。有时候，学习者之所以无法利用学习材料中的样例和文本形成完整而正确的认知，是因为对于学习者而言，学习材料基本都存在一定的省略，是不完整的。有一些重要内容，比如包含某些原理或者规则的关键步骤被省略了。通常情况下，文本中的省略与个体认知结构中的缺口是对应的。当解答样例比较简略时，空缺就比较大，从而影响学生的理解。

比如，小学阶段没有学过球的体积计算公

式，因此在七年级学习立体图形时，做到关于球的体积的题，学生算不出答案。当学生结合答案理解时，就会猜测 $\frac{4}{3}\pi r^3$ 就是球的体积计算公式，从而习得。

学习者通过自我解释填补了这些联结缺口，因而才能形成连贯的心理表征。另一方面，学习者自身原有的认知结构存在缺口，简而言之就是学习者原本就记错了或者遗忘了部分知识。

学生通过初次阅读、理解文本，会形成对学习内容初步的、不完全正确的认知结构，而学习者对于新知识的自我解释能使其发现自己的知识漏洞，弥补认知结构，因此自我解释是一个学生在原有认知结构的基础上不断修复、完善认知结构的过程。

库尔特·范莱恩和伦道夫·M.琼斯重新分析了米歇尔勒内·季的数据，发现低水平学习者和高水平学习者成绩在"空缺错误"部分差异明显，占整体差异的60%，最后得出结论：自我解释可以帮助学习者填补认知空缺。

第三节 实现不同心理表征类型的转换

前文提到，通过信息编码，外部客体的特性可以转换为具体形象、语义或命题等形式的信息，再通过存储，保存在大脑中。这些具体形象、语义和命题实际就是外部客体的特性在个体心理上的表现形式，是客观现实在大脑中的反映。认知心理学将在大脑中反映客观事物特性的这些具体形象、语义或命题称为外部客体的心理表征，简称表征。表征有多种类型，常见的如认知地图、表象、图式、心理语言等。

举例来说，在心理表征中，情绪和事物的关联网络不是割裂的，而是统一的。一提到"臭"，人们就会想到污秽之物，感到恶心刺激，避之不及。一提到"香"，人们就会想到香气芬芳，感到心旷神怡、趋之若鹜。

纽曼等人提出自我解释效应的关键是学习者在提取、使用所需信息时，自我解释可将问题的不同表征类型进行转换，从而有益于问题的解决。

　　举个例子来说，若学单词时教师请学生试着找出fluent、influence、fluid、effluent、superfluous的相同点，并根据单词结构进行词义解释，学生必然能更加深刻地理解每个词的意思，这是因为在此过程中，学生实现了从单词拼写到词根语义，再到表象组合与转换的过程。具体来说，学生能从单词中找到"flu"这个组成部分。事实上，它是英文中的一个词根，即flow（流），在英文中"-ent"是形容词后缀，也就是"……的"，当学生把"流"和"……的样子"这两种不同的心理表征组合后，就转换出了另一个新的表征——流利的，流畅的。再如，effluent，"ef-"表示"外、出"，学生可以反映出朝向外边的形象，flu表示"流"，"-ent"表示"……的"，这里将"向外的"和"……的"这两种心理表征组合，就形成了新的心理表征——朝外流动的，翻译为流出的，发出的。

又比如在数学概念或者定理的学习中，学生常常要把文字语言、符号语言和图形语言进行互相转化。例如"线段中点"的概念，学生可以借助三种形式解释什么是线段的中点。

文字语言：点 M 把线段 AB 分成相等的两条线段 AM 与 BM，点 M 叫线段 AB 的中点。

图形语言：$\underset{A}{\bullet} \quad \underset{M}{\bullet} \quad \underset{B}{\bullet}$

符号语言：$AM=BM=\dfrac{1}{2}AB$（或 $AB=2AM=2BM$）

线段图可以帮助解释很多行程问题的答案，学生可以借助图形语言将条件画出来。

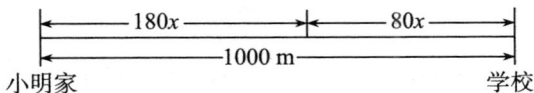

图2-1 线段图

在以上的例子中，表征的转换由学习者理解的初始状态逐渐转换到中间状态，直到达成目标状态，表征的转换强调自我解释是运用语言调节思维的动力过程，不仅包括对新知识的推论，也包括对问题的澄清。

第四节　转向高水平信息加工策略

存储后的信息在学习者的大脑中不是一成不变的，而是被不断加工着的。认知心理学认为，信息加工的水平层级是不同的，个体对呈现在他面前的刺激，可以进行不同水平的加工。如克雷克和洛克哈特认为，最低水平的是感觉加工，例如特征提取；较高水平的是模式识别或知觉；最高水平的就是语义提取，也就是有意义的学习，对学习内容的理解和迁移。

研究表明，自我解释促进了学习者进行高水平信息加工，使学习者提升了知识的整合水平。安德里亚·切希尔等人在研究自我解释对推理能力的作用时曾做过实验，实验表明，通过自我解释，一年级的学习者从感知线索的低水平信息加工逐渐变为采用复杂策略来理解的高水平信息加工。

图2-2是以导图的形式梳理自我解释在学习

过程的各个阶段所能产生的作用。

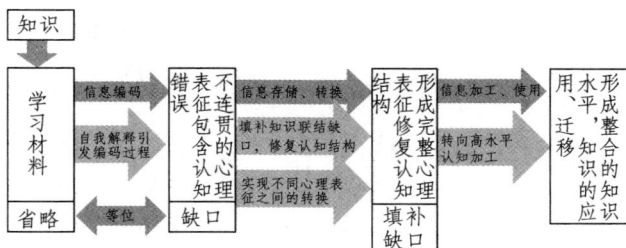

从某种意义上讲，所有的文本都是不完整的、有省略的。

图2-2　自我解释的作用机制

第五节　例题

结合文献中已有的自我解释生成机制的观点和初中教师的教学实践，我们现在举一个初中数学学科的例子，说明前面四条作用机制是如何具体呈现的。

【例题】如图，在数轴上，点A代表

图2-3　例题图

的数是30，点B代表的数是90，点C代表的数是180，动点P、Q分别以每秒20个单位、每秒10个单位的速度从A、B出发，向正方向运动，两点中有一点到达C时同时停止运动。多少秒后，

P、Q两点的距离为20个单位？

【解答样例】

点P到达C处的时间为$\frac{180-30}{20}=\frac{15}{2}$（s），

点Q到达C处的时间为$\frac{180-90}{10}=9$（s）。

∵$\frac{15}{2}<9$，∴动点运动的时间范围是$0\leqslant t\leqslant\frac{15}{2}$，且AB=90−30=60。

∵动点P表示的数为30+20t，动点Q表示的数为90+10t，

∴两动点相距20个单位，即$|90+10t-(30+20t)|=20$，

解得$t_1=4$，$t_2=8$。∵$0\leqslant t\leqslant\frac{15}{2}$，∴$t_2=8$舍去。

答：在第4秒时，P、Q两点的距离为20个单位。

这是七年级上册数学检测中常见的数轴动点问题，但这个问题并不容易解决。有时候即使学生看了答案，也不容易理解，这就是数学老师常常面对的困境：有的题目即便发下完整的解答样例，对学生也没有太大帮助。

　　这是因为，当学生要综合运用不同的知识解决面临的题目时，解题的难度就随着题目的综合性而上升。学生需要从众多的条件中选择一个作为题目的突破口去解决问题。学生自我解释的过程就是一种根据现有的信息来选择头脑中已有的信息进行构建的过程，也是选择合适的数学语言表达并解释问题解决思路的过程。学生利用自我解释把学到的知识进行自我梳理、自我建构，促进了学生对学习的自我反思。如果自我解释被应用到中学生的数学课堂，将有利于激发学生的学习兴趣。

　　以这道题目为例，教师分析不会做这道题的学生如何运用自我解释得到提升。在进行自我解释之前，学生直接阅读分析这个问题的解答样例，会产生一系列疑问，教师可为学生梳理并引导学生进行自我解释。

　　问题1：怎么理解 $|90+10t-(30+20t)|=20$ 这个等式中的绝对值的意义？

　　问题2：为什么点 P 表示的数为 $30+20t$，点

Q表示的数为$90+10t$?

问题3：为什么方程解出了$t_1=4$和$t_2=8$这两个解？

教师还可以在学生理解答案后提示学生进一步解释下面两个问题。

问题4：这道题还有其他解法吗？

问题5：还有其他类型的题也可以这样解决吗?

在以上过程中，自我解释分别从以下几个层面促进了学生的理解。

第一，引发信息编码过程。

编码不仅可以对短时记忆中的信息进行加工和转换，也可以对大脑中原有的信息结构进行重组或扩建。对于问题1，学生会发现，条件中呈现了距离等于20，答案中呈现了绝对值等于20。因此，此处绝对值的距离意义应当是这种解法的关键。学生在自我解释活动中会这样解释：根据绝对值的定义，$|x|$表示数轴上表示数x的点与原点的距离，即$|x-0|$。那么，如果数轴上两点P、Q表示的数为x_1、x_2

时，点 P 与点 Q 之间的距离为 $PQ=|x_1-x_2|$。从绝对值可以用来表示数轴上某个点到原点的距离，表示任意两个固定点之间的距离，到此处表示两个动点间的距离，完成了绝对值与距离这两个概念相关联的信息编码，学生理解了动点间的距离也可以用绝对值表示。

第二，填补知识联结缺口，修复认知结构。

学生可以通过自我解释活动解释许多样例本身没有呈现的逻辑推理过程。通过自我解释，学生会探究每个步骤成立背后的原因，自发地填补文本编码中未能体现的空缺。对于问题2，在上述解答样例中省略了一个重要公式"路程=速度×时间"，学生在自我解释的过程中若提到"$10t$""$20t$"，可以借助这个公式进行解释，从而理解 P 点表示的数是这样得到的：从"30"这个初始位置出发，以每秒20个单位的速度运动，t 秒后运动了 $20t$ 的路程，最终停留的位置就是"$30+20t$"。与之类似，学生也就理解了 Q 点所代表的数的含义。对于问题3，解包含绝对值问题的方程，许多同学的做法是直接去掉绝对值符号，得到唯一答案，但本题的答案出现两个解，学生不得不关注这个认知冲突，这时候，学生就会通过自我解释修复有关绝对值具有双解性的知识漏洞。

第三，实现不同心理表征类型的转换。

对于问题4，通过自我解释，教师可以看到学生理解数轴动点问题的心理表征是不一样的。有的学生想到绝对值的表象——当他在想象某个人或某个东西时，他的心中就会出现相关的形象，心理学把这种出现在心中的形象叫作表象，并且认为它是人类心理表征的一部分。学生通过条件中的"距离"一词，直接反映出"绝对值符号"，从而列出绝对值方程解决问题。有的学生看到条件中的"运动"一词，想到运动问题中追及问题的解题策略，还有的学生想到用画线段图、找等量关系列方程的方法。

或

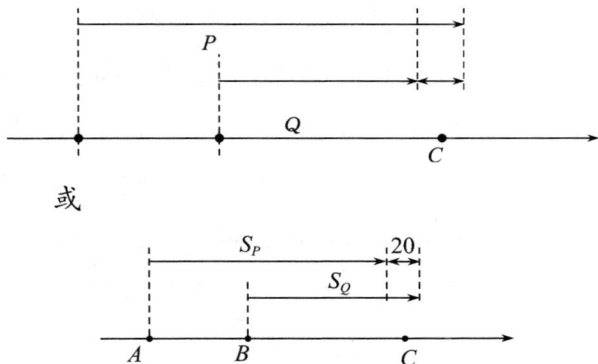

图2-4　学生绘制的线段图

解：$AB=90-30=60$，

（1）若在两动点相遇前相距20个单位，则有

$20t+20=60+10t$，解得$t=4$。

（2）若在两动点相遇后相距20个单位，则有

$20t=60+10t+20$，解得$t=8$，$\because 8 > \dfrac{15}{2}$，$\therefore t=8$ 舍去。

答：在第4秒时，P、Q两点的距离为20个单位。

通过自我解释，学生对两种做法的相通之处、运动过程中的等量关系、变化过程中的不变关系有了更深刻的理解。

第四，转向高水平信息加工策略。

自我解释可以促进学习者进行高水平的信息加工。在这个问题中，学生解释了有关路程、速度、时间之间的关系，两点间距离与绝对值的关系，自我解释过程将新的信息与旧的知识联系起来，充分说明自我解释可以通过提升知识的整合水平来促进理解。

与此同时，学生对于绝对值几何意义的认知大多停留在"$|a|$ 的几何意义就是 a 到原点的距离"，通过对例题解答的自我解释活动后，学生更容易发现"距离"与"减法""绝对值"之间的本质关联才是解决这个问题的关键信息。学生渐渐确信，不仅某数到原点的距离可以用绝对值表示，任何两个点之间的距离都可以用绝对值表示。这样学生就经历了从解决例题本身，到抽象概括出"距离与绝对值的本质关联"的过程。因此，自我解释可以通过引导学生从关注要学习的内容的表面特征转向其结构特征，来促进理解和迁移，实现更深层次关系

的理解。比如，有学生在进行自我解释后，可以将这类有关距离的问题从数轴迁移到角的坐标系，并分析出与解决数轴动点问题类似的方法。

【例题】如图，∠AOC=30°，∠BOD=90°，∠AOB＝１８０°，边 OC、边OD分别以每秒20°、每秒10°的速度绕着点O顺时针旋转，

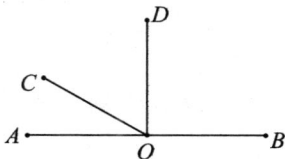

图2-5 例题图

两条射线中有一条到达OB就同时停止运动。运动多少秒后，∠COD=20°？

方法一：	方法二：
a）分析运动时间的取值范围；	a）分析运动时间的取值范围；
b）用含t的代数式表示两动角；	b）根据条件，通过画出射线的初始和结束位置示意图，体现动角运动过程；
c）根据等量关系列方程；	

d）解方程，检验解是否在取值范围之内。

c）根据示意图找到两个动角之间的数量关系，列出方程；

d）解方程，检验解是否在取值范围之内。

方法一

射线OC到达射线OB处的时间为$\frac{180-30}{20}=\frac{15}{2}$（s）；

射线OD到达射线OB处的时间为$\frac{180-90}{10}=9$（s）。

$\because \frac{15}{2}<9$，$\therefore$动射线的运动时间范围是$0\leqslant t\leqslant\frac{15}{2}$，且$\angle COD=90°-30°=60°$，

$\angle AOC=30+20t$，$\angle AOD=90+10t$，

则$\angle COD=\angle AOD-\angle AOC$或$\angle AOC-\angle AOD$，即$|90+10t-（30+20t）|=20$，解此方程，检验$t$的取值范围即可。

方法二

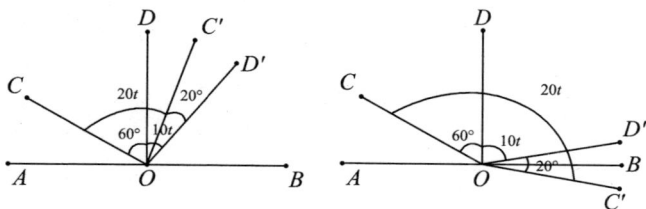

图2-6 学生绘制的动角图

根据题意，分类讨论如下：

（1）若在两动射线相遇前∠COD=20°，则有$20t+20=60+10t$，解得$t=4$；

（2）若在两动射线相遇后∠COD=20°，则有$20t=60+10t+20$，解得$t=8$，

∵$8>\dfrac{15}{2}$，∴$t=8$舍掉。

到此，教师已经从信息加工的角度出发，完整阐释了自我解释为何能促进学生学习。在教学实践中，教师又应当如何使用这种策略引发学生的自我解释活动呢？

第三章 如何在教学中使用自我解释

通过前文的理论分析我们可以知道，自我解释在各个学科中都已经有了广泛应用，学生的自我解释活动非常有助于提高学习效果。因此，教师应思考如何科学地进行教学设计，让学生的自我解释更多地发生在教学实践中，也就是说，教师要懂得如何设计教学过程，才能更好地激发学生的自我解释活动。

第一节　在教学过程中设计自我解释的准则

一、根据学习目标和重点来选择自我解释活动

学生进行的自我解释活动最有可能改善的是对核心基本原理的理解和迁移，而不是对事实的回忆，因此学生需要对贯穿始终的、目标的、重点的内容，即学习的基本原理进行理解。

比如，学生学习解一元一次方程，教师常常给出学生解一元一次方程的一般步骤。

$-x+1=6$

$-x=6-1$ ……移项

$-x=5$ ……合并同类项

$x=-5$ ……系数化为1

在这个简单方程的计算中，学生在解释为什么这一步要这么算的时候会发现，每个步骤的原理其实就是等式的基本性质。比如"移项"这个步骤是基于"等式两边同时加上或减去一个相同的数，等式仍然成立"这个基本原理。"系数化为1"这个步骤是基于"等式两边同时乘一个数或除以一个不为零的数，等式仍然成立"这个基本原理。将"等式的基本性质"这种基本原理迁移到形式较复杂的方程计算中，也是一样的。

$$-\frac{x-1}{2}=3$$

$-(x-1)=6$ ······去分母

$-x+1=6$ ······去括号

$-x=6-1$ ······移项

$-x=5$ ······合并同类项

$x=-5$ ······系数化为1

这里，学生想要把分数形式的方程化为整数形式的方程，要怎么做呢？显然需要去分母。当学生对如何去分母进行解释，就会想到"去分母"这个步骤是基于"等式两边同时乘一个数或除以一个不为零的数，等式仍然成立"这个基本原理。这就是一种原理的迁移。

"依据算理定算法"也是一种运算的基本观念，若将此观念迁移到不等式的计算中，也能行得通。

$$-\frac{x-1}{2}>3$$

$-(x-1)>6$ ……去分母

$-x+1>6$ ……去括号

$-x>6-1$ ……移项

$-x>5$ ……合并同类项

$x<-5$ ……系数化为1

这里，学生确定计算不等式的每个步骤，也是依据不等式的基本性质，对原理进行了迁移。在这样的自我解释基础上，学生才更容易注意到，为什么不等号需要变号，这是以原理为支撑的，而不是一种对步骤的机械记忆。

二、通过设计自我解释练习来搭建高质量解释的支架

进行自我解释练习可以不断改善自我解释的质量和学习结果。教师在设计练习任务的时候，加入一些促进学生反思的提问，可以促进学生自我解释策略的使用。例如，这个问题与其他问题相比有什么特点或关联？解决问题的关键在哪里？还有没有其他的解决方法？数学教育家乔治·波利亚提出的"自我提问单"，实质上就是这种自我解释支架的典范。

举例来说，学生初学各个物理量的表示的时候，会产生一些疑问，比如"时间"这个量为何用"t"表示，教师回答因为时间的英文单词是"time"，这里面有个用首字母代替原词表示量的规则。因此，当学习"速度"这个物理量时，教师应当给学生提出支架问题："速度"这个量为什么通常用"v"表示？因为"v"是"velocity"的首字母。回答几次这样的关联问题后，学生就可以更好地理解物理量表示的原则，脱离死记硬背的学习模式。

再比如公式的记忆，也不是全靠机械记忆的。例如"$v=\dfrac{s}{t}$"这个公式，为什么要用位移除以时间而不是时间除以位移？这就需要学生通

过自己原有的理解进行解释，可能的合理解释

如："$\frac{s}{t}$"这个量，代表了单位时间内的位移，

和速度是正相关，运动越快，这个量越大，这

是很容易理解的；如果反过来用"$\frac{t}{s}$"，即单位

路程所要花的时间，虽然从"数量"角度也可

以做出比较，但速度越快，这个量是越小，这

是一种反相关，就不够通俗易懂。

三、提示学生解释正确的信息

与提示学生对自己的解决方案或推理进

行解释相比，提示他们解释正确的信息，如

解答的样例、课本信息或范例，更有可能促

进学习。

这个策略很容易懂。教师见到课本上的例

题，都会先给出正例。按照学习心理学中首因

效应的说法，我们可以知道，第一印象并非总

是正确的，却是最鲜明、最牢固的，因此教师

常常首先给出大量正例，让学生建立对正确思

路的印象。因此，在学习过程中加强对正确信

息的解释，有助于强化学生对学习内容的正确理解。例如对这个选择题的解答。

下列说法不一定成立的是（　　　）。

A. 若$a>b$，则$a+c>b+c$

B. 若$a+c>b+c$，则$a>b$

C. 若$a>b$，则$ac^2>bc^2$

D. 若$ac^2>bc^2$，则$a>b$

不少学生认为C选项是对的，他们大概会这样解释："不等式两边同时乘一个数，不等号方向不变。"这时候，教师可以提示学生再次叙述不等式的基本性质。学生思考过后更正："不等式两边同时乘一个正数，不等号方向不变。"教师再提示学生："c^2是否一定为正数？"学生此时才会解释道："哦，c^2不一定为正数，当$c=0$时，c^2的值应该是0，不是正数。"在这个例子中，教师通过让学生解释正确的原理和判断，从而让学生理解C选项的错误之处。

四、提示学生解释错误的信息

如果某个领域中存在常见的错误思维方

式，学生同时对正确和错误的样例进行解释可以促进理解和迁移。

　　这个策略也很容易懂，虽然教师不希望看到学生出错，但是学生难免会出现错误。导致错误的原因是多样的，如之前分析的原有认知结构的疏漏，学习材料中的知识缺位，教师教学中的错误暗示或者指导，等等。出现错误，说明学生已经形成了一种错误认识，这时候需要让学生自己找出错误原因，理解正确的方法。因此，很多教师会让学生在改错本上解释错误原因，让学生解释自己的解法为何不正确。

错因统计			知识点总结
1. 审题失误	□ 轻	□ 重	请你从以下几个方面进行总结：
2. 思路方法	□ 轻	□ 重	
3. 知识模糊	□ 轻	□ 重	1. 错误原因或卡住的原因；
4. 计算有误	□ 轻	□ 重	2. 策略提炼；
5. 粗心大意	□ 轻	□ 重	3. 出题人的意图、考点；
6. 其他	□ 轻	□ 重	4. 其他解法。

图3-1　错题本项目图

　　比如下面这道题目：图像在第一象限的点的坐标符合什么样的取值范围？一位学生回答："$0 \leqslant x \leqslant 1$，$0 \leqslant y \leqslant 1$。"老师给他批示了错误。

拿到作业后，这位同学非常急切地找老师寻求
答案，说："老师，题目中的这一段图像分明包
括x轴和y轴上的临界点，取值范围里应该能够
等于1啊。"老师笑而不答，只问了一个问题："x
轴和y轴上的点是第一象限内的点吗？"学生顿
悟，于是对照题意将自己在解题过程中不正确
的地方说了出来："题目中问的是图像在第一象
限的点，坐标轴上的点不属于任何象限。"

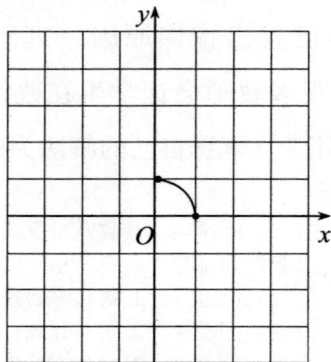

图3-2　坐标图

　　相较于前一种教师提示学生解释正确信息
的方式，提示学生自主发现错误、解释并纠正
错误更令学生印象深刻，因为这是一种由学生
自主发起的，完全以学生的认知逻辑为起点的

自我解释。但在使用这种技术时，教师必须注意不要让学生出现超负荷认知，尤其对于新授课的学习，应尽量多给正例，否则会弱化正确信息。在习题课、复习课中，教师可以多让学生自主解释错误信息。

第二节　在教学过程中设计自我解释的具体途径

一、样例设计中的步骤渐减

在数学、物理、化学、生物等理科问题解决中，设计样例是不可缺少的重要环节。在样例学习和问题解决阶段，教师可以在例题中加入包含自我解释的设计。

下面是两道概率问题，其中例题已经给出解题步骤和答案，让学生在阅读例题的同时，解释每一步为什么要这么做。然后，让学生按照例题的解题步骤完成练习。在完成练习的过程中让学生写出每一步相应的原理（概率原理、乘法原理、加法原理、互补原理中的一项），并填写在每一步下面的横线上。

【例题】在一项飞行能力的测验中，40%的报名者没有通过体能测验，60%的报名者没有通过心理测验，20%的报名者体能和心理测验都没有通过。试问：随机选出两个人体能测验和心理测验都合格的概率是多少？

解：设没有通过体能测验的概率为$P(A)$，没有通过心理测验的概率为$P(B)$，体能和心理测验都没有通过的概率为$P(A+B)$，则$P(A)=40\%$，$P(B)=60\%$，$P(A+B)=20\%$。

第一步：随机选择一个人体能和心理测验都没有通过的概率为

$P(A)+P(B)-P(A+B)=40\%+60\%-20\%=80\%$，

原理解释：_____；

第二步：随机选择一个人体能和心理测验都通过的概率为

$1-80\%=20\%$，

原理解释：_____；

第三步：随机选择两个人体能和心理测试都通过的概率为

20%×20%=4%，

原理解释：＿＿＿＿＿＿＿＿＿＿＿＿＿＿＿。

【练习】小王最近买了一架照相机，在照相的时候他犯了两个相互独立的错误。他搞模糊了40%的照片，有10%的照片忘记打闪光灯，因此照片太暗。如果你打算选择小王的照片，那么选中两张没有缺陷照片的概率是多少？

解：

第一步：＿＿＿＿＿＿＿＿＿＿＿＿＿＿＿，

原理解释：＿＿＿＿＿＿＿＿＿＿＿＿＿＿＿；

第二步：＿＿＿＿＿＿＿＿＿＿＿＿＿＿＿，

原理解释：＿＿＿＿＿＿＿＿＿＿＿＿＿＿＿；

第三步：＿＿＿＿＿＿＿＿＿＿＿＿＿＿＿，

原理解释：＿＿＿＿＿＿＿＿＿＿＿＿＿＿＿。

这个自我解释样例设计体现了引导学生对学习原理、规则进行自我解释的准则以及提示学生解释正确信息的准则。研究显示，成功解决问题的学生对每个成功解答的样例，平均产生了15个自我解释，而解决问题能力较差的学生对每个样例的自我解释，平均只有3个。类似地，在学习概率问题的样例时，自发地生成更多自我解释的学生，也能更成功地解决问题。

二、样例和练习设计中的"自我提问单"

在学习过程中，通过提供一系列供学生自我观察、自我评价和自我控制的问题清单，可以不断促进学生自我反省，提高他们的问题解决能力。"自我提问单"对于学生有如下帮助：确定学习目的；辨别问题的重要部分；提出理解题意后才能正确回答的问题；考虑问题答案的时候，控制自己的注意指向。

"自我提问单"主要支持三种活动：摘要、解释和反思。这三种活动能有效激活个人的知识背景。比如，自我引导的摘要通过提高学生对课程内容的理解帮助学生进行知识建构，让他们检查自己的理解。自我解释和自我调节活动鼓励知识建构和问题解决。最后，反思活动包括监控理解和学习行为，对理解中的失误进行解释和阐明。

　　学生对学习内容进行摘要时，教师应要求他们识别学习内容的主要思想和内容之间的关系。这个过程与解释新信息、识别知识建构过程的主要思想相关联。然后，教师可以要求学生用具体事例解释概念，并将其与主要思想进行联系，要求他们解释说明学习内容，分析和评价自己的观点。这个过程与知识建构的分析与评价相关。反思活动要求学生计划并监控他们自己对课程内容和学习活动的理解，这个过程与识别目标和计划并监控知识建构过程有关。

　　"自我提问单"有利于学生积极监控自己的学习活动，并能促使他们采用一定的学习策略。由于这种途径对学生的元认知能力有一定要求，因此更适合于解决条件复杂，需要层层分析的问题。数学教育家乔治·波利亚就曾提出了下列供学生自我提问的问题。尽管这些问题最初用来解决数学问题，但现在人们公认它们适用于解决各个学科的问题。

1. 阅读。学生阅读问题时，关键是要理解题意。教师可以用以下问题提示学生：已知条件是什么？已知条件足够吗？已知条件与未知条件矛盾吗？

2. 拟订计划。例如，我过去见过这道题或类似的题吗？我能想象出一个更加容易解决的相关问题吗？我使用所有的条件了吗？我能够考虑到用于确定未知条件的其他数据吗？

3. 执行计划。例如，我能清楚地确定这一步是对的吗？我能证明这一步是对的吗？

4. 比较与检查。比较与检查环节指的是学生在独立解决问题之前或是在解决问题之后，转到样例上检查特定的子程序或者结果的行动。教师用以下问题引导学生进行自我解释：我能解释所得结果的正确性吗？我能检验自己的推导过程吗？我能将这一方法或结果用于其他问题吗？

接下来我们以山东大学附属中学梁东青老

师提供的人教版小学数学六年级上册第三单元
"分数除法"为例，具体分析"自我提问单"
在教学中的应用。

　　根据测定，成人体内的水分约占体重的$\frac{2}{3}$，
学生体内的水分约占体重的$\frac{4}{5}$。小明算了一下，
他体内有28千克水分。那么小明重多少千克？

　　1. 阅读与理解。已知条件是什么？已知条
件足够吗？已知条件与未知条件矛盾吗？问题
是什么？能否画一个草图把题意表达出来？

　　小明体内的水分重_____。

　　小明体内的水分占体重的_____。

　　题中多余的条件是_____。

　　问题要求的是小明的_____。

　　用线段图表示题意：

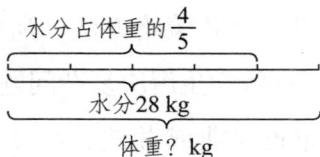

图3-3　应用题图

　　2. 制订计划与解答。本题可以根据以上条

件呈现的等量关系，列方程解决。

小明的体重 $\times \frac{4}{5}$ = 小明体内水分的质量

解：设小明的体重是 x 千克。

$$\frac{4}{5}x = 28$$

$$x = 28 \div \frac{4}{5}$$

$$x = 35$$

3. 回顾与反思。检查结果是不是题目中小明体内水分的质量。

$$35 \times \frac{4}{5} = \underline{\qquad} \quad (\text{kg})$$

答：_____。

这种"自我提问单"使学生意识到解决问题时自己的认知加工策略，能让学生更有意识地调节自己的认知加工过程，更自觉地使用学到的有效知识工具和策略方法，所以这种"自我提问单"对训练学生解决复杂问题特别有效。

教师在布置作业或考试后经常书写的改错纸，也沿用了这一思路。

一、题目摘要（题目条件梗概）

二、错误原因解释（解决问题的思路梳理）
1. 结果是否合理。
2. 寻找错误原因。

三、反思
做同样类型问题时，可采取的方法的总结、本题与其他类型题目的联系。

图3-4 改错纸

这样的设计思路除了适用于简单的题目，更适用于条件多、难度大的综合题目。我们再来看此前提到的初中数学几何中较难的几何动态例题，就可以根据"自我提问单"的落实途径设计练习导案。

【问题1】如图，在数轴上，A代表的数是30，B代表的数是90，C代表的数是

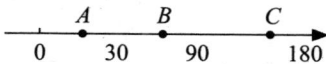

图3-5 问题1示意图

180，动点P、Q分别以每秒20个单位、每秒10个单位的速度从A、B出发，向正方向运动，两点有一点到达C时同时停止运动。运动多少秒后，PQ距离20个单位？

【问题2】如图，∠AOC=30°，∠BOD=90°，∠AOB=180°，边OC、边OD分别以每秒20°、每秒10°的速度绕着点O顺时针旋转，两条射线有一条到达OB就同时停止运动。运动多少秒后，∠COD=20°？

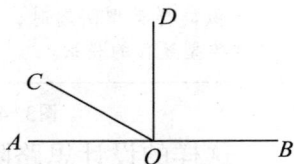

图3-6 问题2示意图

1. 阅读与理解

你想到可以用解决哪类问题的方法来解决第1题？

_____

第1题中存在怎样的等量关系？

_____

2. 制订计划与解答

解第1题的过程：

　　第1题和第2题是同样类型的题目吗？说出你的理由。

_____

_____

_____

　　若这两道题是同一类型的题目，请你仿照解第1题的步骤来解第2道题。

　　解第2题过程：

3. 回顾与反思

　　你还有解决这两道题的其他有效解法吗？

　　在完成这两道题目后，你有何反思与收获？

以下是学生回答上述练习导案进行自我解释的实录，体现了自我解释的不同层级。

层级一：根据原有模式判断题型，缺乏解释过程。

学生1：是同类型的题。本质上都是追及问题。

学生2：是同类型的题。因为都可以用追及问题的公式解答。

层级二：从题目条件上进一步解释判断依据。

学生3：是同类型的题。因为有相同的条件，角和线距离相等。

学生4：是同类型的题。第一题是动点，第二题是动角，做法都是列出方程。

学生5：是同类型的题。动点走直线，动角走圆，都是追及问题。

学生6：是同类型的题。因为第一题为动点问题，第二题是动线段，本质上是一样的，这两道题都可以用行程类问题的解法来解决。

学生7：是同类型的题。这两道题都可以用追及问题的方法解决，因为无论是动点还是动线段，都是以不同的速度，相同的时间进行运动的。

学生8：是同类型的题。一题是点在一条线上动，另一题是一条线在同一平面动，两题都是相遇问题，也都给出了速度和时间。

层级三：从题目之间的联系和本质上（条件的对应、相同的等量关系）解释原因。

学生9：我认为是同类型的题。因为两条射线在动，可看作在数轴上的动点，而角的度数看作两点之间的距离。这个题可以看作追及问题，也就是上一个题的变形。

学生10：是同类型的题。本质上动点和动角都是抽象概念，所以角度相当于距离。

学生11：是同类型的题。它们都有相似的等量关系，都有时间限制，点和线都是运动的，都有追及的现象。可以把第1题的动点问题用追及问题的公式来解决，也可以把第2题的动线想象成动点来解答。

经过统计，与完成传统作业（只有要解决的问题的作业）的学生相比，完成这类作业的学生会展现出更好的理解和迁移能力。

刚才，我们看到了两种在纸面作业中进行自我解释的策略，那么在立体的课堂中，在师生互动、生生合作的过程中，有没有开展自我解释的可能呢？答案是肯定的。

三、引导学生在小组讨论中进行自我解释

结合质疑式学习理念，各学科教师都要擅用小组合作学习的方式来提高学生的学习效率。在让学生进行小组合作学习时，教师经常遇到一个问题：学生在小组合作的时候对讨论的内容不确定，常常不着边际地讨论，没有着力点。因此，教师可以通过设定解释范围、在关键节点处提示解释内容、示范高质量的解释以及提出后续问题等方法，来支持学生在小组合作时的自我解释活动。

下面我们以北师大版数学七年级上册第三

章第四节"整式的加减"为例，看看如何引导学生在小组讨论中进行自我解释。

化简$5x-y-2（x-y）$

解：$5x-y-2（x-y）$　　　　　……文本1

$=5x-y-（2x-2y）$①

$=5x-y-2x+2y$②

$=3x+y$③

去括号法则

括号前面是"+"，去掉括号和"+"，括号里各项不变号，即$a+（b+c）=a+b+c$。

括号前面是"−"，去掉括号和"−"，括号里各项都变号，即$a-（b+c）=a-b-c$。

　　　　　　　　……文本2

跟踪练习

$3（xy-2z）+（-xy+3z）$

$=3xy-6z$＿＿＿＿＿＿＿＿

$=$＿＿＿＿＿＿＿＿$+$＿＿＿＿＿＿＿＿

$=$＿＿＿＿＿＿＿＿

$$1-3\left(x-\frac{1}{2}y^2\right)+\left(-x+\frac{1}{2}y^2\right)$$
$$=$$
$$=$$
$$=$$

重点问题

在整式加减法中，每一项前面的符号究竟如何确定？

学生进行自我解释

在这里，学生结合课本上给的去括号法则（文本2）进行化简：括号前是"+"，把括号和它前面的"+"去掉，原括号里各项的符号都不改变；括号前是"−"，把括号和它前面的"−"去掉后，原括号里各项的符号都要改变。

学生在小组合作讨论中的自我解释活动起到了如下作用。

修复认知结构：先算乘法，再算减法的运算顺序；乘法分配律的应用。

关注问题解决方法的一般特征，从注意表面特征转移到注意结构特征：去括号后，要把括号前面的减号省略，由文本2可知，括号里的2x这一项变为–2x与前面的式子连接，括号里的–2y变为+2y，与前面的式子连接；在符号的处理上，也有同号得正、异号得负的类似结果。

图3-7　去括号法则

与旧知识产生联系，完善认知结构：比如以前学习有理数混合运算时，找到了"同号得正、异号得负"的规律，这里对于合并同类项也同样适用。

产生迁移：若–2x+2y提取–2，对式子加括号，括号里各项也应变号，变为–2（x–y）。

因此，教师会发现，在质疑式学习中，小组学习合作讨论更有助于学生对整式运算算法的理解。讲解例题时，应让学生尝试说出对文本的理解。比如在小组合作时，说出样例中每一步成立的原因；做错练习题的同学说出自己做练习题的依据，发现错误根源，重复强化正确逻辑。在学生省略关键依据时，教师可以提示，设置让学生思考的问题，如提示学生说出每一步成立的依据是什么（先算乘法、后算加减，乘法分配律，去括号法则等）。在讨论的末尾，教师引导学生们一起解释"同正异负"究竟是什么含义。学生在自我解释后用概念图的方式总结"同正异负"在有理数和代数式这两个章节中分别有哪些体现。

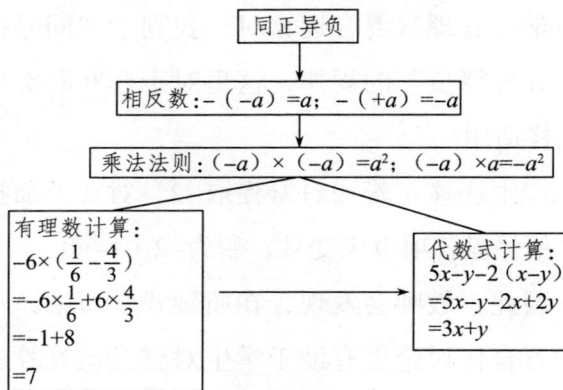

```
                    ┌──────────┐
                    │  同正异负  │
                    └────┬─────┘
                         ↓
        ┌────────────────────────────────┐
        │ 相反数：- (-a) =a；- (+a) =-a    │
        └────────────────┬───────────────┘
                         ↓
    ┌──────────────────────────────────────────┐
    │ 乘法法则：(-a) × (-a) =a²；(-a) ×a=-a²    │
    └──────────────────────────────────────────┘
```

$$-a) \times (-a) = a^2; \quad (-a) \times a = -a^2$$

有理数计算：
$$-6 \times \left(\frac{1}{6} - \frac{4}{3}\right)$$
$$= -6 \times \frac{1}{6} + 6 \times \frac{4}{3}$$
$$= -1 + 8$$
$$= 7$$

代数式计算：
$$5x-y-2(x-y)$$
$$=5x-y-2x+2y$$
$$=3x+y$$

图3-8 运算符号的确定

第四章　服务于不同目标的
　　　　自我解释案例

在前文中，我们通过一些具体策略阐释了教师如何在教学中引导学生进行自我解释，在教学实践中，我们还广泛收集了教师引导学生进行自我解释促进教学的典型案例。各个学科服务于不同目标的自我解释活动可以对学生的学习起到以下几个不同方面的促进效果：一是关注认知冲突，二是提升知识的整合水平，三是促进知识的概括与迁移。下面，我们就以各学科在具体教学设计中的案例说明学生的自我解释是如何产生上述效果的。

第一节　关注认知冲突，完善认知结构

在教学中，教师常常会发现这样一种现象：学生在学习新知识时，无法与之前已经学过的知识融会贯通，甚至感觉新学的知识与旧知识有矛盾，或者说，学生无法用原有的认识讲通新的知识。

当新信息与旧知识发生冲突时，进行自我解释的学生会有很多机会注意到这种冲突，并试图解决它。学生进行自我解释需要更多地从旧知识出发，引出新知识，这样就不可避免地出现认知冲突，但这恰恰是学生学习的成长点。学生在自我解释的过程中，会完整地展现认知冲突，这样一来有助于教师理解学生的思维过程。

【案例1】

北师大版小学数学三年级上册
多位数乘一位数——口算乘法

授课教师：冯胜男

坐碰碰车每人需要20元，3人需要多少钱？

$20 \times 3 = 60$（元）

答：3人需要60元。

学生自我解释

坐碰碰车每人20元，求3人需要多少钱，就是求3个20是多少，用乘法计算，列式为20×3。

方法一　利用加法口算

20×3表示3个20相加。

↓

$20 + 20 + 20 = 60 \rightarrow 20 \times 3 = 60$

方法二　利用表内乘法口算

20表示2个10，借助小木棒图表示如下：

图4-1 小木棒图

2个10乘3就是6个10，就是60。

$20×3=$ "2个10" $×3=$ "6个10" $=60$

学生发现：20×3就是先算2×3=6，再在积的末尾添上一个0。

相同加数的个数过多时，方法一计算起来比较麻烦；方法二先将整十数乘一位数转化成一位数乘一位数的乘法计算，再在积的末尾添上一个0，计算比较简单。在数学计算的学习中，对于算法的理解尤为重要，怎样用已经习得的算理解释新的计算法则，是学生学习计算最为重要的一环。学生在明确算理的基础上，才能进一步理解算法，从而做到对计算法则的长时间记忆，甚至遗忘算法的表述后也可以通过推敲、解释算理重新获悉算法，并以此为基础熟练应用法则。从"猜算法"到"明算理"，教师应在这一过程中积极鼓励学生进行自我解释，帮助学生明确算理，理解算法。

【案例2】

人教版初中地理七年级上册第三章第二节 气温的变化与分布

授课教师：郭寅

本节课属于世界自然地理概况，讲述气候两大要素之一的气温。本节课主要讲了两方面的内容，一是气温的变化，二是气温的分布。这节课是对第一节天气知识的自然引申，更是理解第四节气候知识的基础。为了让学生了解气温，教师首先要让学生从生活中感受气温的变化及成因。教师可以设计一个问题：你感觉一天中的最高温度和最低温度分别出现在什么时候？

这时候，有的学生回答12时，也就是日头

最高的时候出现最高温。此时，教师展示济南
一日气温变化折线图，学生观察后发现气温最
高时是下午14时左右，为什么最高温度不是12
时，而是14时呢？这就会引起一个认知冲突，
教师可以提示让学生进行自我解释。

学生自我解释

如果把太阳比作火种，大地比作炉子，那
么空气的温度不是由"火种"直接点燃的，而
是"火种"点燃了"炉子"，"炉子"热了，才
把周围的空气烘烤热了，这是一个过程，所以
时间要比12时滞后一些。这种滞后现象还有很
多。比如，为什么陆地最热月是7月，海洋最热
月是8月呢？夏天去过海边的人都知道，中午站
在沙滩上，沙子是烫脚的，海水是温凉的。到
了晚上，人们再去海边，沙子很凉了，而海水
还是温热的，这说明陆地吸热快，放热也快；
海洋吸热慢，放热也慢。海洋就是一个慢性
子，陆地上气温七月最高，它要拖到八月，陆
地上气温一月最低，它要拖到二月，它的气温

变化总是比陆地晚一个月。

通过上述自我解释的过程，学生整合了生活中见到的许多滞后现象，确认了气温的滞后现象。上述海水与沙子的例子也是海陆因素对气候影响的典例，在总结归纳影响气温和降水的因素时，教师可以让学生多引用生活中的实例进行解释，学习效果更佳。

【案例3】

鲁教版初中化学九年级

酸、碱、盐复习课——框图推断专题

授课教师：刘文英

化学、生物等学科，在初中阶段非常重视知识建构，在学习时，学生需要做到精准学习。如果学生对某些知识点似懂非懂，就容易遗忘细节，那么很可能在考试中出错。

以化学学科中常见的框图推断题为例，实

验室现有一份固体混合物A，它可能是CuO、
Na_2SO_4、$Ba(NO_3)_2$、$BaCl_2$四种物质中的两种
或多种。小路同学想探究其组成，她按下图所
示进行了实验探究，出现的实验现象如图中所
述（设实验过程中所有发生的反应都恰好完全
反应）。

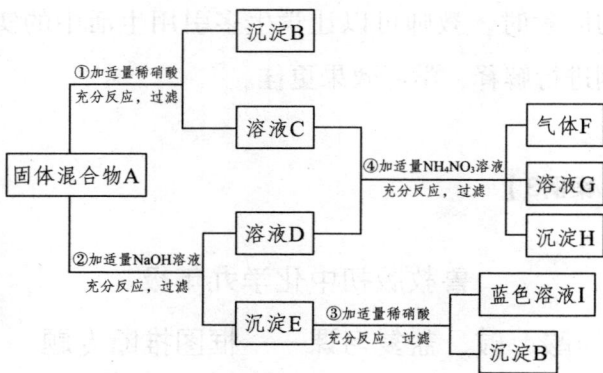

图4-2　溶液判断图

　　其中一题是写出③的化学反应，有接近一
半的同学写出了这个反应：

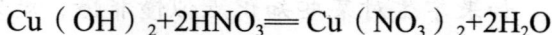

$$Cu(OH)_2 + 2HNO_3 = Cu(NO_3)_2 + 2H_2O$$

而正确答案是

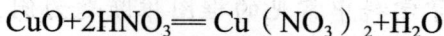

$$CuO + 2HNO_3 = Cu(NO_3)_2 + H_2O$$

于是，教师可以让做错的学生进行自我解释，发现自己的问题所在。

学生自我解释

在③的反应中，$Cu(OH)_2$是来自于反应②当中，在②中，首先是CuO和NaOH进行反应，得到$CuO+2NaOH=Cu(OH)_2+Na_2O$，所以沉淀E指的就是$Cu(OH)_2$，然后就在③中得到$Cu(OH)_2+2HNO_3=Cu(NO_3)_2+2H_2O$，$Cu(NO_3)_2$是蓝色，符合题目条件。

在这个推理过程中，学生有一处知识漏洞：CuO和NaOH根本不反应。通过这次的自我解释，学生修复了这个知识漏洞，明白了只有很活泼的金属氧化物才会和碱发生反应，在初中阶段学习的金属氧化物与碱是不反应的。因此，沉淀E就是氧化铜本身，因此③的反应就是CuO与HNO_3的反应。

【案例4】

人教A版高中数学必修二第八章第四节
空间点、直线、平面之间的位置关系

授课教师：张艺佩

在初中数学的学习中，学生学习了两直线的位置关系，两直线在平面上只有相交和平行两种情况。垂直是相交的位置关系里夹角为90°的特殊情况。这也说明，在初中数学体系中，两直线相互垂直，必有交点。

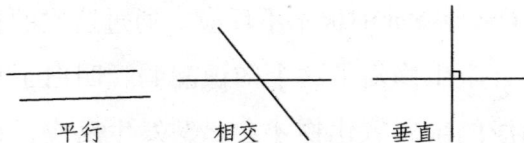

平行　　　相交　　　垂直

图4-3　位置关系示意图

在人教A版高中数学必修二的"空间点、直线、平面之间的位置关系"这一节，学生重新在立体几何中认识两直线垂直的概念，教师可以让学生进行自我解释，这个概念是否和初中学的一样，若不一样，区别在哪里。

学生自我解释

高中数学中两直线的位置关系不仅有相交和平行，还有异面。在空间中，两直线是否垂直有了新的判定标准。

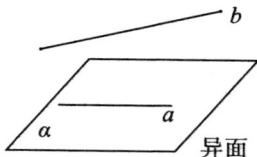

图4-4　异面

在高中阶段，两条异面直线垂直的定义是，如果两条异面直线所成的角是直角，则这两条异面直线互相垂直，直线a与直线b垂直，记作$a \perp b$。

联系初中所学，平面内两条直线相交形成4个角，其中不大于90°的角称为这两条直线所成的角（或夹角），它刻画了一条直线相对于另一条直线倾斜的程度，类似地，也可以用"异面直线所成的角"来刻画两条异面直线的位置关系。如下图，已知两条异面直线a，b，

经过空间任一点O分别作直线a'∥a, b'∥b,
把直线a'与b'所成的角叫作异面直线a与b所成
的角（或夹角）。

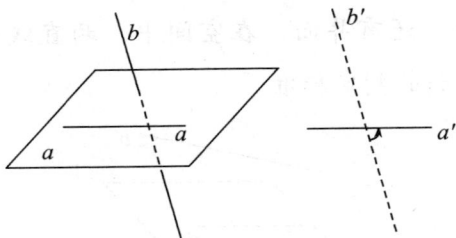

图4-5 直线与平面的夹角

所以高中阶段学习的两直线垂直的概念
与初中数学是有联系的。联系在于都用直线
的夹角定义线的位置关系，可以理解为空间
中的两直线经过平移变换后，变为平面内垂
直的情形，原来的两直线即垂直。

线线垂直可以定义线面垂直，线面垂直反
过来也可以判定两直线垂直：若一直线垂直于
一平面，则这条直线垂直于平面内的所有直线。

因此，高中阶段学习的垂直的概念与初
中学的也有区别。立体几何中的两直线垂直，
这两条直线可以没有交点，也就是说，在"异

面"这种位置关系中，也可能存在垂直的情况。

此处利用学生学习的新旧知识冲突，完善学生的知识体系，使学生搞清楚概念背后的本质和逻辑。

【案例5】

沪科版初中物理九年级
比热容实验与电流的热效应实验

授课教师：陈沛玺

在九年级物理中，有两个与"热量"相关的实验，学生经常混淆，一个是探究物质比热容的实验，一个是电流的热效应实验。

先说比热容实验。比热容是热力学中常用的一个物理量，是反应物质吸、放热能力的物理量，指单位质量的某种物质升高（或下降）单位温度所吸收（或放出）的热量，用c表示。学生在做探究不同物质比热容不同的实验时需要控制变量，比如，准备好质量相同的两种物

质，且通过火力相同的热源加热一段时间，使
得物质升高的温度一样。那么如何判断质量相
同、升温相同的两种物质谁吸热比较多呢？其
实这里比较的是加热时间，加热时间长的物
质，提高相同温度所需热量就多，比热容就
大。在探究实验后，学生会习得和比热容相关

的公式：$\dfrac{Q}{m(t_2-t_1)}$ 。

　　再说电流的热效应实验。通过这个实验，
学生要掌握电流产生的热量与哪些因素有关，
此后掌握焦耳定律并能用公式进行简单运算。
通过猜想，学生认为电流产热将会与电流大
小、电阻、通电时间有关。这时，就需要做控
制变量实验了，比如要探究电阻对产热的影响
时，就需要控制通电时间相同和电流大小相
同。此时，学生可以通过比较哪个物理量来判
断不同电阻释放的热量不同呢？这时候，有的
学生就会回答：通电时间。这就是将电流热效
应实验与比热容实验混淆了。此时，教师可以

通过让学生进行自我解释，发现他们自己的逻辑漏洞或认知错误。

学生自我解释

在这个实验中，如果想探究电阻对产热的影响，要先控制两组实验中的其他影响因素相同，比如将电阻不同的两导体串联进闭合电路，确保电流大小相同和通电时间相同，通过通电时间测量电流产热情况，则产热情况必然相同，因为通电时间相同，但这是矛盾的。所以应该通过测量导体升高的温度，反映电阻对电流热效应的影响。这个实验和比热容实验是不同的，比热容实验是控制两种质量相同的物质升高了相同温度，所以比较加热时间。这也说明在 $Q=cm（t_2-t_1）$ 和 $Q=I^2Rt$ 这两个公式中，$（t_2-t_1）$ 和 t 是不同的，一个是温度差，一个是时间。如果想测量吸热或者放热的结果，不能通过已经控制成相同的量来测量。

由此我们可以发现，对相近的、相似的概

念和量进行解释梳理，能更好、更快地发现本
质区别，找到矛盾与冲突所在，在理解的基础
上形成持久记忆。

第二节　提升知识的整合水平

自我解释通常会将碎片化的新信息整合在
一起，或将新信息与先前的知识联系起来。比
如在学习含有解答样例的文本时，学生的自我
解释往往会把解题步骤与先前知识或文本中的
信息联系起来。

【案例1】

人教版初中语文九年级上册第三单元第十三课
湖心亭看雪

授课教师：张璇

崇祯五年十二月，余住西湖。大雪三日，
湖中人鸟声俱绝。是日更定矣，余拏一小舟，拥
毳衣炉火，独往湖心亭看雪。雾凇沆砀，天与云

与山与水，上下一白，湖上影子，惟长堤一痕、湖心亭一点、与余舟一芥，舟中人两三粒而已。

到亭上，有两人铺毡对坐，一童子烧酒炉正沸。见余大喜曰："湖中焉得更有此人！"拉余同饮。余强饮三大白而别。问其姓氏，是金陵人，客此。及下船，舟子喃喃曰："莫说相公痴，更有痴似相公者！"

图4-6　湖心亭看雪

文章结尾处有个"痴"字，"痴"这个字的语义有很多种，比如"痴呆"，是傻乎乎的意思；《明史·海瑞传》中评价海瑞为"此人素有痴名"，意为疯癫，癫狂；再如"痴雨"，指持久不止的雨；"痴儿"指天真无知的孩童；还有"痴迷"，指对某事或某人非常着迷，对某些事物无法自拔，同"瘾"字一样。

那么，本文结尾处的"痴"是什么含义呢？请学生联系自己所学，进行解释。

学生自我解释

这个"痴"字，本义是雪天赏景之人的痴傻。

同时，"痴"字是借舟子之口，点相公之"痴"，又以相公之"痴"与"痴似相公者"进行比较。在凡俗之人看来，天寒地冻，并没什么景可赏，不懂游人痴迷于天人合一的山水之乐，痴迷于世俗之外的高雅情致，"痴"字表明了作者特有的感受，展示了作者钟情山水、淡泊孤寂的独特个性。

从写作手法来看，前人论词，有点、染之说，这个尾声，可谓融点、染于一体。所谓"痴似相公"，并非减损相公之"痴"，而是以同道中人来映衬相公之"痴"。"喃喃"二字，形容舟子自言自语、大惑不解之状，如闻其声，如见其人。这种细节，也正是作者的得意处和感慨处。文情荡漾，余味无穷。

　　说到作者，说到"痴"，不禁进一步联想到本文作者张岱的经历。张岱在散文集《陶庵梦忆》中提到"人无癖不可与交，以其无深情也；人无疵不可与交，以其无真气也。"意思是，一个人若没了嗜好，对什么都提不起兴趣，眼前空无一物，才疏学浅，心浮气躁，无真情可言。推物及人，对物如此，对人能好到哪里？这样的人，当然不值得交往。

　　将"痴""癖""疵"这几个字放在一起进行解读更有深度，这个例子说明了自我解释有利于学生的深层学习，学生既学习了作者的性格，也对作者思想、成长经历等知识进行了整合，对文章的理解更加深刻。

【案例2】

人教版初中语文八年级下册第六单元第二十四课
石壕吏

授课教师：张璇

暮投石壕村，有吏夜捉人。老翁逾墙走，老妇出门看。

吏呼一何怒！妇啼一何苦！

听妇前致词：三男邺城戍。一男附书至，二男新战死。存者且偷生，死者长已矣！室中更无人，惟有乳下孙。有孙母未去，出入无完裙。老妪力虽衰，请从吏夜归。急应河阳役，犹得备晨炊。

夜久语声绝，如闻泣幽咽。天明登前途，独与老翁别。

请结合你的认识，谈一谈对"室中更无人，惟有乳下孙"的理解。

学生自我解释

这句话的本义是"家里再也没有其他人

了，只有个正在吃奶的孙子。"这句话引起人的联想：青壮年都去了哪里，为什么要抓老人？

学生需要去查资料，学习当时的制度，把故事逻辑梳理清楚，细节补充完整。本文揭露了官吏的残暴和兵役制度的黑暗，表达了对安史之乱中遭受苦难的人民的同情。

【案例3】

湘美版初中美术七年级上册
中国美术作品概览（一）

授课教师：王庆刚

《立马》又名《马踏匈奴》，是霍去病墓石雕群中最具纪念意义与象征意义的作品。《立马》形象地展示了西汉征服匈奴的历史一幕，也是骠骑大将军霍去病征战匈奴的形象写照，因此被引入湘美版初中美术七年级上册的教材中向学生展示。

图4-7 《立马》

教师在课堂上讲解石刻时，可以从作品的历史渊源讲起，启发学生对作品进行自我解释：这个作品带给你什么样的感受，你还能想到什么？

学生自我解释

学生1：我曾去过位于西安的霍去病墓，那里的石刻种类很多，还有大象、牛、猪、老虎、羊等其他动物石刻。

注：霍去病墓石雕群中有许多生动的石刻作品，除《立马》外，还有《人与熊斗》等十余件石刻作品。

学生2：这个石刻给我的感觉是非常简练、质朴，不像西方古代的一些雕像，比如古希腊的雕像那么细腻、逼真。它的轮廓十分流畅，身上没有任何刻意雕饰的痕迹或者华丽的线条。

　　注：西汉石刻多是根据原石的自然形态，运用圆雕、浮雕、线刻等手法雕刻而成，浑厚深沉，粗放豪迈，古朴自然，简练传神。代表作品为《立马》《伏虎》《跃马》等。

　　学生3：我听说霍去病墓的外形是仿祁连山建造的，在霍去病短短二十四年的生命历程中，他完成了汉朝五代帝王的夙愿——驱逐匈奴。他六次出征匈奴，足迹远至北海，将祁连山、焉支山、阴山、狼居胥山一一攻克，为汉朝带来了胜利的荣耀与和平的曙光。他曾发出"匈奴不灭，何以家为"的豪言。汉武帝时期还有很多著名的将领，如卫青、李广等，他们都展现了保家卫国的勇气和决心。

　　注：霍去病用兵灵活，注重方略，不拘古法，十八岁就随军作战，战功卓著，官至大司马骠骑将军。

　　学生4：汉代的马雕刻很多，因为汉武帝对匈奴政策较文景时期有了很大改变，从和亲变为主动出击作战，一次出征就能出动军马数十万匹。相传为争夺汗血马种，中国汉代发生过两次战争。汉武帝曾派百余人的使团，带着一具用黄金做的马模型前去大宛国，希望以重礼换回大宛马。大宛国王爱马心切，不肯以大宛马换汉朝的金马。使团归国时，金马在大宛国境内被劫，汉使被杀害。汉武帝大怒，决定武力取马。

注：对战马的重视体现了汉武帝反击匈奴的决心与意志。他在位期间不仅北击匈奴，还南征南越，东征朝鲜，西攻西域。汉武帝在位期间可以说整个国家都在开疆扩土，战争不断，体现了他的大一统思想，但穷兵黩武的做法对百姓的生活造成了极重的负担。

学生通过自我解释，从作品的艺术审美谈到文物寓意，不仅概括了西汉造型艺术的特有风格，还体会了文艺作品的时代价值，他们联系历史人物、时代背景，学到了很多其他领域的知识。

【案例4】

山东大学附属中学七年级校本课程
清明节习俗

授课教师：郝媛

课上，教师在进行清明节徒步活动的讲解。

教师：清明节作为我国的传统节日都有哪些习俗呢？

学生甲：放风筝、踏青、吃青团……

学生乙：老师，吃青团是寒食节的传统习俗。

学生丙：对，两个节日挨得很近，现在清明节的习俗和寒食节的习俗都混在一起了。

教师：同学们的知识面很广，有没有同学来给大家介绍下寒食节的由来呢？

学生乙：寒食节跟介子推的故事有关。

教师：那你能不能跟大家说说为什么寒食节和介子推有关呢？

学生自我解释

春秋时期晋国公子重耳流亡到别的国家十几年，介子推一直跟随左右。公子重耳流亡期间，介子推甚至割下了自己的肉给他吃。后来重耳成了晋文公，此时，介子推选择和母亲归隐山林，晋文公为了让他出山，就放火烧山，介子推坚决不出山，最终被烧死了。晋文公为了纪念介子推，修祠立庙，并下令在他死的那一天禁火，吃寒食，这就是寒食节的由来。

在这个例子中，学生实现了对有关清明节习俗知识的高水平整合。

第三节　促进知识的概括与迁移

自我解释通过引导学生把注意力从学习内容的表面特征转向结构特征，来促进理解和迁移。也就是说，生成解释可以使学生更加关注问题解决方法的一般特征，而这些一般特征与特定问题的具体条件或者条件的细节之间关联度较低。当知识与特定问题内容的关联度降低，这些一般特征变得更具概括性，因而更有可能被迁移到新的问题和情境中。

【案例1】

古诗词鉴赏

授课教师：张璇

在许多不同主题的古诗中，我们都能发现作者借景抒情、托物言志的写作手法，充分体现了一切景语皆情语，一切景情皆人情。

比如以下书写离愁的诗。

宿建德江

孟浩然

移舟泊烟渚，日暮客愁新。

野旷天低树，江清月近人。

学生自我解释

这首五言绝句是诗人漫游途中停泊在建德江边时写的一首小诗，描写诗人夜泊江上，在船中所见的景色，最后关照到人，抒发了自己远离家乡、旅居在外时的孤独伤感之情。

芙蓉楼送辛渐

王昌龄

寒雨连江夜入吴，平明送客楚山孤。

洛阳亲友如相问，一片冰心在玉壶。

学生自我解释

诗的首句写寒冷的雨洒满江天，夜幕降临，这以凄清的景物来衬托离别情绪；第二句写清晨雾中的远山分外孤独，"楚山孤"象征了作者的离愁。后两句写到的"冰心""玉壶"则代表着作者不因流落他乡而改变志节，始终保持着高尚纯洁的品格和坚强乐观的精神。

枫桥夜泊

张继

月落乌啼霜满天，江枫渔火对愁眠。

姑苏城外寒山寺，夜半钟声到客船。

学生自我解释

《枫桥夜泊》是诗人在国家遭受战争、自己

赶考落榜的背景下创作的一首诗。诗人借沉落的月亮、江面孤寂的渔火抒发自己的痛苦、彷徨、忧愁和无奈。

以上几首诗歌都是从"景情"到"人情"，思乡离愁如此描写，国仇家恨亦然。

泊秦淮

杜牧

烟笼寒水月笼沙，夜泊秦淮近酒家。

商女不知亡国恨，隔江犹唱后庭花。

学生自我解释

金陵曾是六朝都城，繁华一时。诗人目睹如今的大唐国势日衰，当权者荒唐无道，感叹大唐不免要重蹈前朝覆灭的厄运，因此十分伤感。

题临安邸

林升

山外青山楼外楼，西湖歌舞几时休？

暖风熏得游人醉，直把杭州作汴州。

学生自我解释

全诗由景写起，通过重重叠叠的青山，鳞次栉比的楼台和无休止的轻歌曼舞，写出当年虚假的太平景象。"暖风"一语双关，既指自然界的春风，又指社会上淫靡之风。这股"暖风"把人们的头脑吹得浑浑噩噩，忘了国难，苟且偷生，却让诗人焦急悲愤，痛心疾首。

春望

杜甫

国破山河在，城春草木深。

感时花溅泪，恨别鸟惊心。

烽火连三月，家书抵万金。

白头搔更短，浑欲不胜簪。

学生自我解释

全诗围绕"望"字展开，前四句借景抒情，情景结合。诗人以长安城里草木丛生，人烟稀少来衬托国家衰败。结尾两句写诗人一日日变白的头发，连簪子都插不住了。全诗情景交融，感情深沉而又含蓄凝练，充分体现了诗人"沉郁顿挫"的艺术风格。

　　古诗中抒发强烈的思想感情，常常以景开启，借景抒情，融情于景。不论诗歌表达怎样的思想感情，都可以采取借景抒情的手法。例如宦途坎坷的李白，在流放遇赦后写出了轻快自然的《早发白帝城》："朝辞白帝彩云间，千里江陵一日还。两岸猿声啼不住，轻舟已过万重山。"刘禹锡的"晴空一鹤排云上，便引诗情到碧霄"借黄鹤直冲云霄的描写，表现了诗人奋发进取的豪情和豁达乐观的情怀。当学生解释这些内容时，就能更深刻地理解借景抒情、借喻、隐喻的写作手法，并将其进行迁移，运用到自己的写作中去。

【案例2】

北师大版初中数学七年级上册
全等三角形的复习课

授课教师：张艺佩

在期末复习阶段，全等三角形的复习试卷中经常出现这样一类题目。

【例1】一副三角板如图摆放，$\angle EFB=45°$，点F是三角板ABC的斜边的中点。当30°角三角板DEF的直角顶点绕着点F旋转时，直角边DF，EF分别与AC，BC相交于点M和点N，MC与NB有何数量关系？

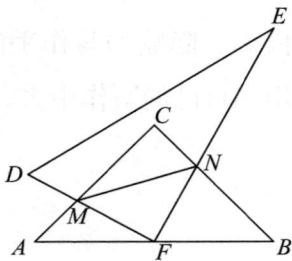

图4-8

【例2】如图4-9，在四边形ABCD中，∠BAD＝∠BCD＝90°，AB＝AD，若AC＝5 cm，求四边形ABCD的面积。

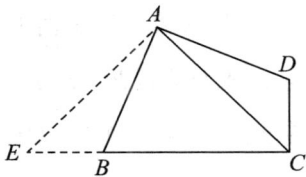

图4-9

【例3】如图4-10，∠BAD＝∠CAE=90°，AB=AD，AE=AC，AF⊥CB，垂足为F。求证：△ABC≅△ADE。

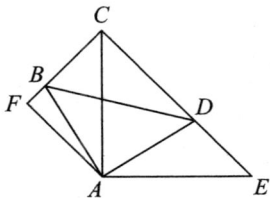

图4-10

请学生结合以上三道例题的题目条件和答案，总结出一种解决此类问题的通法，并完成下面的练习题。

【练习1】如图4-11，△ABC是等边三角形，点D是边BC下方一点，∠BDC＝120°，探究线段DA、DB、DC之间的数量关系并说明理由。

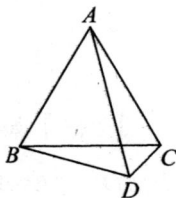

图4-11

【练习2】如图4-12，在Rt△ABC中，∠BAC＝90°，AB＝AC。若点D是边BC下方一点，∠BDC＝90°，探究线段DA、DB、DC之间的数量关系，并说明理由。

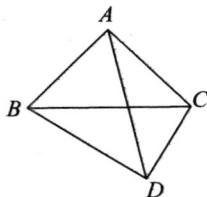

图4-12

学生自我解释

如图4-13，在例1中，四边形CMFN对角互补，找到相应三角形证明全等。

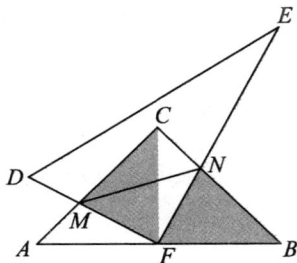

图4-13

如图4-14，在例2中，四边形ABCD对角互补，找到相应三角形证明全等。

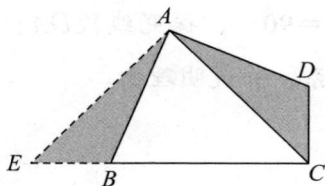

图4-14

如图4-15，在例3中，四边形ABCD对角互补。

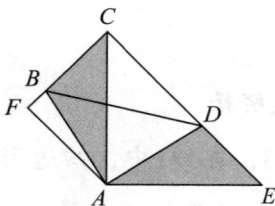

图4-15

由此可以发现这几个问题中都存在对角互补的四边形，解决问题的方法都是延长一边，构造全等。所以练习题也可以用截长补短构造全等的方法来解。

【练习1】解：如图4-16，延长DC到点E，使CE=BD，连接AE。

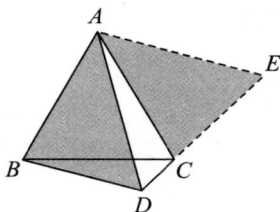

图4-16

∵ △*ABC*是等边三角形，∴ *AB*＝*AC*，∠*BAC*＝60° 。

∵ ∠*BDC*＝120° ，∴ ∠*ABD*＋∠*ACD*＝180° 。

又∵ ∠*ACE*＋∠*ACD*＝180° ，∴ ∠*ABD*＝∠*ACE*。

∴ △*ABD*≌△*ACE*（SAS），∴*AD*＝*AE*，∠*BAD*＝∠*CAE*。

∵ ∠*ABC*＝60° ，即∠*BAD*＋∠*DAC*＝60° ，

∴ ∠*DAC*＋∠*CAE*＝60° ，即∠*DAE*＝60° ，∴ △*ADE*是等边三角形。

∴ *DA*＝*DE*＝*DC*＋*CE*＝*DC*＋*DB*，即*DA*＝*DC*＋*DB*。

【练习2】解：如图，延长DC到点E，使CE
=BD，连接AE。

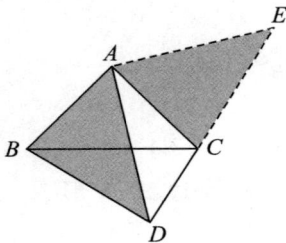

图4-17

∵∠BAC=90°，∠BDC=90°，

∴∠ABD+∠ACD=180°。

∵∠ACE+∠ACD=180°，

∴∠ABD=∠ACE。

∵AB=AC，CE=BD，

∴△ABD≌△ACE，

∴AD=AE，∠BAD=∠CAE，

∴∠DAE=∠BAC=90°，

∴$DA^2+AE^2=DE^2$，

∴$2DA^2=（DB+DC）^2$，

∴$\sqrt{2}DA=DB+DC$。

同理，对于一般的对角互补四边形，只要

有邻边相等，都可以用这个方法（延长边，证全等）证明结论。这是因为，在所有的证法中，由于对角互补，都可以证明一组角相等，即四边形的外角等于其内对角。如图4-18，若四边形ABCD对角互补，则∠ADE=∠ABC。

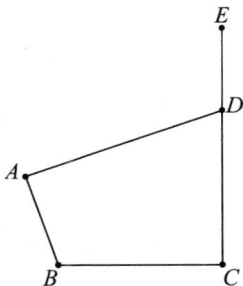

图4-18　对角互补

在上面的例子中，学生从每个解答方法中抽取了解答此类问题的一般步骤，更加关注问题解决方法的一般特征，比如"对角互补的四边形外角等于内对角"，因而这种找全等三角形证明边和角的数量关系的方法就能被迁移到新的问题和情境中。

整合概括不同的知识点回答综合性问题，这个思路也常常被应用在历史、道德与法治学科当中，以下是具体问题案例。

【案例3】

初中历史专题课

授课教师：乔凯

秦朝是个短命的王朝，二世而亡。由此你能联想到历史上哪个朝代？请分析其覆亡的原因。

学生自我解释

隋朝，也是二代而终。比较秦朝、隋朝灭亡的原因，两者有许多相似之处。

表4-1　秦朝、隋朝灭亡原因对比

秦朝：	隋朝：
1. 修建万里长城，花费太多的财力和人力	1. 大运河的开凿，花费太多的财力和人力
2. 秦二世、赵高施行暴政，赋税过重，引发社会危机	2. 隋炀帝残暴奢侈的性格
3. 陈胜、吴广等农民起义军揭竿而起	3. 长白山、瓦岗寨、河北窦建德部等起义军的崛起
4. 自然灾害	4. 自然灾害

两个朝代都是二代灭亡，灭亡原因都有大

兴土木、赋税过重等不能与民休息的举措，进而引发了严重的社会危机；适逢天灾，危机爆发，引起了大规模农民起义，隋朝也走上了秦朝"失民心者失天下"的道路。

　　在这个案例中，学生对秦朝灭亡的历史原因进行分析解释，不难将其迁移到隋朝，从而提炼出相似的决定朝代兴亡的历史规律。

本书系山东省教育科学"十三五"规划重点资助课题
"基于核心素养的十二年一贯制课程建设与实施行动研究"
（课题批准号：222019075）的研究成果之一

基于学习科学的有效教学

7

科学有效的练习设计

主编：赵　勇　庞维国

本册编写人员：孔瑞瑞　王道远　张艺佩

◀◀◀◀

山东教育出版社

·济　南·

《基于学习科学的有效教学》
编辑委员会

主　编：赵　勇　庞维国

编　委：（以姓氏笔画为序）

王庆刚　王道远　孔瑞瑞　刘　斐

刘文英　孙永丽　邹子韬　宋世君

张艺佩　庞维国　赵　勇　郝　媛

郭　寅

知识的学习需要练习，练习是教学过程中的重要环节，是学生学习情况的有效反馈。然而传统的教学只关注练习的频次和数量，让学生陷入了题海战术的泥潭，使学生认知负荷过重，加重了学生的课业负担，不利于学生的身心健康发展。广东曾经有一所民办中学提前择优录取了一批六年级学生，三个月后，数学测试90分以上的寥寥无几，与三个月前的测试成绩大相径庭。无独有偶，《普通高中数学课程标准》修订组组长王尚志教授曾在讲座中提到，一所"985"高校学生的高考数学平均分在125

分以上。学生入学一个月后，用他们做过的高考题进行考试，平均分降到了100分。到了同年十二月再进行测试，平均分竟只有及格水平。这说明学生遗忘了很多做过的题目，他们的思维能力并没有得到良好的发展。

学习科学是在总结学习方法、反思传统教育弊端的基础上兴起的科学，是一门融合了教育学、心理学、认知科学、脑科学、信息科学、社会学等多个领域的学科。学习科学主要研究在复杂的教学情境中，人如何学习，如何有效学习等问题。基于学习科学的练习设计主要研究如何设计练习，设计多少练习，怎样设计变式练习效果更好等问题，这在一定程度上解决了一线教师在练习设计中缺乏科学严谨的设计原则，设计题目的数量比较随意，难易程度不适合学情的问题。

2021年7月，中共中央办公厅、国务院办公厅印发了《关于进一步减轻义务教育阶段学生作业负担和校外培训负担的意见》，在这个被称为"双减"的政策下，如何设计作业内容，变得极其重要。过去的作业设计很少考虑科学性，运用较少的练习达到教学目标的要求就是基于科学的练习设计的目的。基于以上原因，我们成立了课题组，展开了相关的研究。本书是在庞维国教授的指导下，综合了本课题组近年来在基于学习科学的练习设计方面的研究成果，在参考了相关文献以及一线教师们的教学经验的基础上完成的。

目录

第一章　练习设计的概述

第一节　练习的定义

练习是学生每天都经历的极其平常的学习任务。练习是以某种形式，对学习过的知识、技能进行重复性训练巩固的过程。从教育心理学角度去定义的话，练习可以定义为学习者对学习任务的重复接触或重复反应，或者说练习是特殊的"刺激–反应"的重复。

同时，练习是课堂教学中的重要环节，其主要目的是帮助学生巩固、理解和消化在课堂上学习的基本知识或基本技能，深刻领悟所学知识背后的思想方法，并能灵活运用它们解决问题。课堂练习是学生掌握基本知识，形成基本技能，运用知识解决实际问题的有效手段，是学生学习中的重要环节。一定量的课堂练习对优化课堂教学过程，提高课堂教学效率，拓展学生思维空间，起着重要的作用。

第二节　练习与学生成绩的关系

夸美纽斯曾指出："所教科目若不常有适当的反复和练习，教育便不能达到彻底之境界。"任何技能的学习都离不开练习。奥克兰大学的约翰·哈蒂曾做过一个关于学生成绩影响因素的调查，调查结果如表1-1所示。我们从中可以看出，练习对于学生的影响仅次于智力和动机，在学生学习效能的影响中占有重要位置。

表1-1　各因素对于学习的效应值

排序	影响因素	效应值
1	智力	1.04
2	动机	0.61
3	练习	0.43
4	情感特征	0.24
5	身体特征	0.21

　　练习的时间对成绩也有深远影响。有研究这表明，对于绝大多数学生来说，练习对成绩的影响是"先慢后快再变慢"的一个过程，大致呈S形的发展趋势，如图1-1所示。在练习早期，练习对于成绩的助力并不明显，只有达到一定练习时间，才会起到大的功效。早期进步慢、出错多都很正常，因为成绩提升需要一个过程。

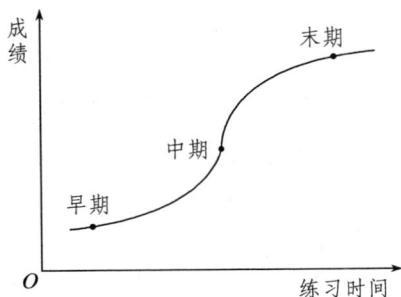

图1-1　练习时间对成绩的不均衡影响

第三节　练习设计的意义

虽然练习对学生成绩的提高有不可替代的作用，但是在现实课堂教学中，练习的设计还存在以下问题。

练习设计重复冗杂。练习设计仍存在着重复练习知识点、单向灌输、搞题海战术的现象，这极大地挫伤了学生学习的积极性，加重了学生的学业负担，也严重地影响了学生的身心健康，难以实现学生素质的全面发展。

练习形式单一，缺乏个性。在实际课堂教学中，很多地方仍存在教学评价单一、重结果轻过程、教学内容脱离生活、枯燥乏味等问题。有些教师在练习设计的安排上，只是做一些简单的题型划分，并且过分重视书面练习，缺乏动手练习、动口练习以及社会实践等类型的练习。这样一来就造成了练习形式单一、陈旧，内容枯燥，脱离了学生的实际生活的状况，使学生失去学习兴趣，甚至出现了厌学的情绪。

练习设计中分层教学体现不明显。教师在练习设计中，如果不根据学生的实际情况进行分层，会造成基础较好的学生缺乏挑战性，失去兴趣，在课堂上"吃不饱"；也会造成基础薄弱的学生学起来吃力，"破罐子破摔"。

在学习知识的过程中，学生总会出现对概念内涵理解不透彻、不深入，对外延知识认识不清，不能很好地厘清知识的边界，没有很好地建构知识结构等情况，这些都需要通过练习来加强或纠正。因此，练习是让学生快速建立概念体系和知识结构的重要途径。教师只靠课堂上简单地对重点知识进行提问来检验课堂教学效果是远远不够的，还需要让学生做相应的科学的练习，在练习中发现学生暴露的问题，了解学生的学情，进而采取相应的补救措施。所以，练习是让教师诊断课堂教学效果的重要手段。只有通过科学合理的练习才能将理论与实践、知识与能力、教法与学法很好地结合起来，才能培养学生的独立思考能力、批判性思维、创新能力。

第四节　基于学习科学的练习设计

学习科学是从认知科学上发展起来的、研究"教"和"学"的一门新兴学科，它的研究范围既包括学校课堂中的正式学习，也包括在家庭、工作中的非正式学习。学习科学的目标是让教师更好地理解产生最有效的学习的认知过程和社会过程，并运用这方面的知识去重新设计课堂，让学生更加有效地学习。

学习科学中所指的练习通常是指通过反复进行某一个或某几个操作而使特定技能得以提高的过程。教师设计的练习要具有科学性，符合学生的认识能力、思维特征和知识水平。不能将难度较大的题目放在学生的自主学习中，更不能将涉及没有学的知识点的题目放在相应的练习中。

例如，在新授课中，教师讲解定义之前把

有难度的判断题放在第一个层次中让学生练习就很不合适，在学生还没有完全理解概念的含义时，就让他们进行逻辑思维（做判断）是有困难的。因此，教师安排练习一定要符合学生的认知规律。

第二章　练习的心理学效应

好的练习设计，不仅可以帮助学生理解知识的概念与联系，提高学生的成绩，还可以减轻学生负担，增强学生自信心。但是，设计一个好的练习不是件容易的事情，其中包含很多心理学效应。

第一节　分散效应

心理学中大量的研究已表明，对于复杂的学习任务，采用分散学习取得的效果要好于集中学习，这称为分散效应。美国加州大学圣地亚哥分校的心理学家发现，在271个关于言语的集中练习和分散练习的研究中，有259个实验结果支持分散练习的效果更好这一观点。

南佛罗里达大学的凯莉·泰勒教授曾在2007年做过关于分散练习的研究，研究内容如图2-1所示。我们从图中可以看出，同样是4道题目，分散练习的效果要好于集中练习。同时，学习4道题目和学习2道题目，在最后的测试中没有统计学上的差异，这也启示我们，在设计练习时要把练习数量也考虑进去。

学习过程	第一周	第二周	第三周
分散练习	2道题	2道题	测试
集中练习	4道题	测试	补充作业
混合练习	2道题	测试	补充作业

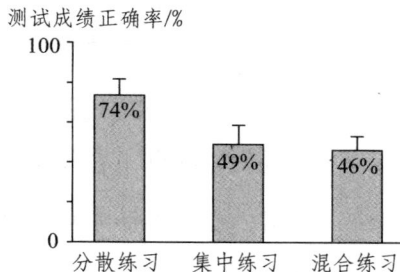

图2-1　分散练习、集中练习、混合练习的对比

　　为什么出现这种现象呢？按照艾宾浩斯的学习理论，难道不是早期记忆的东西越多，记住的越多吗？可是实际情况却不是这样。心理学有一种解释，叫作多元线索提取效应。如果一天内把所有的内容全部学完，而练习的时候只按照一种模式不断重复训练，这种模式叫作单一线索，时间一长，大脑就会清除这种模式的相关内容。如果把任务分解到不同的时间段，每个时间段变换一种训练方式，就形成了多重线索，这样记忆效果要好很多。这就提示教师，在布置作业和任务的时候，针对比较复杂的技能，不能寄希望于一次复习训练或者检测就让学生达标，在教学中要有循环往复的思想。

第二节　自我测验效应

　　测验能提升学习成绩，尤其是测验内容与学习内容一致时。研究表明，在学习内容的记忆过程中，如果记忆之后伴随着自我检测，记忆效果会更好。这种效应被称为自我测验效应或提取练习效应。

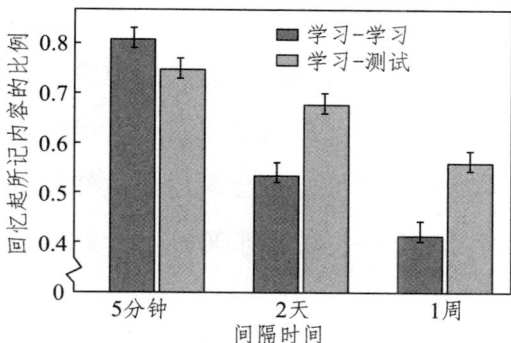

图2-2　"学习-学习"与"学习-测试"两种模式的对照实验

图2-2的实验表明，在学完后5分钟进行一次测试，"学习-学习"模式的效果好一些，这也从另外一个角度说明了"集中学习"的优势。但是，两天以后进行测试，两种学习模式都出现了遗忘的现象，不过"学习-学习"模式比"学习-测试"模式遗忘的速度更快，一周以后进行测试的结果同样表明"学习-测试"模式的效果要优于"学习-学习"模式的效果。

有的研究者做了以下三组对照实验："学-学-学-学""学-学-学-测"和"学-测-测-

测"，如图2-3。研究者们发现：在一周后，
"学-测-测-测"模式效果好一些。这再一次
印证了仅仅看书是没有用的，分散学习尤其是
在学习中加入练习和测试，效果会更好。在美
国的学校中，教师经常会采用温故知新的方式
检测学生对于相关联的基础知识的掌握程度。

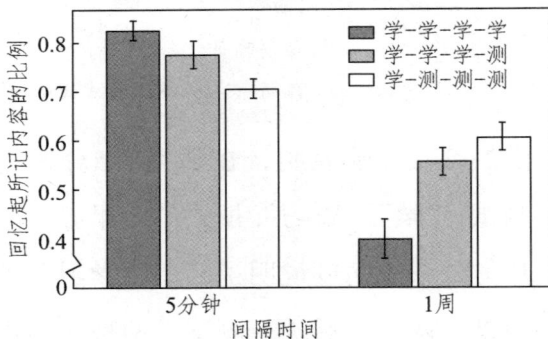

图2-3 三种模式对比实验

在日常的教学中，教师可以采用"学习-
测试"的模式，让学生在学习完新知识后能够
有时间进行回顾、检索以及多频次的检测，能
够较好地落实所学内容。比如，物理学科的复
习课就可以这样来设计练习。

【案例1】

考点：声音的产生和传播

1. 声音的产生：声音是由物体的_____产生的。

2. 声音的传播：声音的传播需要_____，固体、液体和气体都能传播声音，真空_____传声。

3. 声速：声音在15 ℃空气中的传播速度一般为_____，声音在不同介质中的传播速度不同，一般情况下，在固体中传播速度最快，液体次之，气体最慢。

目标测评

1. 如图所示，小演员正在进行击鼓表演，以下说法正确的是（　　）。

图2-4　小演员在击鼓

A. 观众听到的鼓声是鼓面振动发出的

B. 演员击鼓时，鼓面振动幅度越大，音调越高

C. 观众离鼓越远，感觉声音越大

D. 观众听到的鼓声主要是靠大地传入耳朵的

2. 下列关于声现象的说法中，错误的是（　　）。

A. 真空不能传声

B. 15 ℃时空气中的声速是340 m/s

C. 声音在固体中比在空气中传播得慢

D. 喇叭发音时，放在纸盆上的纸屑在上下跳动，说明振动发声

3. 下列关于声现象的说法中，不正确的是（　　）。

A. 雷雨天气，先看到远处的闪电，稍后听到雷声

B. 击鼓的力量越大，响度越大

C. 声波具有传递能量的性质

D. 声音只能在空气中传播

【案例2】

考点：声音的特性

_____、_____和_____是声音的特性。

名称	概念	影响因素
音调	声音的 _____	由发声体振动的 _____ 决定，频率越大，音调 _____
响度	声音的 _____，常用 _____ 来表示	由发声体的 _____ 决定。振幅越大，响度 _____；距发声体太远，人听不到声音
音色	声音的 _____	由发声体的材料、结构和发声体的发声方式决定

目标测评

1. 当喇叭里响起"我和你，心连心，同住地球村"的歌声时，小红大声说："是刘欢在演唱！"她做出判断的依据是不同演员的声音的（　　）。

A. 音调不同　　　　　B. 响度不同

C. 音速不同　　　　　D. 音色不同

2. 如图 2－5 所示，四个相同的玻璃瓶里都装着水，水面高度

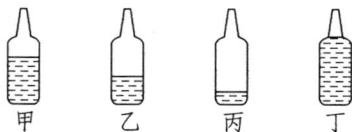

图2-5　装水的玻璃瓶

不同，用嘴贴着瓶口吹气，如果能分别吹出"1（do）""2（re）""3（mi）""4

（fa）"四个音，则与这四个音相对应的瓶子的序号是_____。

3. 小王同学正在弹奏吉他。下列说法错误的是（　　）。

A.在不同位置按压吉他弦，可以改变音调

B.吉他声只能在空气中传播

C.吉他音量大小与弹奏时所用的力度有关

D.吉他声具有能量特征

第三节　具体目标效应

有研究表明，与设置笼统的目标（如"尽力去做"）相比，在教学时给学生提供具体的学习目标对学生的自主学习具有更大的推动作用。因为这样的目标能够更明确地告诉学生该做什么、如何做，更容易使学生对照目标来监控自己的学习进程。

图2-6这个实验是一个关于伐木工人的实验。实验开始时，对伐木工人并没有要求，就是告诉他们好好做，不过这样做的结果就是伐

木工人的效率在开始阶段有微小的提升，随后便快速下降。而之后实验者告诉他们伐木的具体数量，并将激励与具体数额相结合，结果，工人们的效率有了显著的提升。

再来看课堂教学中的小组合作学习，大多数情况下，小组合作学习的效果不理想，只是课堂气氛比较活跃，小组交流的环节没有具体明确的任务，就会出现假的合作学习。这是因为教师没有给出明确的目标。随着小组合作学

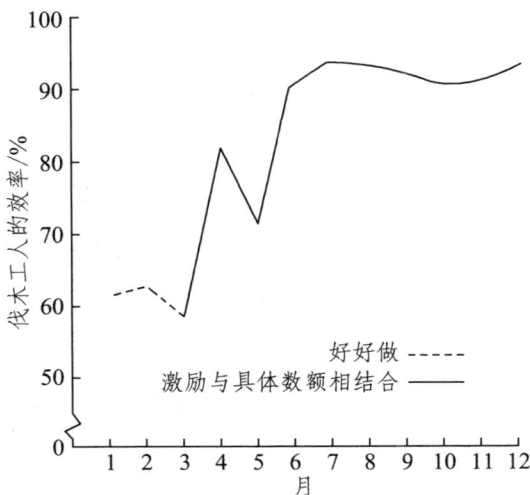

图2-6 伐木工人实验

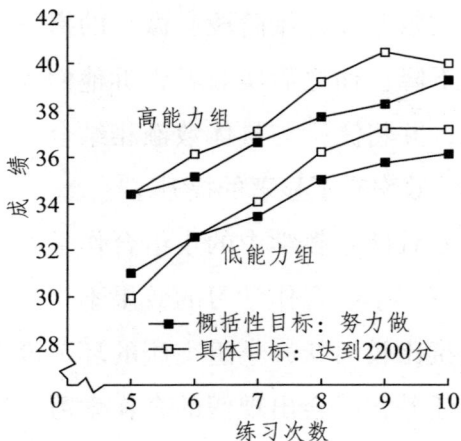

图2-7 不同能力下成绩与练习次数的关系

习的不断探索与深入，小组合作有了具体目标
和明确指向，此时，教师结合小组合作学习的
目标再提供相应的评价，这样的小组合作学习
的效率才会大大提升。

图2-7的例子是一个很经典的佐证，实验
分为高能力组和低能力组两个对照组，每一组
都会分成两部分：一部分给出概括性目标"努
力做"，另一部分给出具体目标"达到2200
分"。随着练习次数的增加，无论是高能力组
还是低能力组，给出具体目标的一组的表现都

要优于给出概括性目标的一组。因此，教师在设计练习时，每道练习题都要给出具体对应的目标，比如物理学科的练习可以参考下列案例进行设计。

【案例1】

　　目标：通过与同学讨论和教师讲解，能说出平面镜成像的原理。

　　黑暗的房间里有两盏电灯，只点亮了一盏灯，但人能看到未点亮的灯泡。以下对于"看到未点亮灯泡"所画的光路图，正确的是（　　　）。

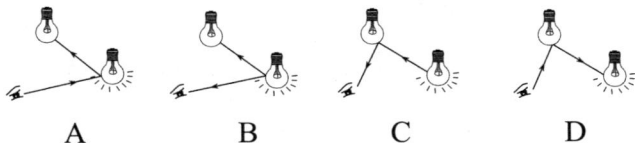

　　　　A　　　　　B　　　　　C　　　　　D

【案例2】

　　目标：通过讨论与分析阅读，能区分凸面镜和凹面镜，列举相关应用。

下列有关凸面镜和凹面镜的说法中，正确的是（　　）。

A. 凸面镜对光线有会聚作用

B. 凹面镜对光线有发散作用

C. 凹面镜和凸面镜的反射面都是球面的一部分

D. 光在凸面镜和凹面镜上发生反射时不遵守光的反射定律

【案例3】

目标：通过分析实例，能举例平面镜成像的应用。

某同学检查视力的时候，视力表放在该同学头部的后上方，让该同学识别对面墙上镜子里的像，

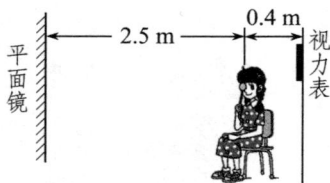

图2-8　某同学在检查视力

如图所示。下列说法正确的是（　　）。

A. 视力表的像为实像

B.镜中视力表的像比视力表小

C.镜中视力表的像到该同学的距离为5.4 m

D.当该同学走近镜子时，她自己在镜子里的像变大

第四节 过度学习效应

在平时生活学习中，很多学生会遇到这种情况：刚刚学的知识，没过几天就快忘光了。这个时候如果继续再学3—5遍，遗忘的速度就会慢一些。心理学上，把这个效应称为过度学

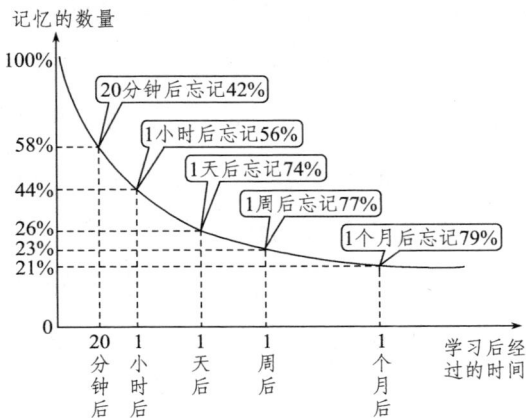

图2-9 艾宾浩斯遗忘曲线

习效应。过度学习是指，如果把某种知识掌握到回忆时不出错的程度作为100%，那么要使这一知识得到充分保持，还需要追加一定时间的学习。这种巩固一般保持在学习程度的150%以内为佳。

德国心理学家、实验学习心理学创始人赫尔曼·艾宾浩斯有个机械记忆的遗忘曲线，如图2-9所示，竖轴表示学习中记住的知识数量，即记忆程度，横轴表示时间（天数），曲线表示记忆量变化规律。从这条曲线中，我们可以看出遗忘是有规律的，遗忘的进程不是均衡的，每天遗忘的数量是不相等的。在记忆的最初阶段，遗忘的速度很快，后来就逐渐减慢了，过了相当长的时间后，几乎就不再遗忘了，这就是遗忘的发展规律，即遵循"先快后慢"规律。我们还能看出，在1天后，如果不抓紧复习学得的知识，就只能记得原来26%的内容。随着时间的推移，遗忘的速度变慢，遗忘的数量也就减少。有人做过一个实验，两组学生同时学习一段课文，甲组在学习后不久进行一次复习，乙组不进行复习，一天后甲组保持98%的记忆量，乙组保持56%的记忆量；一周后甲组保持83%的记忆量，乙组保持33%的记忆量。

因此，适当的练习可以使遗忘的速度变慢。比方说，一首诗读6遍就可以背过，那么合适的训练程度是多少呢？艾宾浩斯认为是150%，也就是学习9遍。那么过度学习是怎么样的呢？对于学习能力不强的学生来说，经过过度学习，他的学习效果可以达到一个较高的水平，而如果他没有进行过度学习，他的学习只能一直低于其他学生。这在一定程度上说明了"勤能补拙"的意义和价值，不是只有高能力的学习者才能取得成功，在条件允许的情况下，过度学习能够帮助低能力的学习者取得较好的成绩。

第五节　变式练习效应

变式练习是指在某个特定领域内，通过不同的方式和角度去练习、应用知识与技能，以提高学习者的学习效果和能力。变式练习可以帮助学习者深入理解学习内容，扩展知识面，加深记忆，提高应用能力。变式练习的形式可以是各种各样的，如选择题、填空题、解答题、综合应用题等。在变式练习中，教师可以采用不同的方法，如把同一知识点不同形式的题目放在一起，或将不同知识点的类似题型放在一起，又或是在同一道题目中使用不同的问法，等等。

相对于传统练习方法，采用变式练习可以更好地提高学习者的学习效果和能力，这就是变式练习效应。变式练习效应主要体现在以下三个方面：

第一，提高学习者的记忆效果。通过变式练习，学习者可以在不同的情境和条件下应用所学知识与技能，从而加深理解和记忆，提高记忆效果。

第二，提高学习者的学习转移能力。变式练习可以让学习者在不同的情境下应用所学知识与技能，提高学习者的学习转移能力，使其能够将所学知识与技能应用于更广泛的领域和问题中。

第三，提高学习者的学习保持能力。通过变式练习，学习者可以在不同的时间段内进行练习，从而加深记忆和理解，提高学习保持能力，使其能够长期掌握所学知识与技能。

总之，变式练习效应可以帮助学习者更好地掌握所学知识与技能，提高学习效果和能力，更好地应对各种学习和应用场景。

【案例】

数学中有一条关于三角形的定理：三角形内角和等于180°。根据这个定义可以设计如下的变式练习：已知锐角三角形、直角三角形、钝角三角形的一个或者两个角的度数，求其他角的度数；求四边形的内角和；求任意多边形的内角和。这三类变式练习都是改变了情境，但不变的是三角形内角和定理这一概念。

第三章　练习的设计原则

　　怎样设计练习题才能让学生感兴趣，不厌烦？有报道称，中小学生在完成练习题时，一有不懂的问题就上网查询，甚至抄袭现成答案，此种行为令家长和教师头痛不已。当今社会，网络技术的发展为学习和生活带来了极大的方便。日常生活中，当人们遇到不懂的问题时，上网搜索确实是一种比较快捷的方式，能非常便捷地找到问题的答案和解决问题的方法，大大节省了查阅资料的时间，提高了生活质量和工作效率。然而，练习题或测试题是用来检验教学和学习效果的，如果学生不动脑筋思考，遇到难题就上网搜寻现成答案，无异于考试作弊，掩耳盗铃。这样做非但不能达到检测的目的，反而蒙骗了教师，使教师无法很好地了解学情，长此以往，学生也无法养成良好的学习习惯。

有人说，造成这种现象的原因是学校布置的练习题太多，学生完成不了。的确有这样一些教师，课堂不足课下补，靠繁重的练习题提高教学质量。学生整日疲惫不堪，为了应付教师布置的练习题，不得不上网搜索答案，实属不得已而为之。解决这个问题，最有效的方法不是禁止学生上网，而是想办法从习题设计方面寻找原因和对策。练习题的设计完全可以按照习题设计原则，从容量适合、内容科学、符合学生的认知特点等方面去精心设计。根据前面所呈现的心理学相关内容，现推荐几种练习设计的原则作为参考。

第一节　目标性原则

课堂教学要体现"教、学、评"的一致性，在设计课堂练习的时候要清楚这一节课的目标，在设计单元练习的时候要考虑这一单元的目标，使课堂练习、单元练习与教学目标、教学任务相一致。目标清楚了才能增强练习的针对性，削弱随意性，从而符合教学内容所提出的教学要求。设计的练习要准确把握各部分知识结构中的重点和难点；要符合学生思维特点和认知发展客观规律；要目的明确，从静态和动态两方面来把握课堂练习目标。一方面，要根据静态的教材，把学生真正能够独立解答的习题作为练习的基本目标；另一方面，要针对学生学习的具体情况，动态地调整教学目标。学生基础差，学习困难较大时，只要求达到基本目标，在达到基本目标又学有余力时，则适当提高目标。

【案例】

能区分压力和重力两个概念

目标分析：这属于认知学习层级中的"理解"水平，而"理解"又包括"释义""举例""归类""总结""推论""比较""解释"七个由低到高的具体水平。显然，区分压力和重力属于"比较"这一层级，也就是要准确辨别这两个概念的相同点、不同点。

练习设计：采用比"比较"水平更低的测试题目。例如，解释压力和重力的含义（"释义"水平）；举例说明什么是压力，什么是重力（"举例"水平）。

在上面的案例中，练习的设计没有很好地匹配课堂教学目标，这样的练习就不会取得好的效果。

第二节 现实性原则

练习的设计要与学生的现实生活有所联

系，尽可能地贴近学生的实际知识水平。一个班的练习应面向大多数学生，练习的难度应为大多数学生经过努力后能完成的水平。这就要求教师从大多数学生的实际出发，考虑他们整体的现有水平和潜在水平，正确处理练习中的难与易、快与慢、多与少的关系，使练习内容和进度符合学生整体的发展水平。在遇到较难的章节时，教师可以添加一些大多数学生都能完成的例题，不一定全部照搬课本。

【案例】

鸡兔同笼是中国古代的数学名题之一。大约在1500年前，《孙子算经》中就记载了这个有趣的问题。书中是这样叙述的："今有雉兔同笼，上有三十五头，下有九十四足，问雉兔各几何？"

这四句话的意思是，有若干只鸡兔在同一个笼子里，从上面数，有35个头，从下面数，有94只脚。问：笼中鸡和兔各有多少只？

下面是较为简单的计算方式：

（总脚数-总头数×鸡的脚数）÷（兔的脚数-鸡的脚数）=兔的只数

（94-35×2）÷2=12

总头数-兔的只数=鸡的只数

35-12=23

在三年级学习鸡兔同笼的问题时，学生是比较容易用上面的方法来解决问题的。但是，有一些家长在辅导学生的时候更喜欢使用方程来解决这个问题。学生听得云里雾里，这是因为方程已经完全脱离了小学三年级学生的认知水平，效果肯定不理想。

第三节 多样性原则

练习的设计要注意题型的多样化和练习方式的多样化。题型有填空、选择、解答等，方式有口述、动手操作、书面练习、调查报告、项目作业等。同时，教师应从学生的学习兴趣出发，尽可能设计与实际生活相联系的题目，将平淡乏味的问题置于有趣的问题情境之中，让学生在愉快而富有挑战性的心态下完成知识的构建。

【案例】

山大附中七年级的同学搬到了新教室，怎么样可以使教室里的桌椅摆放整齐呢？教师以课桌摆放的窍门为切入点，启发学生思考"课桌对线"的原因。学生观察地板纹路，发现其中有相互垂直的直线，猜测是否可由角的位置关系确定线的位置关系。教师以情境问题贯穿课堂，使学习充满趣味。

图3-1 学生摆放桌椅

第四节 层级性原则

新课程标准强调教学要面向全体学生，因此练习的设计必须面向全体学生，开发每一位学生的潜能，促进每一位学生的发展。同样的练习量及难度对不同学生产生的影响是不同的，统一的练习要求与学生中客观存在的个别差异之间有尖锐的矛盾，阻碍了某些层次和类型的学生的发展。因此，教师要为不同的学生设计不同量和不同难度的练习。

层级性原则是指教师的练习设计要有难度梯度，要分层次，要给学生选择的空间。练习设计按照由易到难、由基本到复杂、由巩固性到发展性的顺序可以分为三个梯度：基础过关题、中档提高题和拓展提升题。基础过关题是一些紧扣课本内容的模仿性题目，题目给出的数据应尽量简单，例如知识的直接应用、基础练习、例题的仿题等。中档提高题是一些具有灵活性、综合性的"跳一跳，够得着"的题目，要照顾大多数中等水平的学生，例如课本习题、例题的变式题等。拓展提升题是一些拓展性的题目，为有能力的学生提供充分发挥他们聪明才智的天地，使他们及时巩固、强化所学知识，例如综合性题目、创新题目、开放性题目和探究性题目。为了避免学生陷入题海之中，教师就要根据层级性原则布置作业及预习任务。

教师对不同层次的学生也要有不同的评价标准。评价的目的是鼓励不同层次的学生在不同的起点都能获得进步，因此评价要避免一刀切，力求理性化、有坡度、有可比性。尤其是对基础层的学生，教师应予以特别的关注，一看到他们有进步，哪怕只是比前一次的练习多答对了一道题也要及时给予表扬，帮他们树立学习的信心，养成良好的学习方法和习惯。

【案例】

学完朱自清的《春》这篇脍炙人口的散文后，班里一位学习能力较弱的学生给自己制订的作业目标：摘抄词语，如抖擞、抚摸等；摘抄部分使用修辞方法的句子；背诵赞美春天的句子，如"春天像小姑娘，花枝招展的，笑着，走着"。有些学习能力较强的学生给自己确定较高的目标：背诵文中优美的句子；搜集关于春的古诗词和散文；课外阅读朱自清的散文《背影》《荷塘月色》；对句子进行仿写等，如仿写出句子"春天是一位神奇的魔法师，给大地别上美丽的发卡"；根据课文仿写《故乡的春》。

在学完一篇课文后，学生应该学会根据所学课文内容以及自己的学习水平选择适合自己发展的练习目标。如学习能力较强的学生可以给自己选择"积累、拓展、创作"性的练习；

学习基础薄弱的学生可以给自己降低要求，根据自己学习能力的实际，把掌握课文中基本的生字词，熟悉课文，摘抄喜爱的段落，背诵优美的语句作为目标。①

第五节　情境性原则

练习（尤其是数学的应用类练习题）反映的是现实世界的数量关系，其内容、情境应反映社会生产的主旋律，这样才能有利于学生在练习过程中潜移默化地形成良好的思想品德。反过来，学生形成了健康的情感，对学好数学有着巨大的推动作用。教师在设计练习时要结合学科特点，设计学生感兴趣的问题，在探索问题的过程中培养学生的学科情感，渗透相关的学科德育。

---

① 张仁贤总主编，傅建国、于建文主编《创新作业33例》，世界知识出版社，2017，第148页。

【案例】

在学习"几何概型"时,有练习题问到翻出奖金的概率,教师可以从翻出奖金的概率非常小这一答案启发学生:人生的成功要依靠勤奋而非运气。

第六节 系统化原则

世界上一切客观事物都处在一定的系统中,一切研究对象都可视为系统。用整体性观点来看,练习这个系统,从属于整个教学系统。但练习本身作为一个完整的系统,又是由许多相互联系的组成部分(要素)构成的。用系统原理指导练习设计,就是要实现练习系统中诸要素的最佳结合,使练习系统中各要素之间紧密配合,相互协调,相互补充。系统设计练习要包括以下几个维度:第一,练习目标、内容、类型、难度、情境、时间等因素的系统思考；第二，学段、学年、学期、单元、课时的系统思考；第三，练习设计、练习完成、练习批改、练习统计分析、练习讲评的系统思考；第四，基于课程标准的要求，对练习与教学、评价进行系统思考。

比如设计单元练习时，需要让学生在练习中体会知识的系统性，所以教师在设计练习时，一定要明确本单元的重难点和本单元在教材中的地位与作用，厘清本单元要达到的教学目标，准确地把握好知识的系统性和综合性。这样做可以避免教师出现一课一练的作业形式，也能避免让学生重复盲目的题海训练。

【案例】

沪教版小学数学五年级下册第四单元第四课"长方体与正方体的体积"，可以做表3-1这样的作业指南。

表3-1 "图形与几何"作业指南框架[①]

板块	教学内容	作业达成目标	识记	理解	应用	分析	综合	评价
图形与几何	长方体和正方体的体积（第四单元）	1. 初步积累体积的经验，知道物体所占空间的大小叫作物体的体积	√					
		2. 初步认识体积单位：立方厘米、立方分米、立方米，理解三种单位之间的关系	√	√				
		3. 掌握求长方体体积的方法，会解决实际问题				√		
		4. 会将组合体切割成几个长方体与正方体，掌握计算简单组合体体积的方法				√		

---

① 方臻、夏雪梅:《作业设计:基于学生心理机制的学习反馈》,教育科学出版社,2014,第149页。

第四章　如何提升练习设计的质量

第一节　增强目标意识，注重学生发展

布卢姆的教育目标分类学指出，教学目标、教学、测评之间要一致，当目标、教学、测评之间不一致时，就会出现问题，所以练习都应该基于教学目标进行设计。教师布置有针对性的练习，才能达到巩固学生的基础知识、激发学生兴趣、促进学生发展的目的。如何把握练习与教学目标的一致性？这就要求教师把每一个知识点的教学目标与对应的作业目标进

行细化，每一道练习都要明确好要达到的目标。

【案例】

教师在教完人教版初中物理八年级上册第六章第二节"密度"这一课后，为了检测学生是否达成了本节课的教学目标——理解密度的含义，能说出密度的国际单位和常用单位，并了解它们之间的换算关系，可以设计以下练习题。教师可在每一道练习题后面说明目标、难度、预计解题时间，使训练目标指向明确，更好地控制作业时间，减轻学生课业负担。

1. 密度公式是 $\rho = \dfrac{m}{V}$，对这个公式理解正确的是（　　）。

A. ρ 与 m 成正比

B. ρ 与 V 成反比

C. ρ 与 m 成正比又与 V 成反比

D. 对某种物质来说，ρ 是常数，同种物质组成的物体，其质量和体积成正比

该题目标：理解密度的含义。

习题难度：易。

预计解题时间：0.5分钟。

2. 在密度单位中，$1 \text{ g/cm}^3 = $ _____ kg/m^3。测得一个苹果的质量为171 g、体积为180 cm^3，则苹果的密度为 _____ kg/m^3。

该题目标：能说出密度的国际单位和常用单位，并了解它们之间的换算关系。

习题难度：易。

预计解题时间：1分钟。

第二节　关注学情，实现练习分层

学生存在个性差异，教师应充分考虑弱势学生的性格、爱好、特长等因素，多层次地布置作业，让弱势学生也有可行性的作业目标，给他们提供自我展示的平台，创造自我提高的机会，调动他们的学习积极性。比如在作业设计时针对不同层次的学生制订基础、发展、创造三个目标。基础性作业相对比较容易，在关心弱势学生的前提下为他们提供巩固学习的保障；发展性作业略有坡度，给中等学生提供思考的空间；创造性作业比较难，引领优秀学生发展思维能力。这样由易到难层层递进的作业，在提高中上等学生水平的基础上，也能消除弱势学生的畏难情绪，激发他们完成作业的欲望，树立完成作业的信心。

【案例】

教师在教完人教版初中物理八年级上册第五章第三节"凸透镜成像的规律"这节课后，可以要求学困生把课本中的焦点、光心、焦距、主光轴这些概念默写三遍，画图总结凸透镜成像的规律；要求中等学生完成学习指导上的题目，能熟练说出凸透镜的概念、规律；要求优秀学生在完成学习指导上的练习的同时，能用这部分知识解释生活中的一些应用，如照相机、放大镜、幻灯机的成像原理，体温计为什么要做成三棱柱的形状等。

第三节　丰富练习形式，提升学生兴趣

每个学生的认知思维水平、智力发展水平是不一样的。不同形式的练习具有不一样的价值。丰富练习的形式，可以帮助学生发挥不同的特长，让他们能够在练习中找到价值感和存在感。练习可以是有标准答案的常规练习，也可以是口头练习、表演练习、实际操作等形式独特的练习；有短期的，也有专题性或研究性的长期练习；有个人练习，也有小组或全班的合作练习；有单科练习，也有跨学科的综合性练习；有教师布置的练习，也有学生自己设计的练习；有知识巩固性练习，也有应用性、实践性作业。教师还可以根据学生的不同特点布置特色练习。

【案例】

物理教师讲完关于运动的知识后，可以从以下几点来设计实践作业。

1. 根据声音的反射原理，测量声速。要求：写一篇研究报告（或制作幻灯片课件），并制作视频，视频里面要有学生自己的讲解。

2. 测量交通工具（汽车、高铁等）行驶的平均速度。学生在假期出门旅游的时候，请根据各自所乘坐的交通工具的时刻表等信息，计算一下从出发地到目的地的平均速度。要求：写一篇研究报告（或制作幻灯片课件）。

3. 测量自行车的车速或者步行速度。假期中，学生骑自行车或者步行出门的时候，请计算一下骑车或者步行的速度。要求：写一篇研究报告（或制作幻灯片课件）。

第四节 创设问题情境，打造思维空间

所谓问题情境，就是把学生放在一个新的未知的环境中，让学生提出问题、思考问题、解决问题，在这一过程中让学生主动参与教学。创设问题情境是指教师在教学过程中，基于学生、教学内容和生活实际情况，创设一种

贴近现实且具有吸引力的学习氛围，让学生发生真实性学习。好的问题情境，不仅能激发学生的学习兴趣，还能让学生集中注意力，促进学生认知思维的发展。

如今，高考越来越重视情境化命题。《中国高考报告（2021）》指出，情境设计的主要目标是增强试题的开放性和探究性，引导学生进行独立思考和理性判断，完成开放性或探究性的任务，发现新问题、找出新规律、得出新结论。情境设计以解决现实问题和科学前沿探索为主旨。

【案例】

如图4-1所示，衣架的挂钩两侧等距离安装着4个夹子。将3条相同

图4-1　衣架示意图

的毛巾按下图各种挂法晾晒在室外的铁丝上，能让衣架在水平方向保持平衡的是（　　　）。

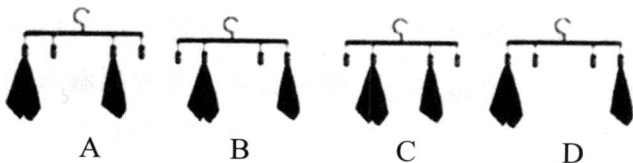

A　　　　B　　　　C　　　　D

第五节　注重练习反馈，凸显诊断功能

练习的批改与评价能使学生从练习中获得前进的动力和改进的反馈。然而，现在大多数教师在批改练习时常常只写一些简单的评语或只打等级。例如，教师一般在阅读完学生作文后，会写一个"阅"字，这种情况一般在批改学生的小作文或周记中比较常见。还有些教师用单一的评语评价所有学生，同一篇作文所有人的评语几乎一样。认真的教师会写一些谈话式、激励式的评语，如"我相信你下次能做得更好"，"坚持到底，保持下去"，"一点不差"，等等。这些评价虽然能让不同层次的学生都产生心理优势，增强自信，最大限度地激发他们对学习的兴趣和潜能，但是对写好下篇作文是否真正有益，还有待商榷。

　　练习的评价应该以学生为主体，通过练习的评价，帮助学生了解自己的失分原因和薄弱环节。不同种类的练习，其评价也不同。

　　对于语文作文的评价，可以制作这样一张作文评价表。

【案例】

表4-1　语文作文评价表

字词 10分	句子 10分	标点 5分	段落 5分	内容 50分	描写 10分	构思 10分	总分 100分

　　对于实践类或合作类的练习，以物理学科中自制乐器这类需要小组合作的练习为例，评价中不仅要有教师评价，还得有组间评价，组内评价。

【案例】

自制乐器项目的评价

个人总得分：＿＿＿＿＿（教师评价）＋＿＿＿＿＿（组间评价）＋＿＿＿＿＿（组内评价）＝＿＿＿＿＿

表4-2　教师评价表

评价内容　　　　高（5分）中（3分）低（1分）	
1. 小组分工是否清晰明确 2. 最终成果是否回答了驱动性问题 3. 最终成果是否体现了对概念的深度理解，是否掌握了相关知识技能 4. 是否指向目标中的高阶思维，是否能用高阶思维带动低阶思维 5. 作品的外观设计与演示效果是否令人满意 6. 幻灯片制作以及展示过程是否精彩丰富	
总得分（满分30分）	

表4-3　组间评价表

素养表现	评估标准	优秀	良好	有待提高	能力有限	得分
能进行作品的调整、改进与创新	设计创意（5分）	有创新元素 5分	有适当创新 3—4分	设计有待改进 1—2分	无创意 0分	
	作品外观（4分）	设计合理、大方、美观 4分	设计较合理 3分	简洁 2分	外观有待提高（不能定型） 1分	
	材料选择（5分）	绿色环保 5分	取自生活物品 3—4分	材料有待改进 1—2分	购买半成品 0分	
	作品效果（15分）	自制乐器设计科学合理，能正常演奏曲目 13—15分	自制乐器结构合理，能演奏简单曲目 9—12分	自制乐器结构完整，能够演奏 5—8分	自制乐器不能正常演奏 1—4分	
能进行作品的宣讲、交流及展示	幻灯片制作情况（12分）	制作用心，内容合乎逻辑，科学准确地描述了乐器的制作原理、过程等，能吸引听众 11—12分	思路清晰，内容科学，听众能跟上思路 8—10分	过于简单，原理不完全正确，听众有时跟不上思路 5—7分	较为粗糙，听众跟不上思路 1—4分	
	语言表达（4分）	生动、形象 4分	口齿清晰 3分	基本清楚 2分	不清晰 1分	
	小组协作（5分）	分工合理、团队全体参与，组织合适 5分	小组全员参与，个别地方处理不合适 4分	分工不合理 2—3分	只有一两人参与 1分	

表4-4　组内评价表

组员姓名	记录承担的任务/献出的计策的情况	完成任务情况				献出的计策		得分（满分20分）
		出色完成承担任务的（15—20分）	基本完成承担任务的（10—15分）	未全部完成承担任务（5—10分）	积极献策且被采纳（8—10分）	能提出自己的见解，有一定帮助（5—7分）	有一定思考，但不能提出计策（5分以下）	

第五章　练习设计的实例

第一节　变式练习

学生如果对知识说得头头是道，概念、原理背得非常流利，但一遇问题情境便束手无策，或者屡屡出错，这往往是由于只重视练习的频次和强化的数量造成的，并且学生在学习中只是将概念、原理等作为陈述性知识来记忆。要使学生将已经理解了的概念和规则上升至具有运用、分析、评价甚至创造的层级，所需要的不仅有一般意义上的重复练习，还有变式练习。

一、变式练习的功能与类型

变式练习的主要功能在于对程序性知识学习的促进作用。它不但是影响技能获得的重要因素，而且还是影响技能迁移的重要条件。皮连生教授认为，技能的获得一定要经过练习这一阶段，他甚至将技能定义为"在练习基础上形成的按某种规则或操作程序顺利完成某种智慧任务或身体协调任务的能力"。由此可知，变式练习是程序性知识学习的必要条件，只有通过变式练习，学生才能将陈述性知识内化到自己的认知结构中，进一步形成技能来解决实际问题。美国著名教育心理学家加涅十分重视认知学习中的智慧技能学习。智慧技能是个体运用符号工具解决问题的能力，与程序性知识基本上是同义的概念。他曾经将智慧技能分成辨别、概念、规则和高级规则四个层级。由此可以看出，程序性知识也是由辨别、概念、规则和高级规则组成的。不同类型的程序性知识，应该安排不同的变式练习来巩固。

比如，概念的变式练习。概念是反映事物本质特征的思维形式，包括具体概念和抽象概念。学科知识中的大部分概念都是抽象概念，有明确的定义和确定的名称。如果学生在学习概念时只是记住了概念的名称，能背出概念的定义，只能说明他们掌握了陈述性知识，并不能说明他们能运用概念解决实际问题。要将概念转化为能解决问题的程序性知识，就要将概念表达为条件和行动两个部分。条件部分，是对概念本质特征的描述或概念的实例；行动部分，是对概念名称的提取。[①]

【案例】

学生学习圆周角的定义，往往从生活中出发，寻找符合的图形，然后尝试用自己的语言对这个图形进行描述、归纳——顶点都在圆上，两边分别与圆还有另一个交点，这样的角叫作圆

---

① 杨心德：《变式练习在程序性知识学习中的作用》，《教育评论》2004年第2期。

周角。接着学生就抽象出了这个图形的一般特点——角的顶点在圆上，角的两边都与圆相交。可是这样还不够，怎样利用这些特点判断一些特定形式的角是否为圆周角呢？这时候，就需要进行对概念的变式练习，检验学生是否能够根据图形特征判断出这些角是否为圆周角。

判断下列各图形中的角是不是圆周角。

图5-1 变式练习

再比如规则的变式练习。规则是指导人们行动和解释变化的原则，通常包括自然规则和行动规则两大类。学生学习的学科知识中，有的侧重于自然规则，有的侧重于行动规则。不管哪一类规则，都可以表达为"如果……则……"的产生式。这里的条件是规则的前提，行动则是由前提推导出的结论。①

————————

① 杨心德：《变式练习在程序性知识学习中的作用》，《教育评论》2004年第2期。

【案例】

作文中的细节描写，应该有正面描写、侧面描写。这些方法同样是保持描写规则的本质特征不变，提供其正例的变化所进行的反复练习。如果描写规则练习仅仅满足于"今天写春天，明天写夏天，后天写秋天"的缺乏变式的重复操练，就有题海战术之嫌了。

二、程序性知识变式练习流程

程序性知识的学习不能满足于理解、记忆与提取信息，要做到在识别条件之后，能够不假思索地迅速反应，解决问题。如学习机动车驾驶，首先要记住并理解开车的基本流程：绕车一周、上车、系安全带、点火、观察、挂挡……然后要不断练习之前的陈述性知识，能够熟练地将其应用在开车的过程中，最后"人车合一"，面对复杂的路况和不同的车型，能够及时根据情况做出反应，达到自动化的状态。同理，学生需要一种科学的变式练习流程，真正有效地帮助他们将程序性知识内化。

美国认知心理学家J.R.安德森认为，技能的获得分为陈述性知识编码和程序性知识编码两个阶段。这一观点得到学界普遍认可。根据这一理论，我们认为，在练习的初期，变式练习要尽量安排在与原先学习情境相类似的问题情境中进行，使练习与课题之间保持一定的同一性。随着知识的产生式逐渐稳定和巩固，问题的类型应该有变化，逐渐演变成与原先的学习情境完全不同的新情境，以促使程序性知识发生纵向迁移，使学生能够举一反三、融会贯通。

以下是具体流程。第一阶段是示例阶段，或称匹配阶段，对应安德森的陈述性知识编码阶段。环境刺激进入工作记忆时，学生将其进行浅层加工后直接进入长时记忆中储存。此时学生还没有形成产生式规则，知识仅仅以陈述性知识的形式储存于长时记忆当中。第二阶段是一般性练习阶段，或称匹配巩固阶段，学生熟悉的相似环境刺激进入工作记忆，同时激活长时记忆中已储存的上阶段知识，并解决问题。在这一阶段学生只是练习与示例极为相似的情境，进一步巩固示例与规则的匹配，并初步转化产生式，用于解决熟悉情境的问题。这一阶段处于安德森理论中的转化过渡期，还没有形成程序性编码。第三阶段是变式练习阶段，或称为技能形成阶段，对应安德森的程序性知识编码阶段。在此阶段，学生在已有知识结构的基础上进行进一步变式练习的训练，将所学知识应用于新情境，使他们的陈述性编码转到程序性编码，形成一般性编码系统。①

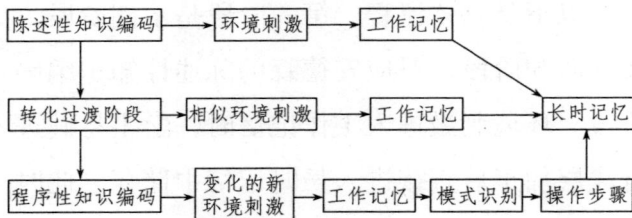

图5-2 变式练习图

———————

① 曾祥春、杨心德、钟福明：《变式练习的心理机制与教学设计》，《教育探索》2006年第8期。

三、变式练习案例解析

教师在设计教学时要根据学生程序性知识学习的三个阶段进行安排，认真组织教学。根据"示例——一般练习—变式练习"的流程精心安排习题，帮助学生获得、巩固和应用知识。

【案例1】

工程问题

教师可以对小学数学中的工程问题应用题做如下设计。

第一阶段——示例。教师出示工程问题典型特征示例，讲解它的解题方法或者让学生通过微视频观看正例的解答方法，使学生将工程问题的特征与解法匹配起来。

示例：一项工程，甲队单独完成需要2小时，乙队单独完成需要3小时，甲乙合作要几小时才能完成？

第二阶段——一般练习。因为有了上一阶段教师的讲解或者微视频学习，学生自己进行浅层加工，将工程问题应用题与它的解法相匹配。这一阶段的任务就是设置2道左右学生熟悉的工程问题应用题进行练习，使学生能进一步巩固这种匹配，并形成较低级规则。

一项工程，甲队单独完成需要10小时，乙队单独完成需要20小时。甲乙合作要几小时才能完成？如果甲队先做6小时，两队再合作，还要几小时才能完成？

如果学生能够出色地完成以上练习，教师就可以进入下一个阶段的教学，否则就要根据学生的练习情况让学生进行适当的补偿性练习。

第三阶段——变式练习。教师设计2道左右变式练习，引导学生从陈述性知识编码过渡到程序性知识编码，形成技能。

1. 往水池里注水，如果单开进水管，4小时能将空水池注满；如果单开出水管，6小时能将一水池的水放完；如果在空水池的情况下，两管齐开，要几小时才能将水池注满？

这是一种工程问题的变式应用，将学生熟悉的情境进行了迁移。学生通过这样的练习可以打破自己的思维定式。然后，教师就可以进一步设计下组练习。

2. 甲、乙两人骑自行车分别从相距80千米的A、B两地出发。甲从A地赶往B地要5小时，乙从B地赶往A地要7.5小时。如果甲、乙两人同时从两地相向出发，几小时能相遇？

教师应鼓励学生用最简单的方法解答问题，这样能促使学生将所学知识迁移。在解答这个问题的时候，学生将工程问题解法的外延扩大到了本质相同但情境完全不同的题目中，将所学知识形成一般性编码，而不仅仅局限于解决与示例相似的情境性问题。此时学生的陈述性知识编码才真正转换到程序性知识编码，掌握了解工程问题应用题的规则。

【案例2】

中垂线性质的应用

在教授初中数学中的线段垂直平分线的性质时，教师可以做如下设计。

第一阶段——示例。教师讲解线段垂直平分线性质的直接应用，讲解具体解题方法，使学生对线段垂直平分线性质的特征与具体解法有初步认识。

如图5-3所示，在△ABC中，AB=8，AC=6，直线DE垂直平分BC交BC于D，交AB于E，连接EC，求△ACE的周长。

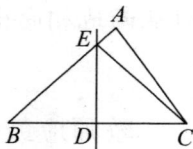

图5-3 示意图

第二阶段——一般练习。因为有了上一阶段教师的讲解，学生自己对知识进行浅层加工，将线段垂直平分线的简单应用与它的具体解题过程相匹配。这一阶段的任务就是设计2—3道学生熟悉的线段垂直平分线性质的应用的题目并进行练习，使学生能进一步巩固这种匹配，并形成较低级规则。

1. 如图5-4所示，在△ABC中，BC的垂直平分线交AB于E，若△ABC的周长为10，BC=4，则△ACE的周长为_____。

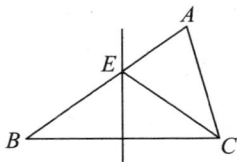

图5-4　示意图

2. 如图5-5所示，△ABC的周长为21，边AC的垂直平分线DE交BC于点D，E为垂足，若AE=3，则△ABD的周长为_____。

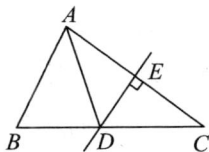

图5-5　示意图

如果学生对第二阶段的练习还有困惑，教师就需要让学生进行补偿性练习。如果学生已经全部掌握，就可以进入变式练习阶段。

第三阶段——变式练习。教师设计几道变式练习，引导学生从陈述性知识编码过渡到程序性知识编码，形成技能。

如图5-6所示，∠AOB 内一点P，P关于OA，OB 的对称点为P_1，P_2，连接 P_1P_2，交OA于M，交OB于 N，若$P_1P_2=5$，则△PMN的 周长为_____。

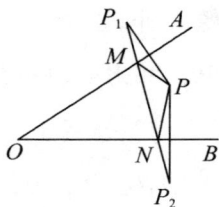

图5-6　示意图

教师先用线段垂直平分线的性质解答这道题，此时的学生处于陈述性知识编码阶段。接下来，教师将线段垂直平分线的性质扩大到类似的新情境，使学生进一步巩固对此性质的理解，并将其用于解决熟悉情境的问题。最后，教师设计合适的变式练习，引导学生从陈述性知识编码过渡到程序性知识编码，掌握线段垂直平分线性质运用的规则。

第二节　情境设计

枯燥、重复的练习会使学生失去学习的兴趣和动力，使学生被动、机械地完成学习任务，导致学生更加厌烦学习。让练习情境化，可以激起他们的学习欲望，能够使学生更积极主动地完成学习任务，进而达到促进学生全面发展的目的。

练习的情境化设计就是通过在练习中制造各种情境，让学生在完成练习的过程中，深入体会情境中给出的条件或状态，使其思维能够产生变化，进而促进对知识的理解。情境化设计可分为真实情境设计和模拟情境设计。

下面是两个真实情境设计案例。

【案例1】

教师在教完沪科版八年级物理第五章第三节"科学探究：物质的密度"后，设计如下作业：利用所学知识测量校园中的雕塑《地球仪》的质量。学生分小组完成作业，小组内一部分学生思考如何得到石块的密度，另一部分学生想办法测量雕塑的体积。

这类作业不仅激发了学生的学习兴趣，更

重要的是锻炼了他们用所学知识解决实际问题的能力。

【案例2】

山大附中语文组教师在讲到人教版语文八年级上册第一单元的新闻采访、第二单元的人物传记时，将这两个单元的内容设计成为写爸爸或妈妈等亲人传记的项目作业。亲人小传的撰写不仅有助于化解处于青春期的学生与父母之间的矛盾，而且还促进了亲子之间的感情。

这项作业将教育教学与生活完美结合在一起，既教给学生发现生活、感受生活，进而热爱生活的人生感悟，又培养了学生语文学科核心素养。

下面是两个模拟情境设计案例。

【案例1】

某教师在教完关于购物的单词和对话后，

设计如下作业：把全班学生分成若干小组，把课桌当作柜台，设立了服装柜、文具柜、食品柜等，并让学生从家里带来一些道具。学生轮流变换角色，有当售货员的，也有当顾客的；有买文具的，也有买服装的。

通过该练习，不仅培养了学生的英语交际能力，也大大提高了学生学习英语的乐趣。

【案例2】

某教师在教人教版小学语文一年级上册《秋天》这篇文章时，设计了如下作业。

假如你是一位诗人，请你把这首诗朗读给你爱的人听；假如你是一位画家，请你把秋天的一角用画笔描绘；假如你是一位歌手，请你用优美的歌声把秋天唱响；假如你是一位摄影师，请你用照片把秋天珍藏；假如你是一位作家，请你用文字把秋天点缀。请根据你的爱好，完成以上一到两项作业。

这类作业的设计既符合学生的心理特征，又能使他们在无忧无虑的欢乐气氛中放松神经，尽情地表达，把课堂上和课本中学到的知识真正地和生活结合起来。这样设计既做到了学以致用，又符合寓教于乐的教学原则。

第三节 练习的层级安排

教师设计练习时，要依据不同层次的学生的知识水平和能力水平，因"层"而练，因"层"而测。练习的层级安排，就是使每位学生都得到最好、最适宜的发展。能够通过练习激发学困生的学习热情，让他们对学习产生兴趣，进而提高成绩；能够让优等生充分展示他们的个性，最大限度地挖掘他们的潜能。

【案例1】

人教版小学语文一年级下册《动物儿歌》这篇课文，教师可以这样设计分层练习：让层次一的学生巩固拼音，规范书写，学会组词，背诵课文，积累好词好句，夯实基础知识；让层次二的学生观察或了解一种小动物，把观察到的小动物的生活习性讲给家人听，这样做的目的在于引导学生从已有的知识储备出发，自主创设情境、创新思维、勇敢表达；鼓励层次三的学生制作动物介绍卡，把知识与情感态度、价值观巧妙地融合在一起，这样做的目的是让学生在学习基础知识的同时，对学习内容进行拓展，产生观察小动物、了解小动物的兴趣，从而学会关爱小动物。这样的分层练习，不但能让学生扎实掌握基础知识，而且能将课文内容与生活实际相联系，使教学和练习更富色彩，充满情趣。

【案例2】

以下是某初中数学教师设计的个性化作业。教师根据学生的认知规律，从低到高、从易到难，针对不同层次的学生设置了不同层次的题目，目的是在减轻学生作业压力的同时，

促进学生能力的提升。

§16.1 确定位置

【基础过关】

1. 以下描述中，能确定具体位置的是（ ）。
   A. 万达电影院2排
   B. 距薛城高铁站2千米
   C. 北偏东30°
   D. 东经106°，北纬31°

2. 从学校向东走600米，再向南走500米到小伟家；从学校向南走500米，再向西走300米到小亮家，则下列结论正确的是（ ）。
   A. 小亮家在小伟家的正东600米处
   B. 小亮家在小伟家的正南500米处
   C. 小亮家在小伟家的正西900米处
   D. 小亮家在小伟家的正北600米处

3. 如图是天安门广场周围的景点示意图的一部分，若表示"王府井"的点的坐标为（4，1），表示"人民大会堂"的点的坐标为（0，−1），则表示"天安门"的点的坐标为（ ）。
   A.（0，0）　　B.（−1，0）　　C.（1，0）　　D.（1，1）

4. 如图，如果用（0，0）表示 E 点的位置，用（4，0）表示 F 点的位置，那么图中 $\triangle ABC$ 的三个顶点的位置分别为：A_____，B_____，C_____。

5. 如图，若用（2，3）表示图上 A 的位置，则 B 的位置可表示为_____，（5，5）表示点_____的位置。

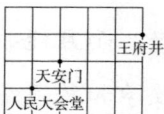
第3题图

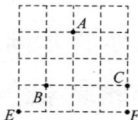
第4题图

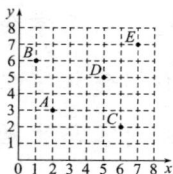
第5题图

【中档提高】

6. 小明班有35人参加学校运动会的入场式，队伍共7排5列。如（1，4）表示第1排从左至右第4站位，那么站在队伍正中间的小明的站位可记作_____。

7. 如图，某地图上 O 点表示学校位置，点 A 表示电影院位置，A 在 O 点正北方向上，并在距离 O 点5厘米处。对于学校 O 来说，汽车站 B 在北偏东30°的方向上，距学校3厘米处，请在图上标出汽车站的位置 B。若人民公园 C 与汽车站关于直线 OA 对称，则公园的位置在何处？请在图中标明，并说明对于 O 来说，人民公园的位置。

第7题图

图5−7　数学学科的个性化作业

第四节　问题解决支架的设计

设计练习时，教师应该在把握题目难度的基础上，适当给予学生问题解决的支架，帮助学生完成解题过程。比如，可以先用范例作为提示，给出一部分解答过程，剩余部分让学生完成。

【案例1】

以下是一道语文练习题的设计。

仿照例句，从"快乐/忧伤""顺境/逆境""得意/失意"三组词语中，任选一组仿写句子。要求：句式相同，修辞手法相同，语意连贯。例：朋友是什么，朋友是成功道路上的一位良师，热情地将你引向阳光的地带；朋友是失败苦闷中的一盏明灯，默默地为你驱赶心灵的阴霾。朋友是什么，朋友是＿＿＿＿＿＿＿，＿＿＿＿＿＿；朋友是＿＿＿＿＿＿＿＿，＿＿＿＿＿＿。

【案例2】

在弹性限度内，弹簧的长度y（厘米）是所挂物体的质量x（千克）的一次函数，当所挂物体的质量为1千克时，弹簧长15厘米；当所挂物体的质量为3千克时，弹簧长16厘米。写出y与x之间的关系式，并求出所挂物体的质量为4千克时弹簧的长度。

解：由题意设y与x的关系式为$y=kx+b$，

将（1，15）与（3，16）代入得

$$\begin{cases} k+b=15 \\ \underline{} \end{cases} \quad 解得 \quad \begin{cases} k=\underline{} \\ b=\underline{} \end{cases}$$

答：y与x的关系式为 _____ 。

本书系山东省教育科学"十三五"规划重点资助课题
"基于核心素养的十二年一贯制课程建设与实施行动研究"
（课题批准号：222019075）的研究成果之一

基于学习科学的有效教学

8

学生深度思维能力的培养

主编：赵 勇 庞维国

本册编写人员：邹子韬

◀◀◀◀

山东教育出版社

·济南·

近些年，我国的教育改革如火如荼地进行着。在这个过程中，教育工作者会看到各种教学主张、教学模式，样式繁多、百花齐放。而"核心素养"概念的提出，又让教育改革更进了一步。然而，这个过程也足以让教师迷失在理论的丛林中，无所适从。事实上，教育理论无论如何演进，都离不开对学生思维能力的培养，因为思维是人脑的基本功能，只要涉及学习，就必然有思维的参与。人通过学习获得的发展，必然包含着思维能力的发展。按照这个逻辑，思维能力的培养就需要贯穿于教育教学的始终。

一个人，如何才能够得到更好的发展？如何才能通过学校的教育获得终身发展的能力，以面对不确定的未来社会？显然，仅仅依靠课堂上的知识传授是无法满足学生的需求的。一般的、简单的思维水平也无法让人适应并不确定的未来社会。只有让学生获得一种更高级的思维能力，才可以更好地达成这一目的。因此，深度思维能力的培养就成了教学中的一个重要目标。

现如今的高考更加注重基础性、综合性、应用性和创新性。基础性主要涉及学科的必备知识、关键能力；综合性主要指跨学科、跨领域的问题解决；应用性是指学生能够面向现实生活，解决真实问题；创新性则重在培养学生的创新精神和创新能力。让我们看如下两个例子。

汉武帝的诸多统一政策中，包含年号的制定。此前的纪年方法是，将新君即位后的第二年作为元年，以在位年序纪年。皇帝在位时没有特定的名号，如汉景帝在位的第三年即称为"二年"，与其他皇帝的"二年"难以区分。此外，诸王国各以诸侯王之年纪事，更易产生混乱。汉武帝首次"封禅"泰山时，创制了"元封"年号，将当年称为"元封元年"，朝廷所定的年号通用于全国所有地方，后世根据年号也能明白是哪一年。此后，直到清朝末年，年号制都被沿用，且影响到朝鲜、日本、越南等国。

——据（日）宫崎市定《中国史》等

（1）根据材料，说明汉武帝改革前后纪年方法的区别。

（2）根据材料并结合所学知识，简析汉武帝年号制改革的历史意义。

（选自2018年高考文综试题全国卷Ⅰ）

足　迹

中国共产党领导新民主主义革命走向胜利的征途中，在各地留下了光辉的足迹。

根据材料并结合新民主主义革命的史实，以"足迹"为题写一则历史短文。

要求：表述成文，叙述完整；立论正确，史论结合；逻辑严密，条理清晰。

（选自2021年高考历史试题山东卷）

对比以上两个例子，可以明显地看出，过去的高考试题注重考察学科知识的记忆（汉武帝改革前后纪年方法的区别，简析汉武帝年号制改革的历史意义），而现如今的高考更加注重综合性、应用性和创新性（历史短文写作），这说明考试评价也正在将教育教学向深度思维培养的方向进行引导。

目前，学界对"深度思维"这一概念没有统一的定论，对如何培养深度思维也没有形成一致的看法。本册广泛搜集关于思维教学的文献，以专家学者的理论为基础，以帮助教师培养学生深度思维为目标，从思维及深度思维的概念、特征等方面进行理论阐述，并搜集整理了若干已经验证过的培养深度思维的工具。本书编写组希望通过理论和实践的结合，提供一些培养深度思维的思路和方法，为一线教师日常的教学提供参考。

目录

第一章　什么是深度思维

要了解什么是深度思维，首先要知道什么是思维。在日常的教学中，教师经常会遇到思维这个词，大多数教师都认为课堂教学中思维能力的培养是必要且重要的。

思维是在表象、概念的基础上进行分析、综合、判断、推理等认识活动的过程。这样的表述虽然准确，但过于抽象，不易理解与操作。

美国教育学家约翰·杜威则认为，思维包含多重含义，在不同的情境下用法也不一样。

第一种含义是指大脑之中出现的偶然与随便的想法，第二种含义是指人们对没有直接接触的事物的想法，第三种含义立足于对没有直接接触的事物的信念。第三种含义又可以分为两类：一类是指人们没有经过仔细思考就得出的信念；另一类是人们有意识地思考某个信念的性质、条件及意义，用心调研而形成的信念。

以上众多关于思维的含义中，只有第三种含义的第二类才具有真正的教育意义。思维不只是一连串漫无边际的想法，而应该是连贯有序、因果分明、前后呼应的思考过程。或者说，在思维的整个过程当中，不同的部分应该彼此呼应，互为印证，思维的每一个阶段都应该是从此到彼，一步步走到最后。①

我们来看这样一个例子。

天气晴朗的某天，有一个人在路上散步，一边走一边想事情。突然，他感觉到气温下

_____

① 约翰·杜威：《我们如何思维》，伍中友译，新华出版社，2010，第3—6页。

降，有点冷了，于是就想："也许是要下雨了！"他抬起头看，此时的天空果然已经乌云密布。想到一场大雨可能马上就要来临，他赶紧加快了脚步。

在这个例子中是否有思维活动呢？漫无目的地散步不是，抬头观察天空也不是，想到要下雨可能是，这属于一种推测——他感受到冷风，然后抬头看见乌云，推测天快要下雨了。

所以，思维就是指这样一种思想活动：由观察到的事物推断出其他事物，并将前者当作对后者的信念的依据或基础。

可见，无论是否接受过专门的思维训练，每个人都在思维。但深度思维对学生来说尤为重要。一方面，未来社会对专家思维、复杂交流技能的需求呼唤具有深度思维能力的人才；另一方面，深度思维无法自然产生，需要通过教育行为有意识、有计划地培养。接下来的问题是，什么样的思维才是深度思维？

所谓深度思维（deep thinking），也称高级

思维（higher order thinking）。从它的英文定义
"higher order thinking"可以看出，这是与浅层
思维或低水平思维相对来说的。它涉及复杂的
思维过程，指向复杂的真实生活问题的解决。
同时，深度思维通常伴随着新知识、新技能的
获得。

为了更好地理解深度思维的概念，我们来
看这样一个问题。

图1-1　青苹果、茄子、黄瓜、洋葱

把图中青苹果、茄子、黄瓜和洋葱这四样
物品分为两类，有几种分类方法？

按照颜色的不同，我们可以把青苹果和
黄瓜分为一类，洋葱与茄子分为一类。按照形
状的不同，我们可以把青苹果和洋葱分为一

类，黄瓜和茄子分为一类。按照是否是蔬菜，我们可以把青苹果单独分为一类，其他三样分为一类。我们还可以以是否原产于中国为标准进行分类，以是否埋在地下生长为标准进行分类……从职业的角度看，商人可能会按照不同的利润率对这四样物品进行分类；农民可能会从时令的角度考虑对这四样物品进行分类。

如果一个人将分类方法或分类标准找得越多，就越能说明他具有更高水平的思维，即深度思维。

第二章　深度思维的特征

当学生运用深度思维时，会表现出以下特征中的一种或多种。

特征一：非算法式。算法式是指确保一个问题能够得以解决的一套清楚的、固定的步骤。例如四则混合运算的法则，就是算法式的。计算四则混合运算题需要依照四则混合运算的法则进行，这种情况属于算法式的，不属于深度思维。例如，计算79534832×74592713这样的八位数乘八位数乘法，计算过程虽然非常复杂，但有固定的规则和程序，这样的问题解决过程是算法式的。非算法式，是指解决问题的路径事先并不清楚。换言之，并没有一个现成的方法或流程来解决现有的问题，而是需要人们综合运用已有的知识，用一种新的方法或思路解决问题。例如"如何改善城市的居住环境"这种问题，需要考虑的因素非常多，而且涉及的各方主体可能还存在矛盾，需要协调，没有固定的解决问题的路径。这样的过程是非算法式的，解决这类问题通常需要深度思维。

　　特征二：复杂。人们思考的问题是复杂的，在种类、影响因素、概念等方面呈现多样性、难于分析的特点。而且，这类问题往往有多种解答方法。例如前文中展示的历史学科的例子：根据材料并结合新民主主义革命的史实，以"足迹"为题写一则历史短文。题目的要求即呈现出任务的复杂性：表述成文，叙述完整；立论正确，史论结合；逻辑严密，条理清晰。要完成这个任务，需要在题目要求的各个方面综合考虑，而非简单地罗列知识点。

特征三：需要付出努力。解决问题时人们需要付出大量的脑力，需要冥思苦想和"衣带渐宽终不悔，为伊消得人憔悴"的全身心投入。这个特点与前两个特点是相联系的，正因为要解决的任务是非算法式的、复杂的，才需要付出大量的脑力，也只有付出足够多的脑力，才能够解决非算法式的、复杂的问题。特别是在一些创新领域，人们进行创造性活动的时候，更是如此。在现代社会，创新与创造已不是灵光一现的突发奇想，而是要通过艰辛的付出，经过深思熟虑才能实现，深度思维则是创新与创造的基础。

特征四：多重标准的使用。问题解决的结果可用多重标准衡量。多重标准意味着可以从不同的角度解决问题，也意味着问题解决的结果不是以简单的对错、单一的标准来评判。以写作为例，在语文教学中，学生和教师普遍认为写作是困难的任务，学生认为难写，教师认为难教，这实际上证明了写作任务需要运用深度思维。

在对作文的评价中，我们通常不把某种特定的写作方法作为统一的评价标准。再例如伦理学中著名的"电车难题"：一辆电车正在轨道上行驶，有五个无辜的普通人被绑在前方的铁轨上，而另一条岔道上绑了一个无辜的普通人。此时你有一个选择的机会，是搬动道闸杀死一个人从而救下五个人，还是袖手旁观看着那五个人送命而保下岔道上的另一个人？这个问题按照不同的标准可以得出不同的结论，也没有明确的对错判断标准。

特征五：对已知条件的不确定性。问题没有明确的起点，类型通常是结构不良的问题。结构不良的问题，即那些没有明确解决方法的问题，其初始状态、目标状态、甚至问题解决方案都不明确，这类问题也没有明确的解决途径。比如要治理城市空气污染，普通市民希望能有最清新的空气；交通车辆用户、车辆制造商以及造成空气污染的工厂等，希望治理污染，但又不希望付出太多的额外成本；政府既要保护环境，又要保证经济发展……解决这种问题就需要对不同的侧面不断地进行反思、判断。

特征六：自我调节。在深度思维的过程中，使用什么样的方式或策略，需要灵活机动的自我调整，策略的选用由思考者审时度势、斟酌确定。一个见解出现的时候，先将它搁置，然后运用各种方法去思考，从中探寻新的信息和资料，去证明这个见解是否真正可行，或者将它证实，或者将它证伪。例如学生在写作时，面对多种立意、选材和结构，必须根据自己的目标或偏好，调动思维去选择最合适的组合。自我调节这一特点是从深度思维者的角度来说的，它与前几个特征高度相关，具有逻辑关系，正是因为需要解决的问题是非算法式的、复杂的，具有多重标准和结构不良的特征，所以才需要付出努力，并在这个过程中自我调节，灵活调整。如果没有自我调节，我们就无法解决复杂问题。

特征七：意义的添加。这一特征涉及新理论、新方法的发展和运用。思考者对一个问题进行深度思考之后，思考或解决问题的过程给思考者带来新的意义和价值，或者思考者产生了新的认识，如此一来，即使思考的最终结果被证明是错误的，最终得出的信念也会与过往截然不同，因为它是通过与过去完全不同的方式而得出的。从另一个角度看，意义的添加意味着创新，也就是说，深度思维通常伴随着创新性的发展。

综合以上内容我们可以发现，深度思维的各个表现特征之间有着千丝万缕的联系，或互为因果，或彼此交叉。可以说，这些特征从不同侧面描述了深度思维发生时的具体表现，这些表现可以作为教师评价学生是否运用深度思维解决问题的参考标准。

第三章　认知层级视角下的深度思维

　　布卢姆的教育目标分类学将教育目标分为认知、情感和动作技能三个领域，并由低到高排列出记忆、理解、运用、分析、评价、创造六个等级。为了更好地发挥导学、导教功能，这一系统被进一步修订。修订版采取了从知识和认知过程两个维度进行分类的方式，形成了新的认知目标分类框架。

表3-1　认知目标分类框架

知识维度	认知过程维度					
	记忆	理解	运用	分析	评价	创造
事实性知识						
概念性知识						
程序性知识						
元认知知识						

从上表可见，认知目标分类框架将学生需要学习的知识分成如下四种类型。

事实性知识：学生通晓一门学科或解决问题所必须知道的基本要素，如术语知识、物质的元素成分知识等。

概念性知识：能使各成分共同作用的较大结构中基本成分之间的关系，包括概念、原理、公式、结构、定理和模型等概括性的知识。

程序性知识：做事的步骤、研究方法和运算技能、算法、技术和方法的标准，如整数除法、科学实验方法等。

元认知知识（亦称反省认知知识）：有关认知的知识与有关自己的认知的意识和知识，

包括策略性知识和自我知识等。

认知过程被分成由低级到高级的如下六级水平。

记忆：从长时记忆中提取有关信息。

理解：从口头、书面和图画传播的教学信息中建构意义。

运用：在给定情境中执行或使用某种程序。

分析：把材料分解为它的组成部分并确定各部分之间的联系以形成总体结构或达到目标。

评价：依据标准做出判断。

创造：将要素加以组织形成一致的或功能性的整体；将要素重新组成新的模式或结构。

从记忆到创造，思维的水平逐渐提高。后一个层级的学习以前一个层级的学习为基础。例如，创造性的活动如果开展得不顺利，不一定是活动设计得不好，也许是前面几个层级的学习（记忆、理解、运用、分析、评价）出现了问题。

通常来说，在以上这六个层级的认知活动中，记忆、理解和运用属于较低水平的思维，分析、评价和创造相对而言属于高水平的思维，即深度思维。当学生开展分析、评价和创造的活动时，深度思维的发展便有了可能。从这个角度看，教学中需要给学生提供足够多的分析、评价和创造的机会。

我们用下面这个例子来说明认知层级视角下的深度思维培养。

阅读下面的材料，根据要求写作。

2000年农历庚辰龙年，人类迈进新千年，中国千万"世纪宝宝"出生。

2008年汶川大地震。北京奥运会。

2013年"天宫一号"首次太空授课。

公路"村村通"接近完成；"精准扶贫"开始推动。

2017年网民规模达7.72亿，互联网普及率超全球平均水平。

2018年"世纪宝宝"一代长大成人。

…………

2020年全面建成小康社会。

2035年基本实现社会主义现代化。

一代人有一代人的际遇和机缘、使命和挑战。你们与新世纪的中国一路同行、成长，和中国的新时代一起追梦、圆梦。以上材料触发了你怎样的联想和思考？请据此写一篇文章，想象它装进"时光瓶"留待2035年开启，给那时18岁的一代人阅读。

（选自2018年高考语文试题全国Ⅰ卷）

这篇作文需要学生根据现实社会的发展情况，对未来进行创造性想象并表达出来。学生要更好地完成这篇作文，就必须具备创造性的思维。从认知层级的视角看，创造性的思维属于六个层级中最高水平的思维，而要具备创造性思维，必须以其他五个层级为基础。学生想象2035年的情形，离不开同样属于深度思维的分析和评价。

第四章　培养深度思维策略工具箱

第一节　让知识之间产生联系——精细加工策略

精细加工策略也叫细节添加策略，是一种高级认知策略，它通过在学生所学的各种信息之间建立联系，帮助学习者将信息存贮到长时记忆中去。所谓精细加工，就是通过把所学的新知识和头脑中已有的知识联系起来，以此来增加新信息的意义。换句话说，精细加工策略是应用已有的知识使新学到的知识合理化。

举一个简单的例子来说明精细加工策略的应用。假如我们与陌生人第一次见面，要让对方记住自己的名字。简单地说出自己的名字，对方通常很难记得住。我们可以采用精细加工策略，比如将名字与一些诗词名句联系起来，赋予它一个不同的意义。例如"晓娟"这个名字，我们可以这样介绍自己："春眠不觉晓，千里共婵娟，我的名字叫晓娟。""张鹏"这个名字，用成语介绍："大家好，我是张鹏。张弛有度的'张'，鹏程万里的'鹏'。"这中间增加的信息并不会对记忆产生额外的负担，附加的句子让原本普通的陈述句增加了新的意义，人们就更容易记得住我们的名字。精细加工得越深入，越细致，人们回忆起来就越容易。

对于比较复杂的知识的学习，精细加工策略还有说出大意、总结、建立类比、用自己的语言做笔记、解释、提问以及回答问题等，这就意味着给所学的信息添加更多的东西，如提供细节、给出例子、和其他问题产生联系或从材料中做出某种推论等。这些额外的信息使所学信息意义更丰富，更容易记忆。

需要说明的是，教师在教授知识时帮助学生使用精细加工策略，目的不仅仅是帮助学生记忆知识，而是要通过帮助学生经历精细加工策略的使用过程，使学生能够举一反三，在学习中自觉使用这一策略。只有主动运用这一策略，学生才能达到提升思维水平的效果。

第二节　解决问题的过程——七种认知技能

根据美国认知心理学家罗伯特·斯滕伯格的思维三元理论，思维有三种方式——分析性思维、创造性思维和实用性思维。但这背后的思维过程只有一种。下面列出七种认知技能，同时也是运用深度思维解决问题的一般过程。掌握这七种技能，我们可以更好地完成各种复杂的任务。

一、问题的确定

这个阶段，学生不仅要确定问题的存在，

还要明确这个问题到底是什么。例如，假如教师让一个学生写一篇命题作文《又是一年风起时》，作文质量如何很大程度上取决于学生对题目的解读，即审题。作文题中"风起时"提示学生在作文中要将"风"作为文章故事的环境背景，"又"字则要求至少写两次"风起"的环境和故事。如果审题中忽略了这些要求，会出现我们常说的"跑题"。其他学科的测验中也常出现答非所问的情况。出现这种情况，很多时候是因为学生所确定的问题并不是题目中所含有的问题。教师在引导学生解决问题前，首先要引导学生明确问题是什么。我们在现实生活中解决问题的首要任务也是要界定好问题。

二、程序的选择

要想顺利地解决一个问题，我们必须选择或找出一套适当的程序。例如，要学生写一篇调查报告，题目是《济南市水资源利用现状》，写这个调查报告的过程就包含一系列的步骤。学生首先必须明确从哪些地方可以找到与主题有关的信息，然后要在相应的地点（如图书馆）或网站上找到信息，并排除那些无关的信息，再分析各种信息的可信度，等等。

三、信息的表述

学生在解决问题的时候，必须把信息表述为有意义的形式，这种表述既可以是内部的（在头脑中），也可以是外部的（以书面的形式呈现）。例如，学生要完成一份关于济南市水资源利用现状的报告，收集信息时必须做一些笔记，按照资料的来源或主题进行分类。在测试中，学生如果对信息进行了有效的外部表述，通常会提高解题的速度。例如，在解数学题时画图辅助理解，就是一种外部表征，可以帮助学生更快地解题。

四、策略的形成

在选择程序和表征信息的过程中，必须同时形成一些策略，策略按照信息进行表征的先后，把一个个程序按顺序排列起来，形成步骤。如果步骤缺乏效率，那么不仅浪费时间和精力，还会影响最终的成果。例如，学生要完成《济南市水资源利用现状》这份报告，除了明确问题、搜集资料和进行归类整理之外，还必须明确研究的目的和方法，即如何处理收集到的信息，这里的"如何"就是策略。

五、资源的分配

学生在解决实际的问题时，时间与资源都是有限的。执行任务时，最重要的决策就是决定如何恰到好处地把时间分配给各个部分。时间分配不合理，本来很优秀的成果最终会变得平庸。例如学生写调查报告，最常犯的错误就是时间分配不当。他们往往把大量的时间花费在搜集资料上，资料收集完了，却没有时间仔细分析、思考，来不及写出高水平的报告。有时候，学生在家自习时，没有学校课程表的约束，时间分配上就会出现不合理的情况。比如学生在某些感兴趣的学科上花费太多时间，没有充足的时间学习其他学科。

六、问题解决的监控

学生解决问题的进程中，必须随时留意：已经完成了什么、正在做什么和还有什么没做。学生也必须注意自己的技能，以保证这些技能可以解决面对的问题。例如学生在写调查报告时，必须要弄清楚到底查过哪些资料，手头已经有哪些资料，还有哪些资料有待收集，这样才不会浪费时间从头查起。简而言之，解决问题的过程中，学生必须知道自己在干什么，所用的方法是否得当。

七、问题解决的评价

这个过程包括能够察觉反馈，并且把反馈转化为实际行动。学生在执行任务和解决问题时，经常会遇到各种来源的反馈，包括内部的和外部的。内部的反馈主要是个体的主观感受，比如任务完成得如何，自己是否感受顺利等。外部的反馈则来自别人的看法与评价，比如教师作业的批改，课堂上口头的回应等。只有能察觉反馈，个体才有改进其工作的可能，这种能力同时影响着现在和未来的表现。

在以上七个步骤中，学生有机会调动复杂思维，用批判性思维思考问题，具备创新性，其深度思维能力也就得到了提升。

第三节　互动激活思维——对话式教学

教师为达成教学目标，在课堂上运用的各种教法，大体可以分为三类：灌输式教学法、以事实为基础的问答教学法和以思维为基础的问答教学法。以思维为基础的问答教学法也叫对话式教学。

灌输式教学法以讲课为基础。在这种教法中，教师只是简单地把教材内容呈现给学生，师生之间几乎不存在互动，学生之间也几乎没有互动，即使有，也与正在上的课没有关系。这就是我们所说的"一言堂"的教学方法，过去也被称作"填鸭式"教学。如果整堂课都采取这种教法，以教师为中心，就忽视了学生的主体地位，不利于学生的发展。

在以事实为基础的问答教学法的课堂上，教师向学生提出大量的问题，这些问题主要是为了引出事实，对学生的回答，教师的反馈大致上是"对""不对""好""很好""是""不是"之类。在这种教法中，师生互动频繁，但这种互动很短，一般不会对个别问题追根究底，教师也很少追问，学生之间也很少互动。

对话式教学是最适合培养深度思维的教学，这种教法鼓励教师和学生进行交流，也鼓励学生与学生进行交流，交流形式既可以是口头的，也可以是书面的。在这样的课堂上，教师提出问题激发学生的思维和讨论，这些问题通常没有固定的正确答案，反馈一般也不是简单的"对"或"错"。教师会评论、补充学生的发言，通过追问进一步引导学生思维，有时候甚至会隐藏自己的真实看法，故意发表一些偏激的意见，扮演一个反面的角色。如果讨论偏离主题，教师要发表评论或进行提问，将讨论拉回到正题上。在这种教法中，教师和学生之间的界限趋于模糊，教师更像向导和协助者，而不是传统意义上的课堂的中心与权威。与其他两种教法不一样，对话式教学喜欢对个别问题刨根究底，师生、生生之间的互动比其他两种教法要多。[①]

下面分别举例说明这三种教学方法的具体运用。假设下面的场景发生在语文课堂上，学生正在学习人教版语文七年级上册第十课《再塑生命的人》这篇文章，该文章选自海伦·凯勒的《假如给我三天光明》。

在灌输式教学法的课堂上，场景如下。

教师：作者用饱蘸感情的笔触来写莎莉文老师，写莎莉文老师的教育对她产生的巨大影响。文章开头写道："老师安妮·莎莉文来到我家的这一天，是我一生中最重要的一天。"这句话，含蓄地照应了文章的标题，联系课文标题，我们便能理解"最重要的一

---

① 斯腾伯格、史渥林：《思维教学：培养聪明的学习者》，赵海燕译，中国轻工业出版社，2001，第50页。

天"的含义。也就是说，莎莉文老师到来的这一天，是"我"生命的重新开始，甚至，作者把莎莉文老师称为"再塑生命的人"。在作者的心目中，莎莉文老师就是光明的使者，作者是这样描述莎莉文老师到来时自己的心情感受的——"我心里无声地呼喊着：'光明！光明！快给我光明！'恰恰在此时，爱的光明照到了我的身上。"当然，更多的还是通过写莎莉文老师对"我"的理解、关爱、教育的具体言行，来表达作者对莎莉文老师的感激、崇敬之情。

在这样的课堂上，教师通常将现成的答案直接抛给学生，没有任何互动。

再来看看以事实为基础的问答教学法的例子。课堂场景如下。

教师：同学们，这篇文章的作者是海伦·凯勒，她的事迹我们已经熟知。是谁成就了这位伟大的盲人作家呢？

学生：她的老师莎莉文。

教师：说得对。莎莉文老师帮助了海伦·凯勒。那么，莎莉文老师是怎么帮助她的呢？

学生：莎莉文老师非常有办法，用手指游戏的方式让海伦·凯勒认字、写字。

教师：很好，你说得没错。还有吗？

学生：莎莉文老师很有耐心，面对海伦·凯勒发脾气，她没有生气，而是带着海伦·凯勒到外面散心。

教师：回答得真棒！你读得很仔细。还有没有？

学生：莎莉文老师不仅教海伦·凯勒拼写"water"，还带着她感受流水，让她明白了什么是水。

教师：太棒了！请坐。

在这类课堂上，看似热闹，有问有答，但我们仔细分析就会发现，这些问题都流于表面，教师也很少有追问，对学生的反馈基本上是"对""太棒了"等简单的、浅层次的信息，无法引发学生深度的思考。

最后，我们看一下对话式教学的运用实例。

教师：海伦·凯勒的生命被重塑后，她真的觉得自己是最幸福的孩子。这个过程很容易吗？不容易。其中的艰难也不是一般人能体会得到的。你能否从文章中找出表现海伦·凯勒艰难转变的句子？

学生：我找到的是"我想起了那个被我摔碎的布娃，摸索着来到炉子跟前，捡起碎片，想把它们拼凑起来，但怎么也拼不好。想起刚才的所作所为，我悔恨莫及，两眼浸满了泪水，这是生平第一次"。我的理解是，海伦·凯勒这段学习时光并不是那么顺利，中间肯定发生了很多不愉快的事。我体会到了海伦·凯勒学习过程中的艰难。

教师：你的分析深入文本，很细致。你平时一定是个爱读书的孩子。你提到她发脾气摔娃娃，后来她的脾气怎么转变好了呢？

学生：莎莉文老师带着她去感受水，水唤醒了海伦·凯勒的灵魂，并给予她光明、希望、快乐和自由。她感到很后悔。

教师：最关键的东西是什么？

学生：莎莉文老师用水唤醒了她的灵魂。

教师：用一个字来描述。

学生：水。

教师：水。孩子们，我们看到第十一自然段，齐读。

学生齐读：水唤醒了我的灵魂，并给予我光明、希望、快乐和自由。

教师：老师有个疑问，为什么水可以唤醒灵魂呢？

学生：可能因为海伦·凯勒从小没有见过水，没有摸过水，她不知道水是什么样子的，所以她把水和杯混淆在一起。莎莉文老师带她认识了水，她感觉到世界万物都是有生命的。

教师：海伦·凯勒怎样感受到万物生命的呢？水有什么特点？

学生：水孕育了生命。水有一种清凉而奇妙的感觉。

教师：你的用词太棒了，你一定是个懂生活的人。水对我们平常人来说，可能没有什么感觉。可是对于一个整天待在屋子里的盲人来说，她无法正确认识水。当莎莉文老师带她感受水的时候，水唤醒了她的生命。你能感受到吗？大家都在水龙头上洗过手，那是一种什么感觉？

学生：夏天的时候用凉水洗手，感觉神清气爽，很舒服。

教师：海伦·凯勒其实就处在人生中的酷热季节，这时候清凉的水唤醒了她。

学生：我认为水给人的感觉就是清凉又舒服。

教师：在海伦·凯勒接触到水之前，她的心情是怎样的？

学生：她的心情是燥热的。

教师：可以说她的心情是焦躁的。这中间就有一个对比。下面老师带大家感受一下被唤醒的感觉。请大家闭上眼睛。请伸出你的手（教师播放流水的声音），你听到了什么？

学生：我听到了流水的声音。

教师：你感受到了什么？

学生：很柔软的感觉。

教师：你现在心情是怎样的？

学生：很放松。

教师：让我们静静感受水给你的灵魂带来的洗礼……请睁开眼。再回来看第十一自然段，你有没有什么新的理解？

学生：我理解到水是生命之源，水带给海伦·凯勒新的希望。水源源不断地流着，就像生命源源不断地延续。

教师：太棒了！你的作文一定写得很好！你的用词非常准确、优美。

学生：刚才听见水声，我感觉自己浮躁的心一下子就平静下来了，伸出双手时感觉手上有阵阵凉气。

教师：你的感受力真的很强！

学　生：我感觉水洗净了海伦·凯勒的心灵，她忘记了烦恼和痛苦。

教　师：孩子们，水对人有着天然的亲和力，当你烦躁的时候，去接触柔软的水，清凉的水，它会滋润你的心田。如果海伦·凯勒的生命以前是濒临枯萎的花，现在有了水的滋养，它的叶子就舒展了，花瓣就绽放了，她的生命就绽放了。那么，是谁在帮助她呢？——安妮·莎莉文老师。

在上面的教学场景中，我们可以明显地看到，教师一方面与学生有充分的互动，另一方面，对话体现出由浅入深、刨根问底的特点。教师抓住一个问题，从学生的感受入手，不断追问，由感性到理性，层层深入，让学生达到深度思维的水平。

这三种教法中，对话式教学是最有利于培养学生深度思维的。但教师在选择教学方法时，必须考虑不同教学方法的实用性。

在对话式教学下，学生可以进行真正意

义上的思维，而不仅仅是复述书本上的答案，但这并不是说其他教法不能启发学生的深度思维。任何教学方法都有其适用范围，如果教师运用好灌输式教学法，也可以生动地向学生传达大量有用的信息，运用不好的话，授课就会很沉闷，让人昏昏欲睡。例如中央电视台的《百家讲坛》栏目，就是名家讲述具体的知识，观众和主讲人没有互动，依然可以听得津津有味，主讲人讲述的内容也可以引发观众的深度思考。

运用以事实为基础的问答教学法，可以很好地评估、澄清和组织学生的知识，也可以变得咄咄逼人，让学生噤若寒蝉、一言不发。对话式教学能启发学生的思维，但也可能使课堂讨论变得杂乱无章、偏离主题。

教师尤其要注意的是，不能把对话式教学作为自己备课不充分的替代方案。事实上，运用这种教法的教师如果想要取得成功，做的准备要更多。因为对话式教学要求教师对所讲的内容有丰富的背景知识，而且教师还必须认真考虑学生可能提出哪些问题。此外，教师组织小组讨论的方式要非常高明。

在实际教学中，每一种教法都有用武之地，不是所有的教学活动都一定要采用对话式教学。在真实的教学情境中，教师所采用的教法通常是由各种教法交织组合而成的，具体采用什么教学方法要随教学目的而定。

第四节　回应学生的问题——中介学习经验

心理学家维果斯基曾提出，发展智力的最基本方法是内化。内化是指个体从周围环境吸取知识经验，再整合为自己的内在知识。以色列心理学家路文·费尔斯泰因把这种过程解释为"中介学习经验"。[①]教师要作为提供经验的中介协助学生把新的经验同化进已有的图式，同时在新图式的形成过程中合并更多的新经验。

① 斯腾伯格、史渥林：《思维教学：培养聪明的学习者》，赵海燕译，中国轻工业出版社，2001，第72页。

　　学生提出问题，就是为了寻求中介，教师针对学生的问题，可以做出不同的反应，这些反应可以划分为七个水平，级别越高，表示中介的程度越强，学生也就越有可能发展深度思维能力。

一、回绝问题

　　教师这样回答问题时，给学生传达的基本信息是让学生不要再提问。如果教师长期回绝问题，学生最后会变得不爱发问，排斥学习和思考。也许每个人都认为，自己不会用这么简单的方式对待学生的提问，但我们也经常在公共场所看到有父母这么对待自己的孩子。在一个人疲惫的时候，很有可能回绝问题。

二、重复问题

　　教师回答了学生的问题，但答得很空洞。比如教师在回答"为什么日本人均寿命长"时说"日本人寿命高是因为他们是日本人"。教师在课堂上重复学生的问题和答案作为回应学生的话，这是在复述问题，对思维的培养没有什么帮助，反而会让提问者更疑惑。

三、承认自己不知道或者简单呈现信息

这一级别的反应又可以分为两种：非强化型和强化型。非强化型比较常见，就是教师承认自己不知道，或者根据自己所知直接给出答案。某些情况下，这类回答是合理的，但不是最好的方式。当然，不懂装懂的回答是最不可取。如此一来，学生不仅获得的信息是错的，还跟着教师学会了不懂装懂。强化型的反应是在给出答案前加上一些对学生的鼓励，例如"这是一个好问题"，这样的反应奖励发问，能够增加学生发问的频率，能提供给学生更多的学习机会。

四、鼓励学生寻找资料

这一级别又分为两类，一种是由教师直接负责查询资料，另一种是教师为学生提供查找资料的机会。在这一级别中，教师给出答案或者承认自己的无知并不意味着回答的结束，学生还会明白可以在某些地方找到关于这个问题的更多的

答案。如果教师负责找答案，学生就会认为可以找到答案，但必须让别人代劳，这种学习实际上是一种被动学习。如果教师让学生自己去发现信息，他们就会认为学习是一种责任，这样他们就能学会积极学习，能掌握信息查询的技巧，而不是坐等别人给他们查询所需信息。

五、提供可能的答案

教师承认对于某一问题自己不知道确切的答案，但是可以提供几个答案，让学生自己选择哪一个是正确的。例如，教师在回答"为什么日本人均寿命"时可以说有以下几个原因：饮食、气候、基因、医疗水平、人口多，等等。于是学生就会意识到，即使问题看似非常简单，推论也并不容易。或者教师可以鼓励学生自己给出可能的解释，然后和教师给出的解释放在一起进行比较。这种学习又比仅仅考虑教师给出的解释更进了一步。

六、鼓励学生对可能的答案进行评估

在这一级别上，教师不仅要鼓励学生给出

多种可能的答案，还要鼓励学生对这些答案进行推敲。例如，如何证明日本人均寿命长是基因因素造成的呢？如何辨别饮食或气候是日本人均寿命长的主要因素呢？怎样排除人口多是日本人均寿命长的原因呢？通过教师的反馈，学生不仅知道假设出一系列可能的答案，还知道怎样验证这些答案。

七、鼓励学生评估答案，最后一一验证

在这一级别中，教师鼓励学生去设计一些实验，验证各种可能的答案。学生不仅要学会如何思维，还要学会如何按自己的思维采取行动。尽管不可能把每一种解释都检验一遍，但可以验证其中的几种。例如，学生可以通过搜集资料发现，寿命长的父母也会生出寿命长的孩子。

总之，教师要认真对待学生提出的问题，把这些问题变成培养学生深度思维水平的宝贵机会。①

---

① 斯腾伯格、史渥林：《思维教学：培养聪明的学习者》，赵海燕译，中国轻工业出版社，2001，第73—76页。

第五节　培养批判性思维——RRA策略

RRA策略是由学者罗伯特·恩尼斯提出的训练批判性思维的方法。批判性思维也叫审辩式思维，是教育学而非心理学的一个概念，其内涵随时代的发展而变化，目前尚没有清晰的、广为接受的定义。学者们对批判性思维的定义各不相同，但都强调四个成分：对论据、论证的分析；使用归纳或演绎推理做出推论；评判或评价；做出决策或解决问题。批判性思维的这些特征与深度思维关系密切，从某种程度上说，批判性思维水平高的人也具备深度思维能力。

RRA策略是一套可以引导学生进行深度思维的技巧，具有简单易掌握、可操作性强的特点。RRA即反思（reflection）、理由（reasons）和替代性（alternative）。

反思策略是当学生需要回答一个问题，或解决一个任务时，教师要敦促学生停下来思考、反思，而不是仓促地做出决定。避免让学生将头脑中的第一个闪念付诸实施，或者轻易不加思考地接收他人、媒体灌输的内容。例如学生在写作时，想到的第一个素材通常是别人写过的，常见的题材很难写出新意。这时候，教师就可以让学生停下来，尽量多地列出可以用的素材，然后反思哪些素材是俗套的，哪些是更加新颖独特的。在生活中，我们也会遇到类似的问题。例如社交媒体上存在各种谣言，一些真假参半的谣言看似有道理，如果不加审视就按照其宣扬的去做，很可能造成严重的后果。这时候也需要我们停下来反思信息的真实性，而不是不假思索地行动。

理由策略是当学生能够停下来反思的时候，教师要适时地用问题加以引导。例如，"你是怎么知道的""你这样想的理由是什么""那个信息的来源可靠吗"，以此促使学生为自己和他人的观点寻找好的理由。例如，学生在课堂上回答教师的提问，通常只是单纯地说出答案，这时候教师可进一步要求学生解释答案："你为什么这样回答""你是如何得出这个结论的"。假如学生说出的理由中有具体的论据，教师还可以继续追问："这个证据是可靠的吗""如何能证明"。当学生为自己的回答寻找理由时，思维便开始走向深处。通常来说，学生寻找的理由越多，越充分，思维水平就越深。

替代性策略强调注意替代性的假说、结论、解释、证据来源、观点、计划等。强调替代性是要引导学生跳出思维的局限，考虑与问题相关的内容，从而打开学生的思路，让学生看到更多可能。很多时候，问题的解决路径不止一条，当学生找到一条路径时，往往过于关注它，忽略了更优的路径。常见的例子是数学课上，当学生用一种思路计算出问题答案时，教师可以引导学生考虑是否有其他解题方法，无论其他方法是不是最优解，在这个过程中学生的思维都会得到锻炼。对于开放性或结构不良的问题，就更需要"替代性"作为引导。例如语文课上，教师可引导学生从不同的角度解读课文，或者对某个已有结论进行质疑，都是"替代性"策略的具体应用。再如，项目学习中，学生通常需要制订一个方案以完成项目，教师让学生展示彼此制订的方案和计划，便是打开思路、互相借鉴的一种方式，这样也可以提升学生的思维水平。

自然科学史上的每一次重大突破几乎都是批判性思维的结果，其中也都有RRA策略的影子。例如"日心说""大陆漂移假说"等理论，都是在对已有理论进行反思的基础上，通过具体的理由，得出新的替代性理论。由此可见，RRA策略在培养深度思维方面的重要价值。RRA策略是一种训练批判性思维的策略，经过训练后可以成为一种思维方式，当思维方式成为习惯，深度思维能力就得到了培养。

第六节　贴在墙上的工具——思维动词表

根据罗伯特·斯滕伯格的思维三元理论，思维有三种方式——分析性思维、创造性思维和实践性思维。具有不同思维方式的人擅长解决的问题也不同。具有分析性思维的人善于解决熟悉的问题，具有创造性思维的人善于解决相对新奇的问题，而擅长实践性思维的人则愿意把这些思维过程应用在日常的问题中。学生应该训练不同种类的思维方式，并在学习中灵活使用它们。下表（表4-1）中分别列出了记忆、分析性、创造性和实践性四种思维方式。其中，记忆是浅层次的思维，较为简单，可作为台阶，用于学习任务的导入。分析性、创造性、实践性的思维活动都涉及深度思维。

这张图表可以挂在教室的墙上，提醒学生采用不同的思维方式进行思考。这张图表也可以放在教师的办公室桌面上，供教学设计使用。

表4-1 思维动词表[①]

记忆	分析性	创造性	实践性
回忆	分析	想象	应用
命名	比较	发明	使用
复述	对比	假设	实施
讲述	评估	设计	做
背诵	解释	创造	联系真实生活
描述	评论	头脑风暴	在真实生活中找到例子
列举	组织	重构	翻译
识别	分类	综合	示证
找出	排序	结合	利用
匹配		预测	

把你的智力、创造力和知识运用于能够给公众带来利益的成果。

既考虑自己的兴趣和见解，又能用同样的方式看待他人的兴趣和见解，把社会看作一个整体。

考虑行为的短期和长远的后果。

进行反思性、辩证性和对话性思维。

让我们举一个简单的例子来说明如何使用这个工具。当学生需要背一个单词时，回忆和背诵是简单的记忆行为，如果教师仅要求学

[①] 罗伯特·斯滕伯格、琳达·贾温、埃琳娜·格里格伦科：《教出有智慧的学生：为智慧、智力、创造力与成功而教》，杜娟、郑丹丹、顾苗丰译，福建教育出版社，2011，第114页。

生做到这一点，那么教学不会涉及深度思维。
如果教师进一步引导学生对单词进行分析，比
如比较这个单词和同义词的区别，说一说这个
单词使用的具体场景，用这个单词造一个句
子……通过这些方法，学生对要求背诵的单词
进行分析、运用、创造，不仅能将单词记得更
牢固，还能通过这个单词获得深度思维能力的
培养。

第五章　课例

　　教师需要在日常的教学实践中审时度势，灵活运用培养深度思维的工具。在许多情况下，教师需要根据情况综合运用，才能起到良好的效果。下面展示的课例，就是综合运用各种培养深度思维工具的例子。请在阅读的时候思考：这篇课堂实录中使用了哪些深度思维培养策略？请尝试结合具体内容进行分析。

【案例】

信客

一、教学主张

本堂课是初中语文"电影剧本写作"项目学习的一个展示环节。这节课的基本目标，是学生能通过在情境中的观摩、讨论、评价和反思，提升对《信客》文本的认识，同时提升深度思维能力。

本项目的核心任务是完成一部电影剧本的写作。整个活动分为以下几个环节。

第一个环节：项目起始课。在起始课上，教师向学生公布需要完成的任务，并引导学生展开讨论——如何才能写好一个电影剧本。学生在讨论过程中会产生各种疑问，教师适时地加以点拨，并辅以相关的资料，让学生认识电影剧本的特征。在这个项目中，教师在起始课上播放了电影《国王的演讲》的片段并提供了相应的剧本文本，让学生初步感知电影剧本的形式。

第二个环节：电影剧本的改编。学生自主阅读《信客》一文，任选一个部分将其改编成电影剧本。

第三个环节：课堂展示与研讨。在这个环节中，学生通过展示作品，研讨细节，在交流中达成对文本的深度理解，同时体会语文学科的基本思想方法，进而提升深度思维水平。

第四个环节：反思与提升。这个环节是在课堂展示之后进行，每个学生针对自己的作品进行反思并改进自己的作品。

二、学生作品

（一）改编作品一

该剧本由山东大学附属中学2015级10班赛林卓同学改编。

外景 小村子 傍晚

远景：小村子里，老信客终于回来了，正值夕阳西下，家家炊烟。

近景：一位老人倚在门框上，看见老信

客，立马笑开了花。

老人：回来啦？怎么样，我那在上海的儿子还好不？

老信客露出疲惫的微笑：好着呢。做了个大生意！

老人（更是开心）：那可好啊，好啊。

远景：听闻老信客回来，村里人都放下了手头的活计。妇女们擦着手迎出来，孩子们围着他好奇地看着那些从大城市捎回来的东西，老人也都冲他笑着。

妇人：老信客，我家那口子在城里可还老实？

小孩子（满脸高兴，跑着过来）：老爷爷，我爸爸什么时候可以回来啊？

近景：风尘仆仆的信客一一答着人们的话，微笑着，尽管自己已经万分疲惫了。

内景　老信客家　夜晚

告别最后一个人，终于回到了家里，老信客长长地舒了口气，刚刚想坐下，突然想起来什么。

老信客：对了，要给那边的亲戚寄份礼。（拿出个包裹，打量一番，皱了皱眉头）这可怎么送得出去？（正发着愁，刚好瞟见包袱里的红绸）裁下一点来，没事的。（一边喃喃自语着，一边拿把剪刀，小心地裁下了窄窄一条，小心翼翼地捆扎上礼品）这样，就好多喽。（放下剪刀，倒在床上沉沉睡去）

内景　老信客家　白天

第二天，村里人都聚到老信客家来，取东西的，看热闹的，不一而足。简陋的房子一时间门庭若市。

奶妈（好不容易挤进来，一边嫌弃着擦汗，一边喊着）：我家小姐要出嫁，老爷是不是托来了红绸？

老信客（笑着）：是，有两匹。（翻找了一下，递过去）拿好喽。

奶妈接过后却仍站在那不走，翻来覆去找着什么东西。

村民甲： 还领不领东西啊，不领赶紧走，别挡道。

奶妈：喊什么喊，等等。（走到老信客跟前，捏着红绸的一角）你看看，看看，是不是你动了什么手脚？

老信客（被问得一愣，摸不着头脑）：什么意思？

奶妈：我们家老爷托人说了，这红绸两边都有圆圈。我刚才找遍了，也没看见圆圈。不是你裁过了，是怎么回事？

老信客（一下子慌了，忙乱地说）：我……我可没有……

奶妈（哼了一声）：你没有？（拽着红绸的两边，转向众人）大家来评评理，来看看，看看！

看热闹的人们一个个伸长了脖子，好奇地望去。

村民乙：真的，（指着）你看，那边有个小圈儿，这边没有。

村民丁：不会吧，老信客干了这么多年，也没听过他拿什么东西啊。

村民甲：那可不一定，说不定他是只拿了一点儿看不出来呢？

老信客：我，我可只裁下来一点……

奶妈：哼，我们怎么知道你裁下多少来。这次的路费，你别想要了。（气哼哼地走了）

人群议论着，也哄地散了。

特写：老信客久久地站在门口，神色黯然，摸了摸裁下红绸的那只手，握住剪刀，一下一下地刺向自己的手，血流如注。

内景　年轻人家　夜晚

近景：年轻人面朝着墙壁，暗自发呆。

老信客（吱呀一声把门推开，年轻人诧异地回头）：我名誉糟蹋了，可这乡间不能没有信客。

年轻人（惊异之中看见老信客伤痕累累的手，瞪大了眼睛）：这，这……

老信客（不管年轻人说什么，进屋和年轻

人并排坐下）：听我跟你说啊，东边那个村里的张三在上海，西边的李四去了北平，还有那个王二……

（画面切换，一幕幕滑过，表示时间的推移）

老信客（沉默许久，扬了扬自己满是伤痕的手）：信客就在一个信字，千万别学我。（站起身来，想要出门）

年轻人：老人家，我接班后赚了钱，供着您。

老信客：（摇了摇头，没有回头）不，我去看坟场，能糊口。我臭了，你挨着我也会把你惹臭。

年轻人：……（什么也没说，默默看着老信客走远）

（二）改编作品二

该剧本由山东大学附属中学2015级10班徐嘉彤同学改编。

外景 村庄 中午

镜头从村子上空往下拍摄，逐渐拉近。一个送信的人在胡同间穿梭，十分热情地给家家户户送信。

白光闪过，转为回忆。

内景 私塾 白天

黑白镜头拍摄信客儿时在私塾里与其他孩子一起读书的样子。

外景 城市繁忙的街道 白天

拍摄信客成年后在城里自己做生意谋生的场景。

镜头转为现实。

内景 老信客家 白天

一个年龄很大的男人递给信客两匹红绸。

男人：我女儿要出嫁了，我在上海实在没法回去，就托你帮我把这两匹红绸带给她。

信客：好，你放心吧。（转身离开）

外景 村口 白天

信客：裁个红绸的边，用来捆扎给远亲的

礼挺合适。人家应该不会不高兴吧。

　　信客打开斜挎包，使劲掏了一会儿，拿出一把生锈的剪子，蹲下，小心翼翼地剪下红绸的一条边，又把红绸整齐地叠好，收进送信的袋子，骑着车子渐渐远去。（拍摄信客离开时的背影，然后镜头渐渐模糊）

　　右下角字幕标注"两天后"。

外景　村子小巷　白天

　　信客骑车在一户人家门前停下，从包里取出那两匹红绸。迎面来了另一辆自行车，是另一位信客。

　　特写：信客看了他一眼，托着红绸去敲一家的门。一个姑娘开门。

　　信客：您好。这是您的快件。（双手递给她。转身离开）

　　（镜头转向信客身后）另一位信客也来到这户人家。

　　另一位信客：您好（微笑）。上海有位老先生托我告诉您，收到红绸后麻烦看看两头有没有画着小圆圈，以防送东西的给红绸做手脚。

信客听到另一位信客的话，停住脚步。

特写：那户人家的姑娘展开红绸，发现一头的圆圈不见了，赶忙叫住信客。信客很无奈。（之后对话省略，留悬念）

外景　街道　白天

（镜头切换不同人的议论）街道上人们议论纷纷，谈论着关于信客谋私利的事。

外景　破房子　傍晚

（镜头逐渐拉近）一间孤零零的破房子。

内景　破屋内　傍晚

特写：屋子里十分朴素昏暗。信客满脸悲戚地坐在窗前回忆自己的丑事，然后拿起剪子不停地扎自己的手。手上的划痕向外流血。他又抬起头望向窗外。

外景　街道　夜晚

信客敲开一家的门。一个年轻人开了门。

年轻人（惊奇）：信客？

信客（微笑）：我来找你，是想跟你说点儿事。我的名誉糟蹋了，而你应该知道，这乡间可不能没有信客啊。我是想让你来接我的班。

年轻人表现出不知所措的样子。

内景　年轻人家　夜晚

信客：村里的路多，各家不好找，还有很多在外面的。你可得认真听我给你讲。

年轻人听着。

信客：首先是东边的村子……（镜头逐渐模糊）

外景　街道　上午

年轻人穿上信客的衣服，骑上自行车。

信客：开始工作吧！记住，信客就在一个"信"字，千万别学我。

年轻人：嗯，您放心吧。我赚了钱接济您。

信客：不。我去看坟场，能糊口。我臭了，也会把你惹臭。

年轻人：那您保重。（挥着手骑车离开）

外景 街道 白天

年轻人奔波在街上，常听有人议论起老信客。

内景 老信客家 夜晚

（刮风下雨）老信客在黑暗中睁着眼，回想着一个个码头、一艘艘船只……他起身扶着门框站着。

老信客（小声嘟囔）：年轻人啊，一路小心……

（镜头逐渐拉远）

（三）改编作品三

该剧本由山东大学附属中学2015级10班张传钰同学改编。

外景 街道 白天

远景：城市和乡村里经历了翻天覆地的变化，老房子已无影无踪，盖上了一幢幢高楼大厦。一个信客，已经在城乡间奔波了二三十年。街道上十分冷清，风声凄厉，只有他一个人在赶路。

特写：信客在一天天变老，原来活泼红润的脸色已经变得憔悴衰老，步子已越来越迟缓，他患有胃病，走一会儿就要休息一阵，他正向荒凉的坟场走去。

远景：风很大，好像要将坟场里的破草屋拔起来。这荒凉的坟场远近只有几个坟堆和一间漏雨的草房。

近景：信客走到破草屋门口，敲了敲门，一个枯槁的老人迎了出来。老人的年纪在八十上下，白发长须，面色憔悴。他将信客引到屋里，屋里十分简陋，家具很少，且很破旧。

内景　破草屋内　白天

老人（满怀期待地）：最近城里有什么新闻吗？又建了多少高楼？

信客（惋惜地）：火车站被拆了，建了一栋居民楼，太可惜了，那可是德国人建的啊！

老人（惋惜地）：居民楼是应该建的，但火车站也不该拆，多好的建筑啊！

信客（不甘地）：可惜我们说了也没有

人听。

特写：信客和老人都叹了口气。

远景：茅屋外吹过一阵山风，两人的话说完就立即飘散了。

内景　信客家　白天

信客辞别老人，带着城里的东西回到了村子。信客家人头攒动，都在看他拿来的东西。

农民甲（拿着一块点心，羡慕地）：这是什么东西？亏得他们能做出来，比村里的高粱红薯好多了！

农民乙（拿着一匹布，轻蔑地）：城里人总要把东西弄得这么花哨，比我们的东西差远了，早知道就不应该让他去城里谋生。

特写：信客办完了所有的差事，又开始收拾行装。这时响起了敲门声，信客去开门。

妇女甲（关心地）：你去城里关照他一下，往后带东西几次并一次，不要鸡零狗碎的。

妇女乙（担心地）：你给他说说，那些货

色不能在上海存存？我一个女人家，来强盗来
贼怎么办？

特写：信客沉稳地点了点头，并认真地记
了下来。

特写：信客背起行囊，孑然一身地在大街
上走着，为城里带去消息。

外景　城市　白天

远景：天空中乌云密布，却始终没有下
雨。

内景　屋内　白天

近景：病榻上，一个谋生者奄奄一息，他
的朋友在四周痛哭。

谋生者（有气无力地对信客说）：你回到
乡下，帮我料理一下后事，把我的遗物也带过
去。

近景：说罢，谋生者安详地闭上了眼睛，
再也没有睁开。

外景　村子　白天

特写：信客回到乡间，夹上一把黑伞，伞

柄朝前，朝死者家里走去，敲了敲门。

内景　死者家　白天

信客（悲伤地）：是这样，张三先生在工作时突然心脏病发作，就……

特写：听到了消息的家属号啕大哭，信客在一旁连声安稳。

农妇丙（咬牙切齿）：我从前就告诉他不要去城里，他偏不听，这下可好！我就不明白城里有什么好的，把命都赔在那里！你，快点滚出去！

特写：信客连连道歉，低眉顺眼地走了出去。

特写：信客提着一包东西，又到了死者家里。

信客：这些是张三先生的遗物，他托我捎过来的。

农妇丙（眼睛红肿，气愤地说）：他的遗物怎么这么少！你是不是偷拿了一些？说！

信客：这就是他的全部遗物，不信的话可

以问他的朋友和同事，他会葬在上海的公墓。

农妇丙（疑惑地）：上海又在附近哪个村？公墓是什么？一个人吗？

特写：信客无法回答，用语言搪塞过去，他流了几身汗，赔了许多罪，才从屋子里走了出来。

信客（自言自语）：我能不干这事吗？不能啊，我也是同乡，该尽些乡情乡谊啊。

特写：信客叹了口气，背上了行囊。

（四）改编作品四

该剧本由山东大学附属中学2015级10班任健鹏同学改编。

外景　乡间小路　雨天

乡野小道上飘着雨丝，背后是穿梭于丘陵之间的长江水，前方大城市高楼的影子若隐若现。信客独自骑在一匹马上，披着粗布斗篷，一顶草帽掩盖住深邃的目光。马儿走了约莫十步，信客见路旁有一客栈，缓缓勒马。马儿停下，信客下马后把马背上的包裹卸下。马儿瘦得皮包骨，已经没了力气，摇摇晃晃有些不稳。信客眼神中有些心疼，柔柔地抚摸马颈上的鬃毛，悄悄叹气。他捡起地上的包裹背起来，朝着城市的方向走去。

外景 城市 雨天

雨依旧下着，信客看看天边，乌云背后的夕阳留下了一个淡淡的光影，他的包裹渐渐空瘪。他手中拿着一封信，走向一栋五层小楼，"咚咚咚"地敲着木门，但屋里久久没有回应。路旁一老人见了，悄悄上前。

老人（和蔼而疑惑地）：大兄弟，你这是找谁啊？

信客：大伯，这楼里可是有一位姓穆的老爷？从乡下来的。

老人（眉头一锁）：他……前两三天是不是去世了？孤身一人在外挺不容易的，没想到走得那么突然。他在这也没啥熟人，唯一的用人竟然带走所有东西偷偷回老家了，还不知道卷走了多少钱呢。（他的语调低了一些，嗫了嗫

嘴，又摇摇头叹息）

信客：啊？死了？（眼睛瞬间睁大，感到不可思议，拿信的手颤抖了一下）

老人：可不是吗。你是他什么人啊，跟他亲近不？

信客：大伯，你知道那佣人家住哪里吗？（恳切）

老人：倒是不远，出城往南走个四十里，到那你再打听打听，应该就差不离儿了。（语气缓缓）

信客：十分感谢啊，大伯保重。

老人：路上顺风。（回过头去，拄着拐杖慢慢走了）

信客看看手里满带着关切的信封，又在叹气。他加快了脚步，他需要赶回客栈带上马儿要回穆老爷的遗物。突然一阵风把帽子吹飞，信客在帽子落地之前接住它又戴回了头上，顺便抹了抹脸上的雨水。一群孩子湿着头发，嘴里含着棉花糖，吵嚷着从他身边跑过。

外景　村口　夜晚

这个夜晚天上只有一颗星星在孤独地闪烁，信客疲惫地牵着马走到了村口。他把马儿拴在了一棵老树旁，马儿俯下头开始吃草。信客继续向前走，他手持一把黑伞，伞柄朝前，另一只手里提着一只大木箱，脚步有些犹豫，目光有些飘忽。迎面三三两两来了几个中年妇人，见了他窃窃私语地绕开走了。

直到走到穆家门口，突然一个四十多岁的女人怯怯地开了门。

女人（支支吾吾，恐惧）：兄弟，你……这是去谁家啊？

信客（看着地下，犹豫几次才开口）穆嫂啊，那个，穆老爷他，在城里，大前天，归，归西了。我是给您带来他的遗物……（声音越来越低，最后已经快听不见，信客眼神黯淡下去，等待着女人的反应）

女人瞬间红了眼眶，没说什么，转过身去嘤嘤地哭。信客举起一只手想安慰她，却又放下了。女人开始边哭边念叨什么。信客呆若木鸡，不知所措。

特写：屋里的油灯远远地亮着，被风一下子吹灭，门口除了路灯微亮其他模糊一片。

女人（回过头来，有些怨恨地对着信客叫）：我从窗户看你来，就预感不对，没想到真的是我们家老穆。你为什么要来？是你……克死了他！他死了……我怎么活……你说你是哪个门下的鬼，滚回你的阎王府。告诉他我恨他！（女人用拳头狠狠捶信客胸膛，信客晃了晃又站稳了）

信客：穆嫂请节哀……

女人（擦擦眼泪，瘫坐在楼梯上）：滚，快滚……

信客把装遗物的箱子放下。

信客（吸了口气，悠悠地）：穆嫂，老爷的遗体我已想办法火化了，下次能把骨灰盒带回来，你们……安排一下葬礼吧。这里是五十块钱，算是我对客死他乡之人的悼念。

信客把一张皱皱的钞票放在箱子上。

信客（缓缓地）：那，穆嫂，我走了，您要节哀。老爷会在天上保佑您。

女人（稍微平复）：走吧，你也不容易……和老穆一样……

信客回头戴上草帽在泥泞路上独自行走，路边房子的灯没有熄，窗子里两个人影交谈着。

男：隔壁老穆在城里死了呢，那个信客刚刚回来报信，听他们家女的哭得多惨！

女：哼哼，别看那信客沉默寡言，这一趟肯定从老穆遗物里抽了不少，换谁不会那么干？

男：可不是！他心里估计乐着呢，可怜了老穆了……

信客苦笑一声，在泥泞的路上一个趔趄，回头望望穆宅，家里孩子的哭声隐约传来。信客摇摇头，在星光下找到马儿，牵着它继续默默地走着。

（镜头停在原地）一人一马在简陋房屋之间的泥泞路上走得疲惫。信客似乎开始犯风湿了，背好像又驼了一节，走路开始摇摆。

特写：突然，唯一的路灯像是要烧掉，挣扎着闪了两下就永远地黑了下去，镜头几乎一片漆黑，只有脚步声夹杂着马蹄声，越来越轻。

（五）改编作品五

该剧本由山东大学附属中学2015级10班华敏洁同学改编。

内景　屋内　夜晚

信客坐在桌前奋笔疾书。（画外音：信客识文断字，还要经常代写书信。没有要紧事带个口信就是了，要写信总是有了不祥的事）

信客眉头紧锁，手指摩挲着下巴，拿着钢笔的手停顿了一下，然后继续书写。（画外音：妇女们一把眼泪、一把鼻涕地在信客家里诉说）

展现回忆画面：一位妇女边哭边说，信客低着头，表情凝重，在一个厚厚的本子上记录。

（画外音：信客铺纸磨墨，琢磨着句子）

　　镜头拉回现在：信客拿过桌边的茶缸子，喝了一口水。（画外音：他总是把无穷的幽怨和紧迫的告急整理成文绉绉的语句，郑重地装进信封，然后，把一颗颗破碎和焦灼的心亲自带向远方）

　　内景　屋内　白天

　　画外音：这次，他带着一封满纸幽怨的信走进都市的一间房子。

　　镜头位于目的楼层，从楼梯口拍摄信客走上来直到拐出楼梯间。

　　信客敲了敲一家住户的门（镜头拉远，直到能看清住户和信客两个人），收信人打开门，一脸惊愕，往后退了一步。

　　（镜头拉远，直到能看到一个模糊的女人的身影），信客不知所措，往后退了一步。收信人立马吼道（镜头转到收信人的脸部）：你是什么人？

　　（镜头转向信客）信客满脸愤怒，扬起手

中的信大叫：这是你老婆的信！

（镜头拉向屋内，拍摄时髦女郎跑到门边的过程）

（无声）时髦女郎抢过信客手中的信，直接撕开信封拿出信纸来看，看完后大哭大嚷，捶打着收信人。

（镜头拉远，拍摄三个人的交涉）收信人把时髦女郎抱在怀里，解释道：他是私闯民宅的小偷，只是一拿封假信妄图脱身，我根本不认识他。你别信信里的东西。说完狠狠地打了信客两个耳光。（镜头位于远处拍摄信客被警察带走）

画外音：信客向警察证明了自己的身份，还拿出其他许多同乡的地址作为证明。传唤来的同乡集资把他保了出来，问他事由，他只说自己一时糊涂，走错了人家。

内景　警察局　白天

（镜头变换，拍摄同乡和信客的交涉）

（无声）警察给他松了铐，同乡陪着信客

走出警局。同乡问信客一些问题，信客只是低着头，缓缓地摇头。

画外音：他没有说出事情的真相，他不想让颠沛在外的同乡蒙受阴影。

外景　坟地　夜晚

（镜头用黑色过渡到夜景，坟地）信客跪下来，在老信客的坟前跪下来，烧了香。

（镜头拉近，特写信客的脸）信客哽咽着说：这条路越来越凶险，我已经撑持不下去了。

（六）改编作品六

该剧本由山东大学附属中学2015级10班刘芳铭同学改编。

外景　乡间小路　白天

夕阳发出的余晖，渲染了湛蓝的天空。乡间小路上，依稀听到"叮叮"的自行车铃响。

远景：拍摄夕阳下自行车在乡间小路前行，直到自行车即将行驶出镜头。

自行车上的信客头戴老式的蓝帽子，身穿

旧式的蓝色衣服和裤子，活像一位兢兢业业、辛劳工作的工人（信客侧面特写）。车前筐里，放着洁白而朴素的信封（由男人特写缓缓转至信封），信随着信客，渐行渐远了……

外景　街巷　白天

自行车急促刹车，尖锐的响声划破了宁静。信客跳下车，推着车子走到一家院子门前。院子门口有一位妇女，倚着门框，正在焦急等待着（特写妇女神情）。妇女看到了信客，立即转过身子，盯着信客。

妇女（特写）：信呢？

信客一句话也不说，从车筐里拿出洁白的信封，递给了妇女（特写信客的动作，在递给妇女时特写手部动作以及信封），妇女接过信封（特写接信的过程），注视了信封一会儿（特写妇女神情），转头看向男人。

妇女：你真的不再做信客了？

信客点了点头（特写）说：不做了。

妇女低下头，又抬起头看着信客（特

写）：为什么？

信客没有回答，只是跳上车，走了（特写信客跳上车前的背影）。妇女看着信客，叹了口气，进到院子里了（特写，直到妇女进入院门走出镜头）。

外景　墓地　白天

信客骑到一个山丘上，停下了车（特写信客驶入镜头并停车）。信客缓缓走到一座坟前，注视着坟（在信客右后方特写）。

突然，信客跪在坟前，磕了三个头（信客侧面特写）。

信客（正面特写）：对不起……这条路越来越凶险，我支撑不住了……

说罢，信客哭了起来（侧面特写信客哭泣和坟墓），泪水打湿了一片地。

内景　屋内　白天

（镜头切换至信客的回忆）阳光明媚，信客的家中人头攒动，信客坐在桌前整理着信件和物件（特写信件和物件）。农民的眼神是说不出的滋味，有羡慕，有嫉妒，也有不解（特写农民的神态），一位妇女东看西看（特写），抄着手走向信客。

妇女悄悄地说（特写妇女和信客）：关照他，往后带东西几次并一次，不要鸡零狗碎的。你给他说说，那些货色不能在上海存存？我一个女人家，来强盗来贼咋办？

信客沉稳地点点头（特写），带着妇女给的东西，骑上车走了。

外景　城市　白天

城市就是不一样，车水马龙，楼比村里的平房和茅房都美丽，一个比一个高，抬头望都数不得层数。信客到处看，到处找，他进了一栋楼，敲响门，房子里的男人开了门，房中还有一个穿得十分俗气的"时髦"女郎。男人见到这个奔波的信客——自己的老乡，立刻慌了神（特写），装作不认识。

房中的男人厉声问道（正面特写）：你谁啊！

这下可把信客惹火了（正面特写信客），大骂道：你再装一个！我手里是你老婆的信！你再说不知道！有脸就说！你在城里就干这个了是吧！

"时髦"女郎跺着脚走向信客男人，抓过信，撕开信封读内容，看罢便又哭又闹（特写）。

男人下不了台，指着信客，说（特写）：别理他！他是私闯民宅的小偷！才不是什么信客！拿着一封假的信哄骗我们！

说罢，男人狠狠地打了信客两个耳光（从信客背后进行特写），把他扭送到了警察局。

内景　警察局　白天

老乡们被传唤，过来后集资把信客保了出来，问信客是怎么了，信客只是摇摇头，说走错了人家……

信客回到家里，抚了抚脸，决定再也不去送信了……

（镜头转向现在）信客站起身，拍拍身上

的灰，注视一会坟墓，转身缓缓地走开了（从坟墓后面特写信客背景）。

（七）改编作品七

该剧本由山东大学附属中学2015级10班颜嘉骏同学改编。

内景　屋内　白天

信客戴一副黑框眼镜坐在窗前。窗外是一个小花坛，翠翠葱葱，窗上阳光透过草木缝隙形成一个个小圆点。信客桌上有几张小小的黑白照片，一只木质的小茶杯，还有一个小收音机。

收音机播报：我县几个自然村近日在几位私塾老师的努力下，合办了一所小学，采用新式教材（信客满是皱纹的脸浮现出笑容，特写）……

收音机播报：教师名单现已公布。校长兼语文老师——杨成；数学老师——李纹；地理老师——（信客名字）……（信客轻轻点点头，特写）

外景 小学校园 白天

学校的教学楼虽然只有两层高，但墙壁雪白，窗户明亮，看起来非常整洁。上课铃响，学校骤然安静，镜头切换到一间教室中。

信客缓步走上讲台，双手整了整衣服，扶了扶眼镜。

孩子甲（平头，机灵极了）：老师您教地理课不需要书本吗？（全班哄笑）

信客（沉稳一笑）：当然！为何要用书本？现实生活中的东西可比书本精彩得多。来，给你们讲一个与地理相关，也与生活息息相关的故事。你们看，那次我去无锡送信，走时经过秦岭、淮河。那里……

（镜头缓缓移出教室，走廊上校长路过）

校长：唉，奇怪奇怪真奇怪，平时闹哄哄的毛小子，今天咋这么安静？（镜头继续外移，照到小学操场，操场上绿树葱葱茏茏，镜头中开始出现这所小学校园的四季变化，一年年不同的景色，体现了校园的变化）

外景　校园　白天

镜头定格在一个冬天。教学楼已有五层，但处处都是白花。一条横幅挂在楼上，横幅上写着：为曾经最有威望的信客，最令人怀念的校长默哀。送葬的队伍中不停有人用手帕抹泪，还不时传来哭声。人们头上的黑帽与胸前的白花映衬着雪地，显得格外肃穆。

学生甲：校长这么好的一个人，怎么会突然……他在的几年，我在"中国地理大赛"上拿了第三名，还被中国地质大学录取……

家长甲：唉，孩子特喜欢校长，真是……

教师甲：对，他很懂得关心人，体察人情，令人动容啊！

外景　墓地　白天

学生乙：为什么校长坟旁还有这么个破坟，不行迁到别处吧！

教师乙：不行，校长说要与这个坟修在一起。

教师丙：那太碍眼了，我们找人把它修一

修吧，图个好看！

（镜头转向旁边的松林，白雪飘飘）

三、课堂实录

（一）情境导入

《信客》一文将被拍摄成电影，全国许多著名编剧纷纷投稿。为此，某学校某班电影公司召开了一次内部会议，专门讨论该用哪一个剧本。

教师：同学们好，请坐！我们今天进行一场特别的活动。我们班级的影视公司准备拍摄《信客》这部电影，消息放出来以后，全国各地的编剧给我们投来了很多稿件，到现在为止一共收到了57份剧本，但我们只能选择其中一个，怎么办呢？我们今天专门召开内部会议来讨论一下到底用哪一个剧本。各位导演，我们昨天已经把相关的材料发给大家，也让大家回去浏览了，接下来请各位导演分组讨论，选出你认为优秀的剧本，并就剧本细节说明理由，现在开始吧。

屏幕显示：请各位剧本评审导演分组讨论，选出自己认为优秀的剧本，并说明理由。

（二）评审小组讨论

（学生热烈讨论）

教师：时间到。各位的讨论非常激烈，请发表你的观点，说明你支持哪一个剧本，理由是什么。

学生：我支持任健鹏同学的剧本，因为这个剧本跟其他几个不一样，写了其他剧本都没有写到的马。其他同学要么写信客独自去送信，要么是骑着自行车，只有他写的是马。马是一种有生命力的动物，他没有直接写信客怎样累，怎样难受，而是写马儿瘦得皮包骨头，已经没了力气，如果说马儿已经瘦成这样，人会怎么样呢？这样就给了我们想象的空间，比直接写人要生动。最后那一段的特写非常精彩，演出来的话非常有视觉冲击感。

教师：总结来说，第一，剧本详细地描写了马，有合理的想象；第二；剧本最后的细节描写非常到位。这位导演的理由还是比较充分的，其他人还有没有不同的意见？

　　学生：我觉得刘芳铭的剧本非常好，因为这个剧本采取了与其他剧本不一样的描写顺序。刘芳铭一开始就从课文的结尾开始写，不像其他的编剧按照课文顺序从头写到尾。她运用了更加生活化、更加真实的场景，从回忆开始写，一直至写到信客辞去工作，我感觉这一部分的写法非常巧妙，有她自己的思考。另外，她在表现人物感情方面做得非常好，如果能增强一下感情表达的力度就完美了。总而言之，瑕不掩瑜，刘芳铭对内容顺序的变更以及对于剧本的思考是值得肯定的。

　　教师：导演的眼光非常犀利，找到了这位编剧一个很大的亮点，就是能调整顺序。这个剧本采用了倒叙的方式，调整了结构，在叙述的过程中能更好地吸引读者的注意力。其他人还有没有不同的想法？

　　学生：我比较喜欢华敏洁的剧本，因为她的作品读起来镜头感很强，经常有一些镜头特写，镜头转向，还有镜头拉远拉近的一些描写。另外，她还着重描写了非常多的细节，比如同乡打信客耳光的这一段，读起来感觉非常精彩。我觉得这个剧本唯一的缺点是画外音有些多，可以减少一些，用一些细节描写、动作描写、信客的心理描写来代替。

教师：这位导演的评价非常全面。我们的剧本应该有画面感，怎样才能有画面感呢？你头脑中应该想象一个画面，然后用你的镜头语言把画面表现出来。同时，这位导演还给了我们一个改进的建议——减少话外音，我们是不是可以思考一下，用更丰富的镜头语言把话外音描述出来。

（学生踊跃举手）

学生：我也觉得她写得比较好，她的环境描写比较好，因为一切景语皆情语，环境描写更能触动人们的神经。赛林卓、任健鹏、刘芳铭、颜嘉骏的剧本有着共同的特点，那就是语言比较朴实，比较符合农村人说话的方式，在语言方面非常贴近真实生活。

教师：说得太好了！一切景语皆情语，人们看到的风景即是他内心的情感。而且在创作剧本的时候，我们应该注意人物的身份。除了我们刚才提到的这些，还有没有其他剧本大家觉得也很好？

学生：我觉得赛林卓的剧本非常好。奶妈还有村民这些人物刻画得很生动，这样表现老信客失信于人，表现村民对他的讥讽很有效果，尤其村民之间的对话，有非常明显的讽刺意义。但是这里面也有一个问题，作者写这篇文章的时候是1994年，剧本里说有人去北平，我查了一下资料，1949年9月27日北平就正式改名为北京了，所以这儿是有问题的。

教师：你读得很认真，很好。我们要尊重事实，要考证，我们的编剧其实读得很仔细，但我们的导演读得更仔细，非常棒！还有没有我们没提到的？

学生：我认为徐嘉彤的剧本比较好。当我们读剧本的时候，我们的头脑中自然而然就会出现文字描述的画面。同时，她补充了非常多的情节，比如说信客私自把一小段红绸剪了下来，这个剧情非常有真实感，也很符合逻辑。

教师：我们曾经学过，记叙文的生命就在于细节，有细节才有感染力，而我们的编剧在改编剧本的时候注意到了这一点，也非常敏锐地捕捉到了这一点。我们说了六个剧本了，还有没有？

学生：我觉得颜嘉骏的剧本好。通过阅读，我发现颜嘉骏的剧本在每一段的开头或者结尾都会加一些环境描写，他将自己的感受写进了环境描写中，这是他的一大特色。我觉得这个特色有两个作用，第一个作用是突出他改编剧本时的感受和心情，第二个作用是表现了在信客的世界里，时间的流逝十分之快，信客也在逐渐变老。

教师：你分析得非常到位。说实在的，课文最后一部分的剧本是最难写的，颜嘉骏挑战了这个难题。好，请坐！现在的情况是课文每一部分改编的剧本都有人支持，我们争论不下，怎么办呢？我们还是要选出来一个。为了确定方案，我们把编剧叫到现场，和他们一对一地进行交流。我们请编剧们谈一谈自己创作的理念和感受，其他同学如果有问题可以现场提问。我们从课文第一部分的剧本开始吧。

（三）与"编剧"面对面

赛林卓：我为什么要改编第一部分，因为课文里最让我感动的人物就是那位老信客，最让我感动的一句话是"我名誉糟蹋了，可这乡间不能没有信客"。他人的误会、误解让大半辈子都在外奔波的老信客失去了活计，但是他第一时间想到的不是他自己，而是乡亲们，这让我非常感动，所以我才选择改编第一部分。我着重挑选了一些语言和动作细节来刻画老信客的形象。我觉得我的语言还是比较生活化，比较朴实的，这也是我剧本的一大特点。我唯一觉得不足的是结尾太过仓促，最后老信客嘱咐年轻人小心并目送年轻人走远的部分我还没有表现出来，这是我需要改进的地方。

教师：分析得非常精彩。我的个人意见是她对于人物语言的把握很好。有没有人想提问？有没有人想针对剧本的某个细节提出疑问？如果没有的话，我们请第二位编剧继续。

徐嘉彤：在之前的讨论中很多同学都提到了要注意描写细节。我在写的时候就在想怎么能把细节写好，一开始我主要是通过很多细节描写去塑造人物形象，后来我又重新读了几遍文本，发现我可以在脑海中把自己读到的内容构建成一部电影，最后把脑海中的电影写下来就可以作为一个剧本。其实，在平时的写作中我也是这样，先把自己看到的、听到的、经历的在脑海中形成一部电影，再结合自己的感受写下来。

教师：刚才这位编剧谈到了当我们没有思路的时候应该重新回到文本，去反复解读文本，这个时候我们会有更多的灵感。接下来请第三位编剧发言。

张传钰：我这次改编的是课文的第二部分。文中说当信客流了几身汗，赔了许多罪，受了许多委屈之后，他走出死者的家，还记着他一定要干这件事，因为乡亲们需要他。这一点让我特别感动。信客忠于职守、无私奉献的精神令人动容。我写的时候感觉信客就在我的面前，我目送着他赶路，看见了他所有的动作，所以就写下来了。

教师：抓住一个细节来写，这是我们可以借鉴的方法。老师在读到这个地方的时候心里也非常感动，有些事情我们不愿意去做，但还是要做。对于这个剧本还有同学有问题吗？

学生：我觉得关于死者家属的这段语言不是很合理，因为我觉得家人此时的语言应该着重体现对亲人离世的悲痛，但剧本中明显是对信客不满，所以我认为不太合逻辑。

教师：这位导演认为这里有问题，那么编剧同意这个说法吗？请说一下。

张传钰：这个我是同意的，因为写到后面我一直没休息，所以可能……（学生们笑）

教师：这位编剧很谦虚，我们不可能一下子就写得非常完美，出现问题我们可以再修改，这种态度是值得肯定的。好，还有没有人想提问？

学生：我觉得有一个地方不太符合逻辑。既然是一个中国人，一个农村人，那她一定知道城市，结尾又说上海在哪个村？即使作为一个农妇，也应该知道上海是一个城市。

教师：好，有不同意见吗？

学生：我觉得这样写更能体现出农妇的文化水平之低和信客的不易。剧本里写农妇问公墓是什么，我觉得这点不太对，因为农村都是自己办丧葬仪式，不会葬在公墓里的。

教师：好，我们还有一些细节需要考证。农妇不知道上海在什么地方，也是有这种可能的。还有人有问题吗？

学生：还有就是编剧前面说一个谋生者奄奄一息，他的朋友在四周痛哭，后面信客又悲伤地说谋生者奄奄一息是因为心脏病发作。我查了一下心脏病发作时间是很快的，不会有时间说这些话。

（学生们笑）

教师：你是一个医学爱好者。这也告诉我们，当我们不清楚一些细节的时候，不要写得太详细。我看过咱们的一个剧本，说上海的那个人拿手机报警，这显然不符合时代背景，既然有手机了还要信客干什么？所以同学们在写作时一定要注意时代背景和周围环境。好，还有问题吗？

（仍有学生举手）

教师：编剧受到了极大挑战。

（学生们笑）

学生：剧本有一句"茅屋外吹过一阵山风，两人的话说完就立即飘散了"，我想知道编剧如何用镜头语言表现两人说的话立即飘散？

教师：我们想用镜头语言描述出原文中的这句话不是那么容易的。大家想一下应该怎么描述？我们应该怎么做才能把这句话变成可拍摄的画面？

学生：内景是破草屋的话应该有一些树叶、破草之类的杂物，风会把这些杂物吹起来，这样从高处看下去就可以看到树叶不断被卷起来，就可以做到刚刚说的"飘散"的情节。

教师：没错。我们要写一个看不见摸不到的东西，一定要借助外物，比如说树叶。我们刚才说的"一切景语皆情语"也是如此。你要表达自己的心情，心情是看不见摸不着的，但可以借助外在的景物来表达，这个道理是相通的。咱们继续往下进行，请第四位编剧发言。

任健鹏：我写第二章是因为这一部分能体现信客内心的活动。我在写之前就在想象信客的形象，他应该是一个沉默且甘于奉献的人，于是就有了一些对信客神态和外貌的刻画。然后我又想象信客内心的活动是怎样的，比如说信客是两地联系的一条纽带。如果人们不能相见的话，就把自己内心的情感宣泄到了信客的身上，所以他承受了很多不属于他自己的东西，这句话就为后面信客的表现（信客对于别人对他的议论表示委屈，但是对于同乡人的渴求表示同情）做了铺垫。我想把这个剧本的镜头表现得更细致，所以加了很多侧面描写，比如环境描写，还有神态描写，语言方面也偏自然化。

　　教师：信客是乡村的纽带，他承担了很多不属于他自己的东西，所以他的感情是复杂的，行为也是复杂的。当我们评判一个人的时候，我们要意识到，一人不是非黑即白的。昨天也有很多同学提出来，对于信客来说，很多事情能否不愿去做就不做了？他是不是应该承担责任？人性是复杂的，因为人们总是承担着各种各样的外在的压力和要求，而信客的伟大之处也正在于此——他承担了很多本来可以推卸的责任。好，还有没有问题？

学生：我觉得这个剧本的特点是细节特别多，好几个人物是原文没有的，其中有个细节我认为不是很好，信客给死者家属留下五十块钱，这应该相当于现在的几百元钱吧。

教师：是的，我们不能总是用现在的眼光去看待过去的物价。

学生：他的剧本最大的亮点是这匹马。我想问一下，是怎么想到写这匹马的？

任健鹏：我觉得马跟自行车之类的交通工具不同，它是鲜活的，我觉得可以用马来体现信客的状态、精神、品质，等等。我要是直接写信客很累的话比较突兀，用马的累来体现信客的累会更有剧本的感觉。

（学生自发鼓掌）

学生：我想再问一个问题，我们知道信客很贫穷，对吗？那他应该骑骡子或者驴，而不是马。

（学生们笑）

教师：真正的高手在这儿。时间关系我们继续往下进行，还有更精彩的内容。请下一位编剧发言。

华敏洁：我选择改编的是课文第一部分，这里面有一个事例，信客给一个发了财的同乡送信，却因说出此人在乡下早已结婚而被污蔑为小偷，甚至因此被捕入狱。让我感触最深的是这一段结尾，信客没有对其他人说出真相，他不想让颠沛在外的同乡蒙受阴影。这一段体现出了信客的善良和宽容，以及信客对这件事的隐忍，也突出了他的情感和作者想表达的思想感情。刚才有同学说画外音太多，我想解释一下，这是故意为之。我想把这部电影做成第三人称叙述的形式，由第三者来讲述这个故事，所以画外音比较多。

教师："故意为之"，编剧对刚才的疑问给出了自己的解释。音响设备一边播放画外音，屏幕上一边显示文字，这就有了叙述的感觉。还有没有问题？

学生：我有问题。信客的故事肯定是在新中国成立前，而且不可能是民国末年，应该是民国初年或者民国中期，那时人们写信一般用毛笔而不是钢笔，剧本里却写乡间的一个信客用当时价格很贵的钢笔，我认为不太合适。

教师：你的文本细读能力非常强。不过这些细节我觉得稍微一改就行了，不是关键的问题，我们看看有没有更核心的问题。

学生：华敏洁想把这个故事写成第三人称叙述的形式，这样的话可以在开头的时候加上从早上的一幕转到一本日记的转场，这样能更自然一些，因为即便写成第三人称也没必要有如此多的画外音。

教师：中肯的建议。我们可以用一个引子开头。好了，我们请下一位编剧发言。

刘芳铭：我选择对课文中的第三部分进行改编。我最独特的地方是用了倒叙的手法，第三部分能体现出信客的心酸，他经历了非常多的波折。有同学说时间不太对，写城市的时候楼层应该还没有那么高，这一部分可以改一下，我的细节是没怎么写好。

教师：她能够抓住最重要的细节把它放大。好，请最后一名编剧发言。

颜嘉骏：我改编的是课文最后一部分。最后一部分作者描写比较少，而且时间跨度比较大，是从信客当上地理老师直到信客去世，所以我用了很多镜头描写来表现时间的推移。原文比较让我感动的一点是结尾处描写了老信客的坟，这个地方作者把故事圆了回来，表现了老信客甘于奉献的品质。我最后写镜头转向旁边的松林，白雪飘飘，是表现信客的品质像松树一样，非常坚毅。

教师：平凡之处见功力。课文最后一部分在原文中不是可有可无的，作者写最后一部分实际上是把故事圆回来了，呼应了开头，让结构更完整。我们不再进行评价和交流了，好像讨论来讨论去，依然没有办法评出更好的剧本。怎么办呢？打个分吧！在写剧本之前，我请大家设计了一个评价标准，列出了大家认为一个好剧本应具备的条件。下面给大家一两分钟的时间，请从这七个剧本中任选一个打分，一会儿请同学来说说你为什么打出这个分数。

（四）评价打分

学生：我看的是颜同学的剧本，满分是40分，我给他打分39。

教师：介绍一下你的评分标准。

学生：内容详细精彩，10分；有人物的特写镜头，10分；环境描写，5分；动作及神态描写，5分；奇妙的构思，5分；情节合理，5分。

教师：哪里扣了一分呢？

学生：扣在情节合理上。因为我觉得即便是现在，城市的小学教学楼也只有五层，何况是那时的农村，可以说教学楼面积比较大。

教师：虽然有些瑕疵，但还是给了一个几乎满分的成绩，还是非常不错的。还有没有同学评完了？

学生：我评的是任同学的剧本。我是从三个方面来评价的——情节、舞台说明、人物的细节描写。剧本情节还是比较丰富的，满分是20分，我给他打了15分。因为转折不是特别明显，情节虽然丰富但是没有通过转折写出人物的情感。舞台说明我给他的是满分，因为镜头和补充说明写得都非常仔细。人物描写方面，语言描写居多，神态描写稍微欠缺一点儿，希望他在这方面能够改进。

教师：说了自己的评分标准，并且扣分理由也比较充分，还有没有？

学生：我评的徐同学的剧本。我的评分标准总分是10分，分为四个部分，生动性3分，吸引力1分，可观性4分，忠于原文2分。他的剧本我打了8分，生动性给他打了3分，吸引力还是不错的，所以我给他打了1分的满分。可观性是4分，我打了3分，因为他在后面有比较多的语言描写，前面应该穿插一些环境描写之类的内容，这样让人读起来感觉更加舒畅一些。尊重原文2分，我给他打了1分，在老信客找接班人这儿和原文有差异。总共是8分。

教师：非常全面的评价。之所以让同学们去制定这样的标准，一方面是因为我们可以借此标准评一评别人，另一方面，我们可以对照着这个标准看看自己是否达到了要求。时间关系，我们没有办法与所有的编剧进行交流，只好请大家给他们写一封回信，在信中阐述一下自己的看法，给编剧们提一下合理的建议，这个任务我们留到课下来完成。我们今天的研讨会就到这里，下课！